数智化时代会计专业
—— 融合创新系列教材 ——

大数据财务分析实务

高 兵　张桂杰　范火盈◎主　编

刘昕如　刘雨奇　王仙竹◎副主编

厦门网中网软件有限公司◎组　编

人民邮电出版社

北　京

图书在版编目（CIP）数据

大数据财务分析实务 / 高兵，张桂杰，范火盈　主编. -- 北京：人民邮电出版社，2024.3
数智化时代会计专业融合创新系列教材
ISBN 978-7-115-63043-8

Ⅰ．①大… Ⅱ．①高… ②张… ③范… Ⅲ．①财务管理－数据处理－教材 Ⅳ．①F275

中国国家版本馆CIP数据核字(2023)第203870号

内 容 提 要

本书基于大数据、信息技术对企业财务分析产生的影响，梳理了企业财务分析的框架，内容主要包括大数据财务分析理论、财务数据分析可视化、企业战略分析、企业会计分析、企业盈利能力分析、企业营运能力分析、企业偿债能力分析、企业发展能力分析、企业综合财务分析、财务预警分析等。

本书理论与实践紧密结合，依托网中网财务大数据平台的数据资源，结合丰富的案例，帮助读者掌握大数据财务分析的方法与技巧，适合用作高等院校会计、财务管理专业的教材，以及高等职业院校大数据与会计、大数据与财务管理专业的教材。

◆ 主　编　高　兵　张桂杰　范火盈

　　副主编　刘昕如　刘雨奇　王仙竹

　　责任编辑　崔　伟

　　责任印制　王　郁　彭志环

◆ 人民邮电出版社出版发行　　北京市丰台区成寿寺路11号

　　邮编　100164　电子邮件　315@ptpress.com.cn

　　网址　https://www.ptpress.com.cn

　　固安县铭成印刷有限公司印刷

◆ 开本：787×1092　1/16

　　印张：13.5　　　　　　　　　　2024年3月第1版

　　字数：353千字　　　　　　　　2025年3月河北第2次印刷

定价：52.00 元

读者服务热线：(010)81055256　印装质量热线：(010)81055316
反盗版热线：(010)81055315

前　言

近年来，随着全球经济一体化进程的加快，国际经济竞争日趋激烈。投资者进行投资决策、债权人进行授信决策、企业管理者进行日常经营管理决策、国家经济管理部门进行宏观经济管理决策、企业职工进行职业生涯决策及参与企业管理决策、市场中介组织进行市场分析与提供财务中介服务等都需要进行深入的财务分析。

随着信息技术的广泛应用，大数据在社会经济活动和人们的日常生活中起到了越来越大的作用。党的二十大报告指出："加快发展数字经济，促进数字经济和实体经济深度融合，打造具有国际竞争力的数字产业集群。"在当今的经济形势下，企业采用大数据技术进行财务分析已经成为发展趋势。因此，财务分析相关教材的内容应更新与修订，以保持与时代同步。

本书力求在体系设计和内容呈现上有所突破、有所创新，主要特点如下。

（1）内容由浅入深，循序渐进。无论是整体架构还是具体章节内容，本书都按照学生的认知规律尽可能做到由浅入深、由易到难，以期达到较为理想的教学效果。

（2）写作逻辑严密，层次清晰。本书在研究和借鉴西方财务报表分析体系的基础上，按照财务分析基础、财务报表分析、财务能力分析三个部分详细讲解企业财务分析的主要内容。

（3）案例有数据支撑，图文结合。网中网财务大数据平台为本书提供了便捷的数据获取途径，也为财务数据可视化分析提供了基础。本书以视频讲解的形式提供了可视化操作演示，便于学生掌握利用工具软件进行企业财务数据分析的方法。

（4）课外延展，拓宽视野。本书以二维码形式插入了与重要知识点相关的拓展内容，可以帮助学生对大数据财务分析的具体应用形成更深刻的认识。

（5）聚焦素养提升，有助于树立正确的价值观。本书基于科学性和实践性兼备的理论思想，秉承"隐性教育，立德树人"宗旨，力图达到价值教育的目标。

本书由高兵、张桂杰和范火盈担任主编，刘昕如、刘雨奇和王仙竹担任副主编。具体编写分工如下：第一章和第二章由刘昕如编写；第三章由范火盈和高兵编写；第四章第一节由冯艳编写；第四章第二节、第三节由李晨编写；第五章由刘雨奇编写；第六章由张桂杰编写；第七章由高兵编写；第八章由徐大展编写；第九章由范火盈编写；第十章由王仙竹编写；全书由高兵和张桂杰总纂定稿。

对于自学财务分析的读者而言，本书也是有益的参考书，能够启发读者将理论联系实际，提高其财务分析能力。财务分析涉及的因素较多，会出现对同一企业进行财务分析，但分析的范式和结论不同的情况，而本书的体系和内容是对财务分析的一种有益探索。

本书的编写工作得到了厦门网中网软件有限公司的大力支持和帮助，刘景星经理始终关注本书的编写工作，并提出了宝贵的修改意见，在此表示衷心的感谢。由于编者能力有限，书中可能存在不足或纰漏，敬请读者批评指正。

编者

2023 年 12 月

目　录

第一章　大数据财务分析理论 ·········· 1

【引导案例】人人乐深陷亏损泥潭 ·············· 1

第一节　财务分析的产生与发展 ·············· 2
　一、信用分析 ·············· 2
　二、投资分析 ·············· 2
　三、内部分析 ·············· 2
　四、资本市场财务分析 ·············· 2
　五、大数据财务分析 ·············· 2

第二节　大数据财务分析概述 ·············· 3
　一、大数据与大数据技术 ·············· 3
　二、大数据财务分析的特征 ·············· 3
　三、大数据财务分析的工具 ·············· 4
　四、大数据财务分析的作用 ·············· 4
　五、大数据财务分析阶段 ·············· 5

第三节　大数据财务分析的主体及关注的内容 ·············· 6
　一、企业投资者 ·············· 6
　二、企业债权人 ·············· 6
　三、企业管理者 ·············· 7
　四、供应商与客户 ·············· 7
　五、企业员工 ·············· 7
　六、竞争对手 ·············· 7
　七、政府部门 ·············· 7

第四节　大数据财务分析的信息来源 ·············· 7

　一、企业公开信息 ·············· 7
　二、企业内部信息 ·············· 10
　三、行业信息 ·············· 10
　四、产业政策 ·············· 10
　五、宏观经济政策 ·············· 10

第五节　大数据财务分析的方法及基本框架 ·············· 11
　一、大数据财务分析的方法 ·············· 11
　二、大数据财务分析的基本框架 ·············· 14

课后思考题 ·············· 15

第二章　财务数据分析可视化 ·········· 16

【引导案例】苏泊尔的数字化转型之路 ·············· 16

第一节　财务数据分析可视化概述 ·············· 17
　一、财务数据分析可视化的概念 ·············· 17
　二、财务数据分析可视化的优点 ·············· 17
　三、财务数据分析可视化的步骤 ·············· 17

第二节　Power BI 财务数据建模 ·············· 18
　一、建立表之间的关系 ·············· 18
　二、创建度量值 ·············· 19

第三节　Power BI 在财务数据分析可视化中的应用 ·············· 20
　一、数据获取与整理 ·············· 21
　二、数据建模 ·············· 22
　三、资产负债表可视化 ·············· 23

课后思考题 ·················· 26

第三章　企业战略分析 ······· 27

【引导案例】美的的数字化战略 ·········· 27
第一节　企业战略分析概述 ·············· 29
　　一、企业战略与战略管理 ·········· 29
　　二、企业战略分析与财务分析 ·········· 30
第二节　企业外部环境分析 ·············· 30
　　一、宏观经济环境分析 ·········· 30
　　二、行业分析 ·········· 32
第三节　企业内部环境分析 ·············· 37
　　一、企业资源和能力分析 ·········· 37
　　二、核心竞争力分析 ·········· 39
　　三、价值驱动因素分析 ·········· 39
第四节　企业战略分析方法与战略选择 ····· 39
　　一、企业战略分析方法 ·········· 39
　　二、企业战略选择 ·········· 44
　　三、企业战略与财务特征 ·········· 46
课后思考题 ·················· 50
实战演练 ·················· 50

第四章　企业会计分析 ······· 52

【引导案例】康美药业财务造假案 ········· 52
第一节　资产负债表分析 ·············· 53
　　一、资产负债表分析的目的 ·········· 53
　　二、资产负债表水平分析 ·········· 54
　　三、资产负债表结构分析 ·········· 60
　　四、资产负债表质量分析 ·········· 70
第二节　利润表分析 ·············· 75
　　一、利润表分析的目的 ·········· 75
　　二、利润表分析的内容 ·········· 75
　　三、利润表的水平分析 ·········· 76

　　四、利润表的结构分析 ·········· 77
　　五、利润表的重点项目分析 ·········· 78
第三节　现金流量表分析 ·············· 84
　　一、现金流量表分析的目的 ·········· 84
　　二、现金流量表分析的内容 ·········· 84
　　三、现金流量表质量分析 ·········· 85
　　四、现金流量表的一般分析 ·········· 89
　　五、现金流量表的水平分析 ·········· 90
　　六、现金流量表的结构分析 ·········· 92
课后思考题 ·················· 95
实战演练 ·················· 95

第五章　企业盈利能力分析 ····· 98

【引导案例】燕塘乳业盈利能力分析 ········ 98
第一节　企业盈利能力分析的目的与
　　　　内容 ·················· 99
　　一、企业盈利能力分析的目的 ·········· 99
　　二、企业盈利能力分析的内容 ·········· 100
第二节　资产盈利能力分析 ·············· 100
　　一、总资产报酬率 ·········· 101
　　二、总资产净利率 ·········· 102
　　三、净资产收益率 ·········· 102
第三节　经营盈利能力分析 ·············· 104
　　一、收入利润率的计算与分析 ·········· 105
　　二、成本利润率的计算与分析 ·········· 106
第四节　现金流量与盈利质量分析 ········· 108
　　一、盈利现金比率 ·········· 108
　　二、净收益营运指数 ·········· 109
　　三、现金营运指数 ·········· 110
第五节　上市公司盈利能力分析 ·········· 110
　　一、每股收益 ·········· 110
　　二、市盈率 ·········· 112

三、股利支付率 ·················· 112

四、市净率 ······················· 113

课后思考题 ······················ 113

实战演练 ························ 113

第六章 企业营运能力 分析 ·············· 115

【引导案例】东阿阿胶去库存初见曙光······115

第一节 企业营运能力分析的目的与 内容 ························116

一、企业营运能力分析的目的 ········116

二、企业营运能力分析的内容 ········116

三、企业营运能力分析的一般指标·····117

第二节 流动资产营运能力分析·········117

一、现金周转速度分析 ············117

二、应收账款周转速度分析 ·········118

三、存货周转速度分析 ············120

四、流动资产周转速度分析 ·········122

第三节 非流动资产营运能力分析·······124

一、固定资产周转率 ··············124

二、固定资产产值率 ··············126

第四节 总资产营运能力分析 ·········127

一、总资产周转率 ················127

二、总资产周转率的影响因素分析·····128

三、总资产周转率与企业盈利能力·····129

课后思考题 ························130

实战演练 ························130

第七章 企业偿债能力 分析 ·············· 131

【引导案例】华晨集团为何从高歌猛进走到 破产重整 ·········· 131

第一节 企业偿债能力分析的目的和 内容 ······················· 132

一、企业偿债能力分析的目的 ········132

二、企业偿债能力分析的内容 ········133

第二节 企业短期偿债能力分析 ········134

一、影响短期偿债能力的因素 ········134

二、短期偿债能力指标计算与分析 ·····136

三、企业短期偿债能力的辅助分析 ·····144

四、影响企业短期偿债能力的表外 因素 ························145

第三节 企业长期偿债能力分析 ········146

一、影响企业长期偿债能力的因素 ·····146

二、长期偿债能力指标计算与分析 ·····148

三、影响企业长期偿债能力的表外 因素 ························157

课后思考题 ························157

实战演练 ························158

第八章 企业发展能力 分析 ·············· 159

【引导案例】百年青啤栉风沐雨，结构升级 乘风破浪 ·········· 159

第一节 企业发展能力分析的目的和 内容 ······················· 160

一、企业发展能力分析的目的 ········160

二、企业发展能力分析的内容 ········161

三、影响企业发展能力的主要因素 ·····161

四、企业发展状态的划分 ···········162

第二节 企业发展能力指标分析 ········162

一、营业收入增长率计算与分析········162

二、利润增长率计算与分析 ·········164

三、资产增长率计算与分析·········167

四、股东权益增长率计算与分析 ········ 169

第三节 持续发展策略分析 ············· 170

一、企业整体发展能力分析框架 ········ 170

二、企业整体发展能力分析框架
应用 ························· 171

三、可持续发展能力分析 ········· 172

课后思考题 ······················· 174

实战演练 ························· 174

**第九章 企业综合财务
分析** ············ 176

【引导案例】格力电器投资回报为何
不稳定？ ············· 176

第一节 综合财务分析概述 ········· 177

一、综合财务分析的概念 ········· 177

二、综合财务分析及业绩评价的
目的 ························· 177

三、综合财务分析及业绩评价的
内容 ························· 178

第二节 杜邦财务分析体系 ········· 178

一、杜邦财务分析体系的产生和
含义 ························· 178

二、杜邦财务分析体系的基本内容 ··· 178

三、杜邦财务分析体系的局限性 ······ 181

四、改进的杜邦财务分析体系 ······· 181

第三节 综合评分法 ················· 183

一、选择业绩评价指标 ········· 183

二、确定各项指标的标准值及标准
系数 ························· 185

三、确定各项指标的权重 ·········· 187

四、计算各类指标得分 ·········· 187

五、计算综合绩效评价得分 ········ 190

六、确定综合绩效评价等级 ········ 190

第四节 经济增加值法 ·············· 190

一、经济增加值的含义 ········· 190

二、经济增加值的计算 ········· 191

三、经济增加值的优势 ········· 192

课后思考题 ······················· 193

实战演练 ························· 193

第十章 财务预警分析 ······ 194

【引导案例】HX公司释放的财务危机
信号 ················· 194

第一节 财务危机与财务预警分析概述 ··· 195

一、财务危机与财务预警分析 ······· 195

二、财务预警分析的功能 ········· 195

第二节 财务预警分析方法 ········· 196

一、定性财务预警分析法 ········· 196

二、定量财务预警分析法 ········· 198

第三节 财务预警分析方法应用案例 ······ 200

一、单变量财务预警分析法应用 ······ 200

二、多变量财务预警分析法应用 ······ 203

课后思考题 ······················· 205

实战演练 ························· 205

参考文献 ············· 208

第一章

大数据财务分析理论

知识目标

1. 了解财务分析的产生与发展；
2. 熟悉大数据财务分析工具；
3. 理解大数据财务分析基本框架；
4. 掌握大数据财务分析方法。

能力目标

1. 能够独立思考与分析、解决问题；
2. 能够从大量数据中提取重要信息。

素养目标

1. 培养财务分析的思维和兴趣；
2. 激发下载和收集企业及行业信息的动力；
3. 树立正确的就业意识和创新创业思想。

引导案例

人人乐深陷亏损泥潭

人人乐诞生于 1996 年，2010 年成功登陆 A 股市场。正当大家以为上市后人人乐会继续做大做强的时候，人人乐却开始走向没落。

从财报数据来看，在上市后的第四、第五年，人人乐业绩出现巨额亏损——2014 年和 2015 年人人乐分别亏损了 4.605 亿元和 4.747 亿元，两年累计亏损超过 9 亿元；而在此后的几年里，人人乐呈"小赚大亏"状态——亏损都是以亿元为单位的，盈利则是以千万元为单位的。

那么，为什么此前还能打赢沃尔玛和家乐福的人人乐，在 2010 年上市之后，却开始走起了下坡路？控股股东变更为曲江文投后，人人乐能否走出困境？

截至 2022 年第三季度，人人乐的资产负债率高达 95.94%，且同一时期人人乐的账上资金仅为 2.7 亿元，但应付票据及应付账款却高达 9.148 亿元，资金缺口十分明显。人人乐面临着负债高企、持续亏损等多重危机，虽然控股股东变了，但短期内人人乐或许很难走出困境。

思考： 外部投资者应该如何对企业进行正确的财务分析，以减少投资风险？

第一节　财务分析的产生与发展

财务分析是以财务报表和其他资料为依据，采用一系列专门的分析技术和方法，对企业财务状况、经营成果及未来发展趋势所做的分析与评价。财务分析自产生至今，其分析重心逐渐转移，主要经历了信用分析、投资分析、内部分析、资本市场财务分析和大数据财务分析等阶段。

一、信用分析

20 世纪初，随着生产力水平的提高，企业规模不断扩大，使得企业融资需求大幅增加，这时银行开始要求企业向其提供资产负债表以便获得能够反映企业财务状况的资料，用来判断企业是否具有偿债能力。这一阶段分析的重点是借款人的偿还能力、还款保障程度和企业资产结构、负债结构。

二、投资分析

20 世纪 20 年代，财务分析由主要为贷款银行服务扩展到为投资者服务。因为投资者面临的投资机会和投资风险不断增加，所以投资者要求的信息更为广泛，为满足投资者的需求，初步形成了较为完备的外部财务分析体系。这一阶段分析的重点放在企业的盈利能力和财务风险上。

三、内部分析

20 世纪 40 年代，随着企业规模的扩大，业务更加复杂，为了改善企业的内部管理，使企业在激烈的市场竞争中生存、发展和更好地获利，企业管理层开始利用财务报表，结合内部的其他资料，对企业的财务情况及未来发展趋势进行全面细致的分析。

四、资本市场财务分析

20 世纪 70 年代之后，随着世界经济趋向一体化，国际投资迅速增加，国际融资规模不断扩大，财务分析揭示财务信息的广度和深度在很大程度上影响着投资者对投资期望报酬的评估和对风险程度的预测，影响着投资者的投资决策。企业通过对财务信息的披露，可以吸引投资者购买企业的债券和股票，增强投资者对企业长远发展的信心。此阶段，财务分析的功能扩大，不仅可用于对企业的偿债能力、经营业绩、成本费用、现金流量、盈利能力、营运能力、发展潜力等进行全面的分析，而且可用于对企业存在的问题做深入的分析，并寻求解决问题的办法。财务分析内容在广度和深度上的拓展，使财务分析的应用范围日益广泛，其重要性日益提高。

五、大数据财务分析

21 世纪，随着大数据及人工智能技术的快速发展，云财务、财务 RPA（Robotic Process Automation，机器人流程自动化）、财务共享等应用工具的革新引发财务岗位模式变化，形成了大数据及可视化技术与企业财务分析工作融合发展的新趋势。企业的财务分析工作随之呈现出指标分析量逐渐增大、非财务指标比重逐步上升、业财逐渐融合等新变化。在这一阶段，企业可利用智能化的数据处理技术对海量的基础数据进行自动收集整理，并按照确定的逻辑进行对比、计算和分析，构建一体化、智能化的财务分析模型。

第二节　大数据财务分析概述

一、大数据与大数据技术

大数据（Big Data）是一种规模大到在获取、存储、管理、分析方面超出传统数据库软件工具能力范围的数据集合。通常认为大数据有 4V 特点：Volume（数据量大）、Velocity（数据输入和处理速度快）、Variety（数据多样）、Value（数据价值密度低）。数据量大是大数据最显而易见的特点。

大数据技术是一种新兴信息技术，具备强大的信息数据分析、集中处理与高效利用的能力。财务人员应用大数据技术开展财务分析，能够找出对实施企业发展战略及财务管理工作有用的信息，以提高决策的科学性。在业财融合时代，相关人员要将企业的历史财务信息与当前的业务信息，以及上下游企业各方面的市场信息整合在一起进行综合分析，分析工作量非常大且复杂。大数据技术处理信息的速度快、精确度高、能力强，这是大数据技术能够在财务分析与管理中发挥作用的关键优势。

二、大数据财务分析的特征

大数据为企业财务分析提供了强大的数据基础，企业借助先进、高效的数据处理技术，可直观呈现各类数据，并深层次挖掘数据的经济价值，实现企业财务从核算型逐步向经营型、价值型转型。

1. 数据来源广、种类多

在传统财务分析中，最关键的环节是在财务会计中进一步产生对应的数据，为编制财务报表提供参考，并对财务报表进行系统的解读，这样能够进一步明确企业内部财务数据的来源，以便于后续高效地利用。大数据时代，大量先进技术被普遍使用，人们对数据高度重视，企业获取数据几乎不受空间和时间约束，收集数据的成本较低，速度在不断加快，并且随着各项改革及相关技术的不断完善，财务共享中心也越来越健全。丰富多样的数据有助于企业提升财务分析的一致性和精确性。

2. 财务分析实时、高效化

过去，财务分析依赖于历史数据，即财务人员依据之前的财务数据等，凭借以往的经验展开分析，结果存在一定的滞后性。在大数据时代，各种前沿科技的崛起与发展，为进行动态、实时财务分析提供了支撑。运用数据挖掘等信息技术，企业能够在短期内得到所需的数据，数据处理、分析速度显著提升；并且企业可在短时间内对相关数据做好加工和处理，第一时间发现并有效解决问题，灵活调整和优化企业战略，增强企业的风险抵御能力。与此同时，由于数据传输速度快，数据仿冒风险小，金融分析成果被剽窃等风险进一步降低。动态性财务分析汇报有利于客观真实地表达企业的营运能力和经济活动。

3. 财务分析方法和工具更丰富

在传统财务分析实践中，进行横向比较时难以获得外界信息，无法体现数据的价值和特点。大数据时代，运用 API（Application Program Interface，应用程序接口）、爬虫等技术，可确保外界数据和信息的即时获得，便于开展横向比较。大数据时代的财务分析重视关联性分析，可剖析多个利益相关者，而且不局限于事后意见反馈，还可在事前和事中进行分析。在财务分析常用工具中，BI（Business Intelligence，商业智能）、SQL（结构化查询语言）、SPSS（社会科学统计软件包）广泛用于数据科学研究，有利于确保数据解释效率和质量。

4. 财务分析结果可视化

在传统财务分析中，由于数据专业性强、数据量大、数据易读性差，数据使用者可能无法把握重点。数据分析可视化技术的应用，有助于企业从多维度、多层次开展分析，并选取丰富、多元的图形和表格形象、生动地展现分析结果，帮助实际应用者客观理解和掌握分析重点。

三、大数据财务分析的工具

现在的大数据财务分析工具多为自助式商业智能分析工具。自助式商业智能分析工具不再只面向 IT 部门的技术人员，还面向更多不具有 IT 背景的业务、财务分析人员。与传统商业智能分析工具相比，自助式商业智能分析工具更灵活，并且更易于使用。下面介绍几种自助式商业智能分析工具。

1. Power BI

Power BI 是微软官方推出的可视化数据探索和交互式报告工具。Power BI 能让静态数据转为动态报表，是一个让非专业数据分析人员也可以有效整合企业数据，并快速准确地进行商业智能分析的数据可视化工具。

Power BI 应用包括 Windows 桌面应用程序（Power BI Desktop）、云端在线服务（Power BI Online-Service）和移动端应用（Power BI Mobile）。

2. Tableau

Tableau 是一个可视化数据分析平台，它可以使人们能够更加轻松地探索和管理数据，更快地发现和共享各种有价值的见解。

Tableau 具有简单易用、极速高效、视图美观、轻松实现数据融合等优势，其家族产品包括 Tableau Desktop、Tableau Server、Tableau Online、Tableau Public 和 Tableau Reader。

3. FineBI

FineBI 是帆软软件有限公司推出的一款商业智能产品。业务人员使用该产品可以自主分析企业的信息化数据，帮助企业发现并解决存在的问题，协助企业及时调整策略，做出更好的决策，增强企业的可持续竞争力。FineBI 定位于自助式大数据分析工具，能够帮助业务人员和数据分析师开展以问题为导向的探索式分析。

FineBI 的优势是：数据取自业务，并应用于业务，让需要分析数据的人可以自主处理数据并进行探索式分析。

4. Smartbi

Smartbi 是广州思迈特软件有限公司旗下的产品，可以满足客户对企业级报表进行数据可视化分析、自助分析、数据挖掘建模、AI（人工智能）分析等方面的需求。Smartbi 广泛应用于金融、制造、零售、地产等行业。

四、大数据财务分析的作用

1. 提高数据处理效率，改善财务信息质量

在大数据财务分析中，各项财务数据、行业指标等的重复计算，都交由计算机完成，不仅能大大提高数据处理的速度和准确率，降低人为因素影响下潜在错误的发生概率，而且能整合经济

组织内、外环境的大数据，提供质量更高、更具参考价值的信息。

2. 加快信息传递速度，降低企业营运成本

在大数据技术支持下，智能化的财务分析系统能根据不同财务分析结果，提供多视域、交互式的个性化财务分析报告，充分匹配财务分析在新形势下精细化的要求。大数据技术有助于企业各职能部门打破信息孤岛，建立互联互通的内部数据共享中心，因此信息使用者获取信息的途径更为便捷多样，准确可靠的信息亦能更及时地送达相关人员，提高信息传递的及时性。同时，大数据技术能够帮助检验业务数据与财务数据交叉呈现的错误，为财务工作提供更为及时、准确、全面的信息支持，帮助企业应对内、外部可能发生的变化或风险，使企业的营运成本降低。

3. 拓展财务分析职能，优化企业决策机制

大数据财务分析能够充分利用人工智能的优势，运用智能化技术完成数据的筛选和清洗，减少企业为收集、汇总数据所花费的时间和人力成本，让企业管理层能将更多的精力投入评价企业经营业绩、探讨未来经营计划等方面的工作中。大数据财务分析能帮助企业洞察、预测未来，优化企业战略层面的管理决策，从而使财务分析的职能得到拓展。在大数据技术的支持下，企业决策层不仅能根据财务数据来推断企业目前的财务状况，而且能预测企业未来经营状况。大数据财务分析克服了传统财务分析的滞后性等缺陷，能及时在各类指标间建立起动态联系，以满足内部评价和对外披露的需求，使企业的决策机制得到优化和改善。

4. 增强风险管理能力，提升企业整体业绩

企业可将数据挖掘和可视化等智能技术应用于财务分析，针对不同信息使用者的不同需求，制定动态的、个性化的财务分析模型。除了传统财务分析具有的功能，大数据财务分析还具有数据评估、数据交易、数据搜索等新功能，在保证数据真实有效的同时，能够对分析结果进行全方位、多角度的对比。企业人员在解读数据分析结果、分析产生差异的原因后，能够针对性地提出解决问题的有效途径，提取能创造商业价值的有效信息，增强企业风险管控能力，促进先进信息技术与创新管理理念的有机融合，提高企业的经营管理水平，提升企业整体业绩和行业竞争力。

五、大数据财务分析阶段

1. 基础分析

基础分析阶段主要处理各类数据表，如财务报表、总账、余额表、明细账、序时账等，使用的工具一般为 Excel。在此阶段，需要使用各种函数、统计方法或财务模型对多张数据表进行分组、聚合、索引、排序等操作，以异常变化为主要分析对象，以找出问题为主。

2. 数据可视化

数据可视化是大数据财务分析的重要一环，利用可视化工具直观地展现分析结果，可帮助管理层抓住数据本质，提升决策参考价值。

BI 可以满足大部分的可视化需求，不过也存在一些功能受限的场景。一些基于 Python 语言的库，如 Matplotlib、Pyecharts 等，在数据可视化方面具有较强的功能，可以满足一些特殊的场景需求。

3. 业财融合

互联网的普及使财务资料和信息能够借助网络进行处理和传递，会计实现了业务流程和信息流程的集成处理，极大地提高了企业的信息共享性。但这一阶段对数据的总结、归纳、提炼仍不够精确，数据的使用价值有待提高。此时可将财务数据与业务数据、业务活动结合起来分析，通过财务数据发现业务活动中存在的问题，根据问题原因找到解决对策。这种类型的分析看似简单，但是因其涉及其他部门或者企业整体的经营情况，对财务人员的要求较高；而且，这种分析的结果要有可行性和指导性，要能支持经营决策的制定，因此分析时就不是单纯针对数据，而是要考虑影响企业经营活动的各因素。业财融合分析以提出改进方法、解决问题为主。

4. 决策优化

对财务指标进行分析，可确保相关人员对企业资金情况、盈利能力和未来发展具有系统且全面的了解，还可显著提高决策的有效性。将该体系应用于筹资决策及投资决策，能够极大程度提高决策的合理性与科学性，这对投资方和企业自身而言，均具有重要的意义。企业可采用定量和定性等财务分析方法，对财务报表及相关经营资料进行分析，动态监测预警信息，及时发出预警信号，规避财务危机发生的风险，为企业治理提供良好的财务环境。

第三节 大数据财务分析的主体及关注的内容

大数据财务分析的主体是为达到特定目的而对企业财务状况、经营成果进行分析的单位与个人，主要包括企业投资者、企业债权人、企业管理者、供应商与客户、企业员工、竞争对手、政府部门等。不同的财务分析主体，因其与企业的利益关系不同，分析的具体目的、关注的内容也不尽相同。

一、企业投资者

企业投资者是投资企业并拥有企业股权的单位和个人，但投资者不直接参与企业经济管理活动。按照现代企业理论和委托代理理论，企业投资者的所有权体现为两项基本权利：一项是对企业经营的最终控制权，即投资者有权评价并选择企业的经营者；另一项是对企业盈余的最终索取权，即在企业获得的营业总收入用于偿还各种到期债务，并扣除各种成本、费用、税金等支出之后还有盈余时，投资者有权要求对剩余部分进行分配。因此，投资者需要了解企业的盈利能力、财务状况及现金流量，对企业的投资回报和投资风险做出估计和判断。企业投资者主要关注的是企业未来的盈利能力和风险水平。

二、企业债权人

与企业投资者类似，企业债权人也不直接参与企业的经营管理活动，它们是企业资金的提供者，主要包括银行等金融机构，以及购买企业债券的单位和个人等。企业债权人包括短期债权人和长期债权人。一般地，短期债权人提供的贷款期限在一年及一年以内，他们更关心企业资产的流动性和企业偿还短期债务的能力，并不十分关心企业的长期获利能力。长期债权人提供的贷款期限通常在一年以上，他们关心贷款的本金和利息能否按时收回，而企业按时偿还借款的本息是以企业良好的盈利能力和现金流为基础的。因此，长期债权人不仅关心企业的偿债能力，也关心企业的盈利能力，会将偿债能力与盈利能力结合起来分析。同时，由于长期债权人提供的贷款期限较长，企业的经营风险和财务风险将直接影响到贷款是否可以收回，以及是否可以按期收回，因此，债权人也非常关心企业的经营风险和财务风险。

三、企业管理者

企业管理者受托进行经营管理，应对受托财产的保值增值承担责任。他们负责企业的筹资、投资等管理决策及日常经营活动，以确保企业支付给股东的收益与其承担的风险相匹配，及时偿还各种到期债务，并且使企业的各种经济资源得到有效利用。因此，企业管理者主要关心企业的经营业绩、管理质量和效率、偿债能力、财务结构的稳定性及其风险、资源配置的效率、企业发展趋势及前景等。对这些指标进行分析，目的是及时发现生产经营中存在的问题与不足，并采取有效措施加以解决，不仅使企业能利用现有资源获得更多利润，而且使企业盈利能力持续稳定地提升。

四、供应商与客户

供应商是企业原材料、设备或劳务等资源的提供者，他们与企业通过赊购形成了商业信用关系，必须判断授信企业的信用状况、风险情况及偿债能力。因此，供应商和企业债权人类似，对企业的偿债能力和信用状况较为关注。

客户是企业产品的消费者，关心的是企业持续提供产品或劳务的能力、产品质量与后续服务能力等。因此，客户希望通过财务信息了解企业的销售能力和持续发展能力。

五、企业员工

员工与企业存在长期、稳定的关系，他们主要关心工作岗位的稳定性、获取劳动报酬的持续性与增长性、工作环境的安全性等。因此，他们关注企业的盈利能力与发展前景。

六、竞争对手

竞争对手希望获取企业的市场份额、盈利水平、成本费用等相关信息，以便于进行产品定价、产品结构调整、市场规划等决策。因此，他们对企业盈利能力、竞争战略等方面的信息更感兴趣。

七、政府部门

政府部门对企业进行财务分析的目的一方面是监督检查党和国家的各项经济政策、法规、制度在企业的执行情况，关注投资所产生的社会效益和经济效益；另一方面是通过利用企业财务报表等获取的相关信息来更好地制定宏观经济政策。

第四节　大数据财务分析的信息来源

大数据财务分析的信息来源有很多，分析的目的与内容不同，信息来源可能也不同。大数据财务分析的信息来源可以分为企业信息、行业信息、产业政策和宏观经济政策。其中，企业信息可以进一步分为企业公开信息和企业内部信息。企业公开信息可供企业内部和外部分析使用，企业内部信息主要供企业内部分析使用。

一、企业公开信息

企业公开信息是企业公开对外发布的信息，主要包括企业对外公开披露的财务报告、管理层讨论与分析、审计报告、股东大会和董事会发布的各项公告（如招股说明书、配股说明书、临时公告、会议公告等）。

1. 财务报告

财务报告是企业对外提供的反映企业某一特定日期的财务状况和某一会计期间的经营成果、现金流量等会计信息的文件。财务报告包括财务报表和其他应当在财务报告中披露的相关信息、资料。

财务报表是对企业财务状况、经营成果和现金流量的结构性表述。财务报表至少应包括资产负债表、利润表、现金流量表、所有者权益变动表和财务报表附注。财务报表既是对企业经营过程及结果的综合反映，也是财务分析重要的信息来源。

财务报表可分为中期财务报表和年度财务报表（简称年报）。中期财务报表是以短于一个完整会计年度的报告期间为基础编制的报表，包括月报、季报和半年报等。除报告期间不同外，中期财务报表和年报的区别还在于：年报需要通过审计才能对外公开，中期财务报表则不一定经过审计；年报包括所有者权益变动表，而中期财务报表是否包括所有者权益变动表，由企业自行决定。对于有子公司的母公司和企业集团而言，财务报表还可分为个别财务报表和合并财务报表。个别财务报表是由公司或子公司编制的，只反映公司自身相关情况的报表。合并财务报表是以母公司和子公司组成的企业集团为会计主体，根据母公司和所属子公司的个别财务报表，由母公司编制的综合反映企业集团财务状况、经营成果及现金流量的财务报表。

分析人员在财务分析过程中，要高度重视财务报表附注揭示的内容。财务报表附注是为便于财务报表使用者了解财务报表的内容而对财务报表的编制基础、编制依据、编制原则和方法、主要项目等所做的解释说明，以及对未能在报表中列示项目所做的补充说明。

财务报表附注主要披露下列内容：①企业的基本情况；②财务报表的编制基础；③遵循企业会计准则的声明；④重要会计政策和会计估计，说明会计政策时还需要披露财务报表项目的计量基础与会计政策的确定依据；⑤重要会计政策和会计估计变更以及重大会计差错更正的说明；⑥重要报表项目的说明；⑦其他需要说明的重要事项，主要包括或有事项和承诺事项、资产负债表日后非调整事项、关联方关系及其交易等。

财务报表附注对补充说明或解释表内信息具有直接意义，分析人员进行财务分析时必须重视财务报表附注提供的信息。财务报表附注能够满足分析人员的大部分信息需求。由于财务报表附注不受众多会计原则的制约，既可以用文字、图表等来定性分析表内的项目，也可以用数字来补充说明表内项目的计量结果。通过财务报表附注，分析人员不仅可以获得全面的会计信息，而且能获得特定项目的会计信息，从而增强对表内信息的理解。

2. 管理层讨论与分析

管理层讨论与分析（Management Discussion and Analysis，MD&A）是证券市场信息披露制度变迁的产物，在招股说明书和定期报告中占有重要位置。管理层讨论与分析是向信息使用者传递企业信息的有效渠道，体现了管理层对企业现状及其发展前景的基本判断，有助于信息使用者更好地理解企业经营成果、财务状况和现金流量等信息，了解企业经营管理水平以及可能存在的风险和不确定因素，把握企业未来的发展方向。

管理层讨论与分析是对财务报告必要的和有益的补充，提供了财务报表及其附注所无法提供的信息，给予信息使用者透视企业经济实质的机会，满足了信息使用者对信息的相关性和前瞻性的要求。

管理层讨论与分析的内容主要包括对报告期内企业经营情况的回顾和对企业未来的展望。

（1）报告期内企业经营情况的回顾包括以下内容。

第一，总体经营情况。这部分主要阐述企业营业收入、营业利润、净利润的同比变动情况，说明引起变动的主要因素。

第二，分析企业的主营业务及经营状况。这部分按行业、产品或地区说明报告期内企业主营业务收入、主营业务利润的构成情况。

第三，现金流量分析。这部分说明企业经营活动、投资活动和筹资活动产生的现金流量的构成情况。

第四，与企业经营相关的重要信息的讨论分析。这部分主要对企业设备利用情况、订单的获取情况、产品的销售或积压情况、主要技术人员变动情况等进行讨论与分析。

第五，主要控股和参股公司的经营情况。这部分详细介绍主要控股和参股公司的业务性质、主要产品或服务、注册资本、资产规模、净利润等。

（2）对企业未来的展望包括以下内容。

第一，分析所处行业的发展趋势及企业面临的市场竞争格局。若分析表明相关变化趋势已经、正在或将要对企业的财务状况和经营成果产生重大影响，企业应提供管理层对相关变化的基本判断，详细分析对企业可能的影响程度。

第二，企业发展战略与经营计划。这部分主要披露企业发展战略，以及拟开展的新业务、拟开发的新产品、拟投资的新项目等。

第三，资金需求及使用计划。这部分主要说明维持企业当前业务并完成在建投资项目的资金需求、未来重大的资金使用计划，以及资金来源安排等。

第四，企业面临的风险因素。这部分遵循重要性原则披露可能对企业未来发展战略和经营目标的实现产生不利影响的所有风险因素及相应对策。

3. 企业公布的其他资料

企业公布的其他资料较多，但与信息披露制度相关的资料，如审计报告、招股说明书、上市公告书、临时公告等，是在财务分析过程中应该予以关注的。

（1）审计报告。审计报告是注册会计师根据审计准则的规定，在实施审计工作的基础上对被审计单位财务报表发表审计意见的书面文件。审计报告分为标准审计报告和非标准审计报告。标准审计报告是注册会计师出具的无保留意见的审计报告，不附加说明段、强调事项段或任何修饰性用语。非标准审计报告是指除标准审计报告以外的其他审计报告，包括带强调事项段的无保留意见的审计报告和非无保留意见的审计报告。非无保留意见的审计报告包括保留意见、否定意见和无法表示意见的审计报告。

注册会计师发表非标准审计报告时，通常会在审计报告的意见段或说明段中进行阐述。由于注册会计师能够接触到企业的原始凭证、记账凭证、账簿、经济合同等第一手资料，站在第三方的角度对财务报表的合法性、公允性发表意见。因此，注册会计师出具的审计报告对信息使用者而言具有很大的价值，特别是当审计报告为非标准审计报告时，信息使用者要给予其高度重视。

（2）招股说明书和上市公告书。招股说明书是股票发行人向证监会申请公开发行股票的申报材料的必备部分，是向公众发布的旨在公开募集股份的规范性文件。它是社会公众了解发起人和将要设立的公司的情况、做购买公司股份决策的重要依据。公司首次公开发行股票，必须制作招股说明书。招股说明书通常载明本次发行概况、风险因素、发行人基本情况、业务和技术、同业竞争与关联交易、公司"董监高"人员与公司治理结构、财务会计信息、业务发展目标、募集资金运用、发行定价及股利分配政策等事项。招股说明书经政府授权部门批准后，即具有法律效力，由发起人通过新闻媒介予以公告，以便社会公众知晓。

上市公告书是发行人于股票上市前，向公众公布的上市有关事项的信息披露文件。公司股票获准在证券交易所交易之后，公司须公布上市公告书。上市公告书除包括招股说明书的主要内容外，还包括以下内容：发行人对公告内容的承诺；股票上市情况；发行人、股东和实际控制人情况；股票上市前已发行股票的情况；招股说明书刊登日至公告书刊登日发生的重要事项；上市保荐人及其意见。

二、企业内部信息

企业内部信息是指企业未对外公开披露的各种生产经营活动资料，如会计核算明细资料、成本费用资料、业务活动资料、计划与预算资料等。企业财务活动受业务活动的影响与制约，财务报表提供的信息只是对企业生产经营活动的综合概括。仅仅依赖企业对外公开信息进行分析，无法满足企业改善管理的需要。因此，企业内部信息对于企业管理者和内部分析人士来说，显得尤为重要。

现代信息技术的发展和企业流程的再造，使得企业生产经营活动的各类信息能够迅速进入企业的信息系统，并能够方便、快捷地在各部门、各系统之间传递。存货的进出、材料的收发、生产进度、款项的收付等各种详细资料，在企业内部非常容易生成和取得。这不仅使得企业内部信息数量庞大且容易获得，也使得企业内部人员将财务分析更多地与业务分析相结合，拓展了企业财务分析的内容。

三、行业信息

分析人员对企业财务状况的评价，要结合行业特点和横向对比进行。分析人员对企业进行财务分析，要熟悉行业特点，要掌握行业的一般财务指标特征。分析人员收集行业信息时，要更多地收集行业标准、行业经验值、行业典型企业的财务数据等。对于不熟悉的行业，分析人员应从理解行业的特点、业务流程、行业环境、发展动态等入手。

四、产业政策

产业政策是政府为了合理调配经济资源、实现特定经济和社会目标而对特定产业实施干预的政策和措施。特定的产业政策面向特定产业，对产业内的企业发挥作用。产业政策按照其作用方向可分为产业扶持政策、产业规范政策和产业抑制政策。产业扶持政策是指运用财政、金融、价格、贸易、行政等手段，扶持和保护幼稚产业、主导产业等特定产业发展的政策，它的功能在于倾斜性地为特定产业提供资源并扩大其市场。产业规范政策是指为了满足环保、安全、保护战略资源等社会经济发展需要，规范产业发展方式和发展方向的产业政策。产业抑制政策是指出于供求平衡、环保、安全等原因短期性或长期性地抑制甚至禁止一定产业发展的政策。产业政策对企业发展和生产经营活动产生重要影响，从而改变企业的财务状况和经营成果。分析人员进行财务分析，必须关注产业政策变化及其对产业内不同企业的影响。

五、宏观经济政策

宏观经济政策是指政府调节宏观经济运行的政策与措施。宏观经济政策着眼于经济增长、稳定物价、促进就业等目标，包括财政政策、金融政策和收入分配政策等。宏观经济政策的变化，最终会改变企业的财务运行过程和结果。

第五节　大数据财务分析的方法及基本框架

一、大数据财务分析的方法

在实际进行大数据财务分析时必须灵活采用多种分析方法，常用的方法主要包括比较分析法、比率分析法、趋势分析法、因素分析法等。

（一）比较分析法

比较分析法也称作对比分析法，是财务分析中常用的一种方法，它是指将可比的指标（绝对数或相对数指标）进行对比，计算差异，并找出产生差异的原因及其对差异的影响程度。该方法在企业财务报表分析中应用得比较广泛，经常使用的比较标准有以下几种。

1. 历史标准

历史标准即以企业历史最佳水平、平均水平等历史数据作为比较标准，通过比较分析期水平与历史水平的差异把握企业的发展规律，从而预测企业的发展趋势。将企业分析期水平与企业历史水平比较，是一种纵向比较。历史标准的优点在于可用于及时发现企业财务状况或者经营成果发生变化的原因。历史标准的缺点在于：一方面，历史标准比较保守，因为分析期的经济环境可能发生了很大变化；另一方面，采用历史标准进行比较只能反映企业自身的发展变化，不能评价企业在同行业中的地位和水平。

2. 预算标准

预算标准即以企业的预算或者计划完成数作为标准，通过比较企业实际情况与预定目标之间的差异，对企业本期计划的完成情况进行评判，并为进一步分析产生差异的原因指明方向。由于企业的预算资料通常是内部资料，外部分析人员往往难以获得，因而预算标准一般用于企业内部财务分析，以考核、评价各部门经营业绩以及企业总体目标的完成情况。但是，预算标准的确立容易受人为因素的影响，使用时要注意其是否符合客观实际。

3. 行业标准

行业标准即以企业所处行业的数据为标准，通过比较企业数据与行业数据之间的差异，确定企业在行业中的地位。可作为行业标准的有行业平均水平、行业先进水平或者竞争对手的水平等。企业水平与行业水平的比较是一种横向比较，横向比较的优点在于可以找到企业与同行业其他企业的差距，为今后企业的发展指明方向。应用行业标准应当注意同行业内相关企业是否可比，因为虽然都处在同一行业，但生产经营环境不同、采用的会计政策不同等，可能导致企业间缺乏可比性。另外，有些大型企业集团往往跨行业经营，对其不同的经营业务应当根据分部报告分项分析对比。

各种比较标准都有其优缺点，在具体分析时应当综合使用各种标准而不是孤立地使用某一标准。在运用比较分析法时，必须强调指标之间的可比性，必须保证对比指标在时间、范围、内容、项目、计算方法等方面一致。如果存在不可比的情况，应进行调整计算，剔除不可比因素影响后，再进行对比。只有指标可比，比较的结果才有实际意义，才能说明实际问题。

（二）比率分析法

比率分析法是将相关联的财务项目数据进行对比，通过计算出具有经济意义的财务比率来评价企业财务状况和经营成果的分析方法，经常结合比较分析法使用。常见的财务比率可分为反映偿债能力的比率、反映盈利能力的比率、反映营运能力的比率和反映发展能力的比率等。

比率是由密切联系的两个或者两个以上的相关数据计算出来的，所以，通过比率分析法，利用一个或几个比率就可以揭示和说明企业某一方面的财务状况和经营业绩，或者说明其某一方面的能力。例如，净资产收益率可以揭示企业利用自有资产获得净收益的能力。

比率分析法和比较分析法一样，只适用于分析企业的某一方面，揭示信息的范围也有一定的局限。更为重要的是，在实际运用比率分析法时，应以其所揭示的信息为基础，结合其他有关资料和实际情况做更深层次的探究，这样才能做出正确的判断和评价，更好地为决策服务。因此，在财务分析中既要重视比率分析法的应用，又要结合其他分析方法，这样才能提高财务分析的效果。

比率分析的形式有：①百分率，如资产负债率为58%；②比率，如流动比率为1:1；③分数，如流动资产为总资产的1/20。比率分析法以其简单明了、可比性强等优点在财务分析实践中被广泛采用。

（三）趋势分析法

趋势分析法是将企业连续几个期间的各类相关财务数据进行对比，以判断企业财务状况和经营成果变化趋势的一种分析方法。趋势分析法一般以某一年为基期，计算其他期各项目对基期同一项目的趋势百分比或趋势比率及指数，形成一系列具有可比性的百分比或指数，根据计算结果评价企业各项指标变动趋势及其合理性，预测企业未来的发展变动情况。基期通常可以分为静态基期和动态基期，静态基期指以某一固定时期为基期，动态基期指以各分析期的前一期为基期。趋势分析中比较的形式可以分为绝对数比较和相对数比较，相对数比较又可以根据基期的不同分为定基变动百分比比较和环比变动百分比比较。

1. 绝对数分析

绝对数分析就是将各项目连续几期的绝对数进行对比，分析相关项目变动的大小和方向，并观察其稳定性。相关计算公式为：

$$绝对数变动额=某项目分析期实际数-同项目基期实际数$$

2. 相对数分析

（1）定基变动百分比分析。定基变动百分比，即各个时期的变动百分比都是以某一固定时期为基期来计算的。基期的选择非常关键，因为基期数据是所有期间的参照。基期不能选择项目数值为0或者为负数的期间，否则计算的百分比就没有意义，因而选择的基期一般是企业状况比较正常的年份。

（2）环比变动百分比分析。环比变动百分比则是以各分析期的前一期为基期来计算的。在环比变动百分比分析中也要注意，如果分析期的前一期项目数值为负数或者为0，则计算出的环比变动百分比没有实际意义，但是表明该项目存在异常情况。

定基变动百分比分析和环比变动百分比分析的实质是一致的，只是侧重于从不同的角度对财务趋势进行分析，在实际工作中，可以根据需要选择其中一种或者将二者结合使用。

（四）因素分析法

由于许多财务指标往往是由多个因素共同决定的，因此，为了揭示财务指标变动的原因，往往往需要测量影响其变动的各因素对其的影响程度和方向，从而找出财务数据的本质特征，保证分析结果有用。这种根据财务指标与其各影响因素之间的关系进行的分析比较综合全面，一般应用于杜邦分析中。因素分析法一般分为连环替代法和差额分析法。

1. 连环替代法

连环替代法是因素分析法的基本形式。连环替代法主要包括以下几个步骤。

（1）分解指标影响因素，即将经济指标在计算公式的基础上进行分解或扩展，从而得出各影响因素与分析指标之间的关系式。如果影响因素之间是加减关系，则各因素对财务指标的影响程度很容易确定；如果各因素之间是乘除关系，则各因素对财务指标的影响需要采用连环替代法进行分解。

（2）根据因素分解结果，构建分析体系，确定分析对象。因素分解后，按照所确定的因素之间的关系，根据分析指标的分析期数值与基期数值列出两个关系式或指标体系，确定分析对象。分析对象就是指标之间的差异。

（3）连环顺序替代，计算替代结果。所谓连环顺序替代，就是以基期指标体系为计算基础，用分析期指标体系中的每一个因素的实际数顺序地替代相应的基期数，每次替代一个因素，替代后的因素被保留下来。计算替代结果，就是在每次替代后，按关系式计算结果。

（4）比较各因素的替代结果，确定各因素对分析指标的影响程度。比较各因素的替代结果，即将每次替代所计算的结果与这一因素被替代前的结果进行对比，二者的差额就是替代因素对分析指标的影响程度。

（5）检验分析结果，分析变动原因。连环替代结束后将各因素对分析指标的影响额相加，其代数和应等于分析对象。如果二者相等，说明分析结果可能是正确的；如果二者不相等，则说明分析结果一定是错误的。

连环替代法计算过程

设 $F=A \times B \times C$

基期数：$F_0=A_0 \times B_0 \times C_0$ ①

实际数：$F_1=A_1 \times B_1 \times C_1$

置换 A 因素：$A_1 \times B_0 \times C_0$ ②

置换 B 因素：$A_1 \times B_1 \times C_0$ ③

置换 C 因素：$A_1 \times B_1 \times C_1$ ④

②-①即为 A 因素变动对 F 的影响；

③-②即为 B 因素变动对 F 的影响；

④-③即为 C 因素变动对 F 的影响。

连环替代法直观易懂、计算简单，因而在实践中得到了广泛应用，特别是在生产成本控制领域。但是，在使用连环替代法过程中一定要注意以下几个方面。

第一，分解出来的指标影响因素应当具有相关性。所谓相关性，是指指标的影响因素按照因果关系确定，具有经济意义。也就是说，指标影响因素分解不仅要求遵循数学上的等量关系，还要求在经济上可解释，缺乏相应的经济含义的分解是毫无意义的。

第二，计算过程的假设性。所谓假设性，是指在分步计算各个因素的影响程度时，必须假设其他因素不变，否则就无法分清各单一因素的影响程度。这实际上是连环替代法的一个重要缺陷，因为实际中分析指标的变动是许多因素共同作用的结果，各因素的共同作用越大，连环替代产生的偏差也就越大。

第三，因素替代的顺序性。所谓顺序性，是指因素替代的顺序不一样，替代计算的结果也是不一样的。因此，连环替代中替代顺序的确定非常关键。然而，实践中和理论上都没有很好的确定替代顺序的方法。一般认为，确定替代顺序必须以分析目的为依据，并考虑各因素的依存关系和重要程度。根据因素之间的依存关系，一般的替代顺序是：基本因素在前，从属因素在后；主要因素在前，次要因素在后；数量因素在前，质量因素在后；实物量指标在前，货币指标在后。此外，为了保证分析结果的可比性，每次分析时应当按照同样的替代顺序进行计算。

2. 差额分析法

严格来讲，差额分析法是连环替代法的一种简化形式，因为其分析原理与连环替代法完全相同，不同的只是分析程序上的差异。与连环替代法相比，差额分析法直接利用各个因素的分析期值与基期值之间的差额，来计算各因素对分析指标的影响。具体操作方法为：先确定各因素分析期与基期的差额，在确定各因素影响程度时，利用该因素差额乘以排在该因素前面的各因素的分析期数和排在该因素后面的各因素的基期数。

差额分析法计算过程

A 因素变动对 F 的影响：$(A_1 - A_0) \times B_0 \times C_0$

B 因素变动对 F 的影响：$A_1 \times (B_1 - B_0) \times C_0$

C 因素变动对 F 的影响：$A_1 \times B_1 \times (C_1 - C_0)$

财务分析的内容非常广泛，分析的方法也多种多样，因而财务分析是一个复杂的过程而不是一个存在固定程序的工作，没有唯一的通用的分析程序。

二、大数据财务分析的基本框架

从企业经营活动与财务报表的关系可以看出，企业财务报表的质量受企业经营活动、企业战略、会计环境、会计策略等因素的影响，如果不了解企业的经营环境、经营战略、会计环境和会计策略，就难以把握和理解企业经营活动的实质。因此，要想进行有效的企业财务分析，首先必须了解企业所处的经营环境和施行的经营战略，分析企业经营范围和竞争优势，识别机会和风险，对企业获取收益的可持续性做出合理的判断，这也是企业战略分析的关键所在。评估财务报表对企业经营活动反映的真实程度，是保证财务分析质量的前提。通过财务分析揭示企业的偿债能力、盈利能力、营运能力和发展潜力等，可以评估企业当前的业绩及业绩的可持续性。在财务分析的基础上，利用财务分析的结果可以对企业未来的风险与价值做出判断，从而预测企业未来的发展前景。因此，大数据财务分析的基本框架应当是企业战略分析—会计分析—财务分析—前景判断。

（一）企业战略分析

分析人员首先应通过企业战略分析了解企业经营所面临的环境因素，为会计分析和财务分析奠定基础。企业战略分析通过对企业所在行业和企业拟进入行业进行分析，了解行业的收益潜力和风险程度，明确企业自身地位及应采取的竞争战略。企业战略分析主要包括行业分析和竞争战略分析。通过企业战略分析，分析人员能深入了解企业的经济状况和经济环境，从而能进行客观、正确的会计分析与财务分析。

（二）会计分析

财务分析的基础数据来自财务报表，而财务报表中的数据受到会计政策、会计估计等诸多因素的影响。会计分析的目的是评估财务报表对企业经营活动反映的真实程度，避免会计信息失真。会计分析通过评估会计弹性、会计政策与会计估计的恰当性，评估会计信息的扭曲程度，从而去伪存真，调整财务报表数据，消除会计信息的扭曲，使会计信息能够反映企业经营活动的实际情况。因此，有效的会计分析有助于提高财务分析结论的可靠性。会计分析主要包括四个步骤：一是阅读财务报告；二是修正财务报表信息；三是比较财务报表；四是解释财务报表，评价企业实际状况，解释生产经营中存在的主要问题。

（三）财务分析

财务分析是整个分析工作的主要环节，此前的各项工作都是为这一环节的工作服务的。在这一环节，需要根据报表数据进行大量的计算、对比，来揭示企业的偿债能力、盈利能力、营运能力和发展能力等，以评估企业当前的业绩以及业绩的可持续性。财务分析常用的方法是比率分析法、比较分析法和因素分析法等。比率分析的重点是分析企业的利润表和资产负债表，它着重评估企业的产品市场业绩和财务政策。比较分析的重点是分析企业与同行业其他企业相比存在的优势及差距，找到产生差距的原因。因素分析的重点是围绕某一财务指标的主要影响因素，具体分析每一因素单独变动对财务指标的影响程度，据此找出管理工作中存在的主要问题，并提出改进措施。

（四）前景判断

前景判断是在财务分析的基础上，对企业未来的风险与价值所做的判断。前景判断常用的方法是财务报表预测和企业估价。这两个分析方法可以把企业战略分析、会计分析和财务分析中得出的结论加以综合，从而对企业未来的风险及价值变化做出预测性判断。企业战略分析、会计分析和财务分析为预测企业风险及价值奠定了坚实的基础。

课后思考题

1. 什么是财务分析？为什么要进行财务分析？
2. 财务分析的主体有哪些？各自主要关注什么内容？

第二章
财务数据分析可视化

知识目标

1. 掌握财务数据分析可视化的步骤；
2. 掌握度量值的设置方法；
3. 了解财务数据分析可视化的应用方法。

能力目标

1. 能够结合上市公司财务数据，通过 Power BI 实现财务数据分析可视化；
2. 能够结合上市公司财务数据，通过 Power BI 进行行业对比分析。

素养目标

1. 能够主动思考大数据时代的变化；
2. 形成正确的大数据伦理观，具备隐私保护意识，自觉遵守数据安全保护相关法律、法规。

引导案例

苏泊尔的数字化转型之路

苏泊尔是大家耳熟能详的消费品公司，主营明火炊具、厨房小家电、生活家居电器等商品。2021 年一季度，苏泊尔营业收入 51.36 亿元，同比增长 43.42%，归母净利润 5.05 亿元，同比增长 64.59%。

苏泊尔从 2012 年起着手建立财务共享服务中心，收款、付款、财务结账、报告、固定资产、报表产生等工作量较大、重复率较高的日常性交易业务，被集中到了财务共享服务中心平台上。到 2014 年，苏泊尔已经初步实现了财务流程的标准化改造。截至 2022 年，苏泊尔财务共享服务中心已经涵盖了公司 90%的业务。苏泊尔通过财务共享服务中心，不仅实现了管理的集中化和操作职能的标准化，还加强了内部控制并节省了成本，促进了财务会计向管理会计转型。

苏泊尔身处传统制造业，之所以能成功转型升级，主要得益于信息技术的持续发展，以及技术与业务的不断融合。苏泊尔快速实现信息化转型，解放了生产力，走出了一条不断发展的升级转型之路。

思考：苏泊尔进行财务数字化转型的策略是什么？

第一节 财务数据分析可视化概述

随着大数据时代的到来，企业财务分析所需要的数据往往是海量的，数据的可读性差会导致数据使用者难以抓住关键指标，无法为决策者提供可靠的数据支撑。企业可以借助可视化工具，将多项指标数据以直观的方式展示出来。用原始的方法处理数据，会浪费大量的人力、物力和财力，随着信息技术的普及，企业对数据的处理方式必然会从传统的人工方式转向大数据可视化管理方式。每一款可视化工具都各有特点，如 Power BI 就具有很强的数据交互作用。

一、财务数据分析可视化的概念

可视化是一种映射，可以把客观世界的信息映射为易被人类感知的视觉模式。这里的视觉模式指的是能够被感知的图形、符号、颜色、纹理等。数据可视化就是将工作中需处理的各类数据映射为视觉模式，以便于探索、解释隐藏在数据背后的信息，在保证信息传递的基础上寻求美感，用数据讲"故事"。

财务数据分析可视化是把传统的用表格和数字展现财务数据的方式，替换为用图形等更加直观的方式，使数据内容简洁、清晰，能够满足不同使用者的需求。

二、财务数据分析可视化的优点

1. 有利于发现问题并挖掘原因

企业的财务分析不再仅仅满足于对结果的评价，更重要的是发现企业经营过程中的问题，挖掘导致问题的原因。企业利用可视化分析方法，可快速发现经营过程中的问题及其原因。

2. 有利于实现多维度数据便捷切换

进行财务数据分析可视化时，图表之间具有联动效果，从而有利于财务人员快速发现各维度数据之间的关联性。例如，当销售额按照业务员、产品、时间、销售地区这四个维度进行统计时，只要选择其中一个维度，其他三个维度就会随之产生联动效果。

3. 有利于实时满足多样且多变的财务分析需求

一方面，随着财务分析的内容、分析主体、分析目标的扩展，财务分析的需求呈现出多样性和多变性的特点，进而导致了财务分析工作更加繁重；另一方面，随着现代商业节奏的加快，时间往往意味着机遇和成本。以上两方面都对企业实时出具财务分析可视化报告提出了新的挑战。传统 BI 工具的分析内容固定，对财务分析需求的响应速度也越来越跟不上企业的现实需求。财务分析可视化工具则支持财务人员进行自助式灵活分析，能够根据需求快速定义可视化报表，实时满足财务分析多样性和多变性的需求。

三、财务数据分析可视化的步骤

1. 数据获取与整理

数据获取是大数据财务分析工作的起点，利用大数据技术所开发的数据收集系统能够实时抓取企业内、外部数据。内部数据不仅来自财务及会计核算系统，还涵盖业务层面的采购、销售和生产等各类数据；外部数据则包括了政策、市场、行业、竞争对手等各类信息。

数据整理是对数据库中分散、凌乱、非标准化的各项数据进行分类、筛选、剔除、合并、计算、排序、转换、检索等操作。经过加工和处理后的数据会被加载到数据库中，以供后续的财务分析工作使用。

2. 数据建模

财务报表项目之间的关系是典型的层次关系。以资产负债表为例,资产负债表作为事实表,由资产、负债、所有者权益三个部分构成,资产又由流动资产和非流动资产构成,而流动资产和非流动资产又分别由若干个项目构成。对于这样的层次结构,分析人员需要创建能够反映数据之间层次关系的维度表,以便在进行可视化交互时,更好地使用数据筛选和数据分析功能。

简单来说,数据建模就是建立维度表和事实表之间关系的过程。数据建模后,还可以通过新建列、新建度量值等方式建立各类分析数据,用于可视化分析。本章第二节将以 Power BI 为例详细介绍数据建模的过程。

3. 可视化设计

为实现财务分析的最终目的,需要将数据分析的结果以简明易懂的方式进行展现,供企业管理决策人员使用。以图像处理技术为基础的可视化技术能够将晦涩难懂的数据转换为图像形式,将数据内容以可视和交互的方式展现给信息使用者。分析人员可根据不同工作主题和人员需求选择相应的可视化展示方式或路径,全面展示业务、财务及税务的相关指标,形象直观地表达数据分析结果的内涵和规律,帮助企业更为高效便捷地开展经营管理、投资决策、风险预警、成本管控等工作。

第二节　Power BI 财务数据建模

Power BI 突破了单表限制,有利于分析人员从多个表格、多种来源提取数据,然后根据不同的维度、不同的逻辑来聚合分析数据。在 Power BI 中,数据建模包括两部分,即建立表之间的关系和利用 DAX 语言编写度量值。

一、建立表之间的关系

Power BI 中的表分为事实表和维度表两类。事实表的主要特点是含有多列数值类型的数据,且数据量较大,分析人员能够从中提取度量值信息,如资产负债表、利润表、现金流量表三大财务报表就属于事实表。维度表的主要特点是包含类别的属性信息,数据量较小,如明细表、行业分类表、日期表、三大财务报表的辅助表等都是维度表。其中,财务报表的辅助表是根据分析要求对财务报表的项目进行重分类后形成的表。辅助表的项目与财务报表的项目进行匹配,可以建立表之间的关系,使多张表的数据成为一个整体,从而实现跨表的数据分析。例如,分析资产负债表、利润表和现金流量表,不仅需要准备这三张事实表,还需要准备三张维度表,即年度表、资产负债表分类、现金流量表分类。

在 Power BI 中,具有相同字段的两张表会自动建立关系。表与表之间的关系可分为以下三类。

(1)一对多。一对多是指一张表(通常是维度表)中的列具有一个值的一个实例,而与其关联的另一张表(通常是事实表)的列具有一个值的多个实例。

(2)多对一。与一对多正好相反,多对一指的是一张表(通常为事实表)中的列可具有一个值的多个实例,而与之关联的另一张表(通常为维度表)仅具有一个值的一个实例。

(3)一对一。一对一指一张表(事实表)与另一张表(维度表)的记录有一一对应的关系。

根据摆放样式不同,关系模型的布局可分为以下两种模式。

（1）星形布局模式：在事实表外侧只有一层维度表，所有维度表都直接与事实表关联，呈现的形状就像星星。

（2）雪花形布局模式：在事实表外侧有多层维度表，一个维度可能串起多个维度表，就像雪花一样由中心向外延伸。

> !!!提示
>
> 　　在导入数据的过程中，Power BI 会自动创建关系。对于没有创建关系的数据表，可以通过设置属性的方式手动创建关系。

二、创建度量值

度量值是用 DAX 函数创建的一个虚拟字段的数据值，通常可理解为要分析的数据指标。创建度量值不改变源数据，也不改变数据模型。度量值可以随着维度的变化而变化，一般在报表交互时使用，以便进行快速和动态的数据浏览。用户可以在"报表视图"或"数据视图"中创建和使用度量值，创建的度量值将显示在带有计算器图标的字段列表中。

编写度量值时需要结合数据分析的三要素——指标、维度、分析方法进行。指标包括收入、毛利润、净利润、净资产收益率等；维度指分析的角度，如行业、公司名称、时间、营收规模等；分析方法常见的有同比、环比、占比等。财务数据分析可视化需要的度量值主要包括资产负债表、利润表、现金流量表的基础度量值；财务分析指标，如资产负债率、应收账款周转率、净资产收益率、行业平均年收入指标、行业平均净利润指标、收入增长率等。

下面介绍一些常用的 DAX 函数。

1. 聚合函数

常用的聚合函数如表 2-1 所示。

表 2-1　　　　　　　　　　　　　　　常用的聚合函数

函数	说明
SUMX	求和
AVERAGEX	求平均值
MAXX	求最大值
MINX	求最小值
COUNTX	数值格式的计数
COUNTAX	所有格式的计数
MEDIENX	求中位值
RANKX	排名

2. 日期函数

常用的日期函数如表 2-2 所示。

表 2-2　　　　　　　　　　　　　　　常用的日期函数

函数	说明
YEAR	返回当前日期的年份
MONTH	返回 1～12 的整数（表示月份）

函数	说明
DAY	返回表示一个月中第几天的整数
HOUR	返回 0～23 的整数（小时）
MINUTE	返回 0～59 的整数（分）
SECOND	返回 0～59 的整数（秒）
TODAY	返回当前的日期
NOW	返回当前日期和时间
DATE	根据年、月、日生成日期
TIME	根据时、分、秒生成日期时间
DATEVALUE	将文本格式的日期转换成日期格式
TIMEVALUE	将文本格式的时间转换成日期格式
EDATE	调整日期格式中的月份
EOMONTH	返回调整后的日期中月份的最后一天
WEEKDAY	返回 1～7 的整数（表示星期几）
WEEKNUM	返回表示当前日期在一年中处于第几周的整数（从 1 月 1 日开始算）

3. 逻辑函数

常用的逻辑函数如表 2-3 所示。

表 2-3 常用的逻辑函数

函数	说明
IF	根据某个/某几个逻辑判断条件是否成立，返回指定的数值
IFERROR	如果计算出错，返回指定数值
AND	逻辑关系的"且"
OR	逻辑关系的"或"
SWITCH	数值转换

4. 筛选器函数

筛选器函数是一种能够根据指定条件筛选数据的函数。CALCULATE 函数是常用的筛选器函数之一。CALCULATE 函数的一般格式如下。

CALCULATE（表达式，条件 1，条件 2，……）

其中，第一个参数是计算表达式，用于执行各种聚合运算；从第二个参数开始，各参数是一系列筛选条件（多个筛选条件用逗号分隔），也可以为空。

CALCULATE 函数的所有筛选条件的交集形成最终的数据集合，根据筛选出的数据集合执行第一个参数表示的聚合运算并返回运算结果。

第三节 Power BI 在财务数据分析可视化中的应用

本节以上市公司格力电器为例，展示用 Power BI 实现财务数据分析可视化的流程。

一、数据获取与整理

1. 获取数据

上市公司的财务数据可从专业的财经网站获取。本书配套教学资源中提供格力电器 2015—2020 年的原始数据，读者可下载使用。

2. 整理数据

（1）对资产负债表数据进行整理，只保留 2015—2020 年数据，初步整理后的资产负债表（部分）如图 2-1 所示。

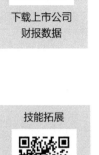
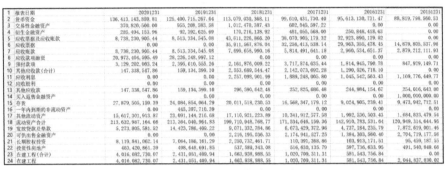

图 2-1　整理后的资产负债表（部分）

（2）创建年度表和资产负债表分类表。年度表比较简单，可以在 Excel 中直接创建，如图 2-2 所示。本例中需要构建的资产负债表分类（部分）如图 2-3 所示。

	A
1	年度
2	2015
3	2016
4	2017
5	2018
6	2019
7	2020

图 2-2　年度表

	A	B	C	D	E
1	BS类别1	BS类别2	报表项目	类别1索引	报表项目索引
2	资产	流动资产	货币资金	1	1
3	资产	流动资产	交易性金融资产	1	2
4	资产	流动资产	衍生金融资产	1	3
5	资产	流动资产	应收票据及应收账款	1	4
6	资产	流动资产	应收票据	1	5
7	资产	流动资产	应收账款	1	6
8	资产	流动资产	应收款项融资	1	7
9	资产	流动资产	预付款项	1	8
10	资产	流动资产	其他应收款(合计)	1	9
11	资产	流动资产	应收利息	1	10
12	资产	流动资产	应收股利	1	11
13	资产	流动资产	其他应收款	1	12
14	资产	流动资产	买入返售金融资产	1	13
15	资产	流动资产	存货	1	14
16	资产	流动资产	一年内到期的非流动资产	1	15
17	资产	流动资产	其他流动资产	1	16
18	资产	非流动资产	发放贷款及垫款	2	17
19	资产	非流动资产	可供出售金融资产	2	18
20	资产	非流动资产	长期股权投资	2	19
21	资产	非流动资产	投资性房地产	2	20
22	资产	非流动资产	在建工程(合计)	2	21
23	资产	非流动资产	在建工程	2	22

图 2-3　资产负债表分类表（部分）

（3）新建一个空表，命名为"度量值"，用来存放、管理所有的度量值。在 Power BI Desktop 中导入资产负债表后，执行"主页"—"查询"—"转换数据"—"转换数据"命令，可打开"Power Query 编辑器"窗口。选中"报表项目"列，执行"转换"—"任意列"—"逆透视列"命令，对其他列进行逆透视，如图 2-4 所示。将"值"列的名称更改为"金额"，并执行"转换"—"任意列"—"数据类型：定点小数"命令，将本列数据类型转换为数值类型。设置度量值后的资产负债表（部分）如图 2-5 所示。

图 2-4　执行"逆透视列"命令

#	报表项目	年度	金额
1	货币资金	2020	136413143859.81
2	货币资金	2019	125400715267.64
3	货币资金	2018	113079030368.11
4	货币资金	2017	99610431730.4
5	货币资金	2016	95613130731.47
6	货币资金	2015	88819798560.53
7	交易性金融资产	2020	370820500
8	交易性金融资产	2019	955208583.58
9	交易性金融资产	2018	1012470387.43
10	交易性金融资产	2017	602045597.22
11	交易性金融资产	2016	0
12	交易性金融资产	2015	0
13	衍生金融资产	2020	285494153.96
14	衍生金融资产	2019	92392625.69
15	衍生金融资产	2018	170216138.92
16	衍生金融资产	2017	481055568
17	衍生金融资产	2016	250848418.63
18	衍生金融资产	2015	0
19	应收票据及应收账款	2020	8738230905.44
20	应收票据及应收账款	2019	8513334545.08
21	应收票据及应收账款	2018	43611226866.2
22	应收票据及应收账款	2017	38070905179.32
23	应收票据及应收账款	2016	32923890129.82

图 2-5　设置度量值后的资产负债表（部分）

二、数据建模

1. 建立表之间的关系

Power BI 具有强大的智能数据建模功能。将 Power Query 的查询结果导入 Power BI 时，Power BI 会自动识别各表之间的关系，并自动添加表关系，用户可根据需要进行人工调整。调整后的表关系如图 2-6 所示。

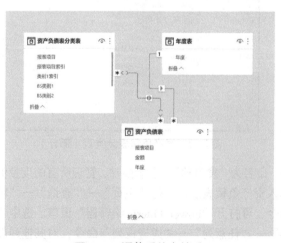

图 2-6　调整后的表关系

2. 创建度量值

度量值是 Power BI 数据建模的核心。本例会展示"资产合计""负债合计""所有者权益合计"

三个关键数据，具体的设置公式如下。

资产合计=CALCULATE（SUM（'资产负债表'[金额]），'资产负债表'[报表项目]="资产合计"）

负债合计=CALCULATE（SUM（'资产负债表'[金额]），'资产负债表'[报表项目]="负债合计"）

所有者权益合计=CALCULATE（SUM（'资产负债表'[金额]），'资产负债表'[报表项目]="所有者权益（或股东权益）合计"）

三、资产负债表可视化

技能拓展

资产负债表可视化分析

Power BI 的可视化界面主要由切片器、卡片图、矩阵图、瀑布图、折线图、环形图等组成。在可视化过程中，要对界面进行逻辑上的分区，不要把可视化元素无序堆放。下面介绍格力电器资产负债表的可视化过程。

1. 插入公司 LOGO

公司的 LOGO 一般代表了公司的品牌形象，在可视化界面左上角插入格力电器的 LOGO，以增加可视化图表的辨识度。

（1）在 Power BI Desktop 中，单击窗口左侧的"报表"按钮，选择"资产负债表分析"报表页。

（2）执行"插入"—"元素"—"图像"命令，选择格力电器 LOGO（见图 2-7），单击"确定"按钮即可。

图 2-7　格力电器 LOGO

2. 插入切片器

把年度表的数据设置成切片器，可通过筛选不同年度，显示相应的数据。

（1）单击窗口左侧的"报表"按钮，选择"资产负债表"报表页。

（2）单击"可视化"窗格中的"切片器"按钮　，按图 2-8 设置切片器属性，按图 2-9 设置切片器样式。生成的切片器如图 2-10 所示。

图 2-8　设置切片器属性　　　图 2-9　设置切片器样式　　　图 2-10　切片器

3. 插入卡片图

用卡片图来显示格力电器不同年度资产合计、负债合计、所有者权益合计三个关键数据。

（1）单击窗口左侧的"报表"按钮，选择"资产负债表"报表页，按照前面介绍的度量值公式设置"资产合计"度量值。

（2）单击"可视化"窗格中的"卡片图"按钮▣，按图2-11设置卡片图的属性，并设置卡片图的样式。生成的卡片图如图2-12所示。

图2-11　设置卡片图属性　　　　　　　图2-12　"资产合计"卡片图

（3）用同样的方式，设置"负债合计"和"所有者权益合计"卡片图。

4. 插入环形图

用环形图反映不同年度流动资产与非流动资产、流动负债和非流动负债的比例关系。各个度量值设置如下。

流动资产=CALCULATE（SUM（'资产负债表'[金额]），'资产负债表'[报表项目]="流动资产合计"）

非流动资产=CALCULATE（SUM（'资产负债表'[金额]），'资产负债表'[报表项目]="非流动资产合计"）

流动负债=CALCULATE（SUM（'资产负债表'[金额]），'资产负债表'[报表项目]="流动负债合计"）

非流动负债=CALCULATE（SUM（'资产负债表'[金额]），'资产负债表'[报表项目]="非流动负债合计"）

（1）单击窗口左侧的"报表"按钮，选择"资产负债表"报表页，设置上述度量值。

（2）单击"可视化"窗格中的"环形图"按钮◎，按照图2-13设置环形图的属性，并设置环形图的样式。生成的环形图如图2-14所示。

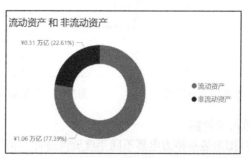

图2-13　设置环形图属性　　　　　　　图2-14　"流动资产和非流动资产"环形图

5. 插入饼图

用饼图反映格力电器资本结构中负债和所有者权益的比例关系。

（1）单击窗口左侧的"报表"按钮，选择"资产负债表"报表页。

（2）单击"可视化"窗格中的"饼图"按钮，按照图 2-15 设置饼图的属性，并设置饼图的样式，生成的饼图如图 2-16 所示。

图 2-15　设置饼图属性

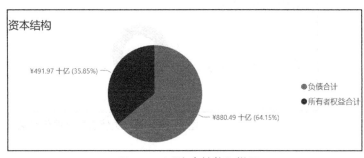

图 2-16　"资本结构"饼图

6. 插入分区图

用分区图反映格力电器不同年份总资产的变化趋势。

（1）单击窗口左侧的"报表"按钮，选择"资产负债表"报表页。

（2）单击"可视化"窗格中的"分区图"按钮，按照图 2-17 设置分区图的属性，并设置分区图的样式，生成的分区图如图 2-18 所示。

图 2-17　设置分区图的属性

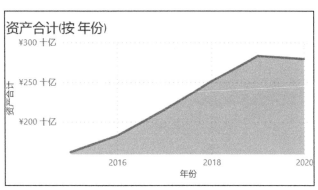

图 2-18　"资产合计（按年份）"分区图

（3）选中"切片器"对象，执行"格式"—"编辑交互"命令，再单击分区图右上角的 ⊘，使其变成 ⬱，设置完成后分区图不会随切片器"年度"的变化而变化。

7. 整理

调整各可视化图形的位置，最终得到的资产负债表可视化效果如图 2-19 所示。用户还可以根据需要使用矩阵图、瀑布图、折线图、树状图、表等图形丰富可视化效果。

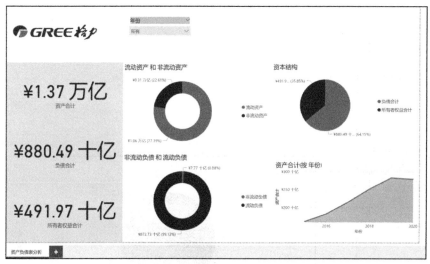

图 2-19　资产负债表的可视化效果

课后思考题

1. 与传统财务分析相比，财务数据分析可视化的优点有哪些？
2. 简述财务数据分析可视化的主要步骤。

第三章
企业战略分析

 知识目标

1. 了解宏观经济环境分析的主要内容；
2. 掌握行业分析的主要内容；
3. 掌握企业战略分析的主要方法；
4. 理解企业总体战略和竞争战略。

能力目标

1. 能够对行业进行适当分析；
2. 能够运用常见的分析方法对企业战略进行分析；
3. 能够对企业竞争战略进行正确选择。

素养目标

能主动思考国家相关政策对企业战略分析的影响。

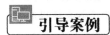 **引导案例**

美的的数字化战略

2022年6月9日，在"数字美的2025"战略发布会上，美的提出将打造"数字大脑"，为亿级家庭用户、百万级企业用户提供实时高效的数字化体验；并提出5个总体目标，分别是：业务数字化，建设DTC（Direct to Consumer，直接面向消费者）数字平台，业务在线化达到100%；数据业务化，数字驱动运营达到70%，智能化决策达到40%，核心指标体系是2022年的10倍；保持数字技术行业领先优势，将数字决策技术与业务完全融合，使物联网中台达到10亿级连接能力；AIoT（Artificial Intelligence & Internet of Things，人工智能物联网）化，智能家居做到行业领先；发展数字创新业务，孵化1~2家上市公司。其间，美的将成立AI创新中心、软件工程院、云数据中心、隐私计算联合实验室等。

所有的布局均指向一个点，即美的将改变传统的制造企业、硬件销售商定位，在家庭及产业两个层面通过数字化的手段为用户提供软硬结合的解决方案。

用机器人推动 AI 产业化

构建万物互联的智能家庭场景一直是美的的运营方向。在"数字美的2025"战略发布会中，美的进一步提出了家庭数字化的概念。

按照美的的规划，未来人工智能将扮演"管家"的角色，为用户管理水、空气、健康、能耗、食材等方面的生活所需。美的也在此次大会上推出了家庭服务机器人品牌"WISHUG"及首代家庭服务机器人产品"小惟"。美的首席 AI 官唐剑认为，家用机器人市场是一个蓝海市场，家用机器人能显著改变现代人的生活方式并成为未来家庭的刚需产品。美的常年深耕家居领域，对家居市场的用户需求及场景的理解都非常深刻，在 AIoT、机器人上也有一定的技术及经验，所以目前美的已经具备了将这种综合型家庭服务机器人产品化的技术和能力。

产业数字化，美的要建"第二增长曲线"

目前美的五大业务板块中，有三个板块都在主攻 To B（面向企业）业务市场。2022年年初，美的董事长兼总裁方洪波表示，美的将在专注 To C（面向用户）业务的同时向 To B 转型，建立"第二增长曲线"。在美的的数字化发展战略中，以美云智数、安得智联为代表的工业互联网平台、数字化供应链平台正是 To B 业务市场的新秀。

就在2022年年初，美云智数旗下美擎工业互联网平台成功入选工信部发布的"跨行业跨领域工业互联网平台"。美云智数在此次大会上也发布了自研的全新国产 PLM（Product Lifecycle Management，产品生命周期管理）系统——基于美的"科技领先"战略的研发工业数字化解决方案。美云智数 PLM 不仅具备完全知识产权，能实现技术自主、安全、可控，更实现了我国自主工业软件产业发展的重要突破，是目前业界承载 IPD（Integrated Product Development，集成产品开发）体系最为出色的 PLM 系统之一。

美云智数总裁金江在此次大会上表示，美的已经在研发、制造、供应链、营销等领域打造了一批自主可控的工业软件和管理软件，这将是解决"卡脖子"问题的重要利器，大多数的自研工业软件使用了新的技术架构，部分性能已经达到业界领先水平。

美擎工业互联网平台积累了大量行业数据和落地经验，将创新技术和产业 Know-How（技术诀窍）深度融合，真正做到跨行业、跨领域、跨区域深度应用，已经为超过21万家企业提供服务，其中重点客户涉及40个细分领域的400家大型企业。未来美云智数还将不断强化平台的功能，以平台为终极手段聚集生态、集成能力、服务社会，目标是在2025年前打造10个"灯塔工厂"、20个"平台+园区"示范项目、50个产业集群和100个双链示范项目。

在工业互联网领域之外，串起整个美的数字化链条的供应链服务商安得智联也在此次大会上宣布将打造共建共创共享的商业模式，为行业重构探索新的可能。

作为国内"全链路一体化"的供应链服务商，安得智联再度提出了智慧物流"价值回归"的构思：进行数智化改造使客户实现更大的商业成功，从而在成本、效率、服务更优的基础上帮助企业实现经营转型与供应链变革。

在"安得模式"的介入下，美的仓库数量由2,300个变为130个、仓库面积由600万平方米变成150万平方米、库存销售占比由17.6%下降为11%，库存周转天数等指标大幅优化，这充分体现了全链路的效率最大化。

思考：这个案例体现了美的什么样的战略思想？

第一节　企业战略分析概述

要对企业战略进行分析评价，首先必须了解企业战略与战略管理，以及企业战略分析与财务分析的关系等。

一、企业战略与战略管理

在现代市场经济条件下，企业战略对企业潜力的发挥、目标的实现和应对不断变化的外部环境具有十分重要的意义。战略管理提供了一套用于分析和管理企业与其所处环境之间关系的科学方法和工具。

在中国，"战略"一词历史久远，"战"指战争，"略"指谋略。《孙子兵法》被认为是中国最早对战略进行全局筹划的著作。在现代，"战略"一词被引申至政治和经济等领域，其含义演变为泛指统领性的、全局性的、左右胜败的谋略、方案和对策。

企业战略可以分为三个层次，即公司战略、业务单位战略和职能战略。这三个层次之间的关系是：公司战略下设业务单位战略，业务单位战略下设职能战略；公司战略统率业务单位战略，业务单位战略统率职能战略。企业战略层次与管理层次之间的关系可以通过图 3-1 表示。

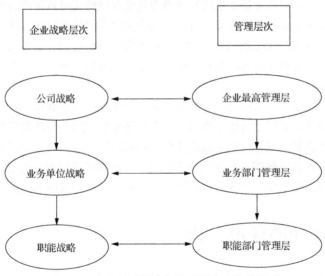

图 3-1　企业战略层次与管理层次之间的关系

（1）公司战略。公司战略一般由企业最高管理层制定。公司战略关乎企业整体，决定企业向何方向发展和应该经营哪些业务以长期获利等。因此，公司战略用于明确企业的目标，以及实现目标的计划和行动方针，涉及企业的使命和目标、宗旨和发展计划、产品和市场决策等方面的内容。

（2）业务单位战略。业务单位战略是在公司战略指导下，一个业务单位具体的竞争与经营战略。业务单位战略着眼于企业中某一具体业务单位的市场和竞争状况，相对于公司战略而言，有一定的独立性，是企业战略体系的组成部分。业务单位战略主要回答在确定的经营业务领域内企业如何展开经营活动，在一个具体的、可识别的市场上企业如何构建持续优势等问题。业务单位战略分析侧重于以下几个方面：业务发展的机会和威胁、业务发展的内在条件、确定业务发展的总体目标和要求等。

（3）职能战略。职能战略又称职能支持战略，是为贯彻、实施和支持公司战略与业务单位战略而针对企业特定的职能管理领域制定的战略。职能战略一般可分为生产运营型职能战略、资源保障型职能战略和战略支持型职能战略。职能战略是为公司战略和业务单位战略服务的，所以必须与公司战略和业务单位战略相匹配。比如，公司战略确立了差异化的发展方向，要培养创新发展的核心能力，那么企业的人力资源战略就必须体现对创新的鼓励和支持。

职能战略描述了在执行公司战略和业务单位战略的过程中，企业中的某一职能部门所采用的方法和手段。职能战略在以下几个方面不同于公司战略。首先，职能战略的时间跨度较公司战略小。其次，职能战略相较于公司战略更具体和专门化，且更具有行动导向性。公司战略只是给出企业发展的一般方向，而职能战略指明了企业发展的具体方向。最后，职能战略的制定需要较低层次管理人员的积极参与。事实上，在制定阶段吸收较低层次管理人员的意见，对成功地实施职能战略是非常重要的。

二、企业战略分析与财务分析

企业战略分析是通过对企业所在行业或拟进入行业的分析，明确企业自身地位及应采取的战略，权衡收益与风险，了解并掌握企业的发展潜力及企业战略实施效率的过程。

企业财务活动是在企业战略指引下进行的。从企业财务报告可以解读企业战略，从企业战略也可以推测企业财务活动的状况和结果。所以，企业战略分析与财务分析的关系密不可分。

（1）企业战略分析是财务分析的起点。通过企业战略分析，理解企业的经营模式，才能进行客观、正确的财务分析。

（2）企业战略的制定与实施情况，关系到企业经营业绩、财务状况和企业发展方向。企业战略的制定与实施对企业的影响是自始至终的。企业战略分析对财务分析起着导向作用。

（3）财务分析不能脱离或忽视企业战略分析。如果财务分析脱离企业战略分析或忽视企业战略分析，那么财务分析就很难深入企业的产业层面、内外部环境层面，也很难从战略的高度发现企业存在的问题和财务结果变动的深层次原因，以致财务分析建议的相关性与可行性不足。

第二节　企业外部环境分析

一、宏观经济环境分析

宏观经济环境是宏观经济运行的周期性波动等规律性因素和政府实施的经济政策等政策性因素的总和。进行企业战略分析，首先应明确企业所处的宏观经济环境。

1. 经济发展水平

经济发展水平是指一个国家经济发展的规模、速度和所达到的水准。反映一个国家经济发展水平的常用指标包括国内生产总值（GDP）、国民总收入（GNI）、人均国民收入、经济发展速度、经济增长速度。对于分析者而言，通过分析这些指标可以了解国家的经济发展状况，从全局把握宏观经济的变化趋势以及对企业可能产生的影响。

2. 经济周期

经济周期也称商业周期、景气循环，一般指经济活动沿着经济发展的总体趋势所经历的有规律的扩张和收缩，是国民总产出、总收入和总就业的波动。经济周期分为繁荣、衰退、萧条和复苏四个阶段，如图 3-2 所示。①繁荣阶段：投资需求和消费需求的扩张速度超过了产出的增长速度，刺激价格迅速上涨到较高水平。②衰退阶段：消费、投资需求急剧下降，劳动需求、产出下降，企业利润急剧下滑。衰退指实际 GDP 至少连续两个季度下降。③萧条阶段：供给和需求均处于较低水平，价格停止下跌，处于低水平。④复苏阶段：前一周期的最低点，产出和价格均处于最低水平。随着经济的复苏，生产恢复，需求增长，价格也开始逐步回升。

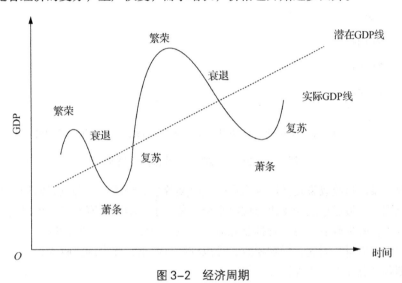

图 3-2　经济周期

在市场经济条件下，企业越来越多地关心经济形势，也就是"经济大气候"的变化。一个企业生产经营状况的好坏，既受其内部环境的影响，又受其外部宏观经济环境的影响。一个企业，无法决定它的外部环境，但可以通过改善内部环境来积极适应外部环境的变化，充分利用外部环境，以增强自身活力，提高市场占有率。因此，企业必须了解、把握经济周期波动，并制定相应的对策来适应经济周期波动，否则很容易在波动中丧失生机。

3. 经济结构

经济结构指国民经济的组成和构造。从国民经济各部门和社会再生产的各个方面考察，经济结构包括产业结构（如第一、第二、第三产业）、分配结构（如积累与消费的比例及其内部的结构等）、交换结构（如价格结构、进出口结构等）、消费结构、技术结构、劳动力结构等，其中最重要的是产业结构。2014—2020 年我国产业结构（不同产业占 GDP 比重）如图 3-3 所示。经济结构揭示了国民经济中不同组成部分的重要性水平，也体现了在一定时间内国家的政策倾向。通过分析经济结构，分析者可以了解企业经营活动的地位和发展前景，帮助企业主动适应宏观经济环境的变化和持续健康经营。

4. 经济政策

经济政策是国家或政府为了达到充分就业、价格水平稳定、经济快速增长、国际收支平衡等宏观经济目标，为增进经济福利而制定的解决经济问题的指导原则和措施。经济政策的制定和实施要保持连续性，不稳定的经济政策必然会给经济运行带来损失；还要有一定的弹性，一旦情况发生变化，可以对经济政策做出相应的调整。

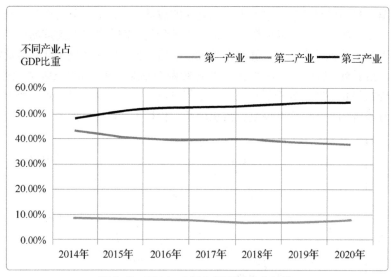

图 3-3　2014—2020 年我国产业结构

（1）财政政策。财政政策是指国家根据一定时期政治、经济、社会发展的任务而规定的财政工作的指导原则，一般通过政府支出与税收来调节总需求。增加政府支出，可以刺激总需求，从而增加国民收入；减少政府支出，则抑制总需求，减少国民收入。税收对国民收入是一种收缩性力量。因此，增加税收，可以抑制总需求，减少国民收入；减少税收，则刺激总需求，增加国民收入。

（2）货币政策。货币政策是指通过中央银行调节货币供应量，影响利率及经济中的信贷供应程度来间接影响总需求，以达到总需求与总供给趋于均衡的一系列措施。货币政策调节的对象是货币供应量，即全社会总的购买力。货币政策运用各种工具调节货币供应量，从而调节市场利率，又通过市场利率的变化来影响民间投资，进而影响总需求。货币政策的四大工具为法定存款准备金率、公开市场业务、贴现政策和基准利率。

拓展阅读

财政部解读 2023 年
财政政策

货币政策分为扩张性货币政策和紧缩性货币政策两种。扩张性货币政策是通过提高货币供应增长速度来刺激总需求。在这种政策下，取得信贷更为容易，贷款利率会降低。因此，当总需求与社会的生产能力相比很低时，可使用扩张性货币政策。紧缩性货币政策是通过降低货币供应增长速度来降低总需求。在这种政策下，取得信贷较为困难，贷款利率也较高。因此，在通货膨胀较严重时，可采用紧缩性货币政策。

二、行业分析

宏观经济环境分析主要分析了社会经济的总体状况，但没有对社会经济的各组成部分进行具体分析。经济的发展水平和速度反映了各部门的平均发展水平和速度，但各部门的发展并非都和总体保持一致。在宏观经济运行态势良好、增长速度提高、效益提高的情况下，有些部门的增长与经济发展总水平的增长同步，有些部门的增长高于或低于经济发展总水平的增长。这是因为企业经营除了受到宏观经济环境影响外，还受到所处行业环境的影响。

所谓行业，是指产品或服务具有主要共同特征的一大批企业或企业群体。对处于同一行业内的企业都会产生影响的环境因素的集合就是行业环境。进行行业分析，可以找出行业盈利的决定性因素，这对企业战略的制定具有重要意义。

1. 行业经济特征分析

行业经济特征是指特定行业在某一时期的基本属性，反映行业的基本状况和发展趋势。行业经济特征包括行业的竞争特征、需求特征、技术特征、增长特征、盈利特征等。这些特征都会以各种各样的方式影响财务报表的内在关系及指标数据。了解行业经济特征有助于理解报表数据的经济含义。影响行业经济特征的一般因素如表 3-1 所示。

表 3-1 影响行业经济特征的一般因素

竞争特征因素	需求特征因素	技术特征因素	增长特征因素	盈利特征因素
竞争企业数量	需求增长率	技术成熟度	生产能力增长率	平均利润率
竞争企业战略	顾客稳定性	技术复杂性	规模经济效应	平均贡献率
行业竞争热点	产品生命周期	相关技术影响	新增投资增长率	平均收益率
资源可得性	需求弹性	技术的可保护性	多样化增长程度	
潜在进入者	替代品可接受性	研发费用		
竞争结构	产品互补性	技术进步的影响		
产品差异化				

例如，根据 2021 年中国电子信息产业发展研究院市场研究部数据，在白色家电方面：空调行业零售额同比增长 2.2%，达到 1,651 亿元；冰箱、洗衣机行业零售额分别达到 1,042 亿元、788 亿元，同比增长分别为 7.2%和 7.1%；集成灶行业零售额达 267 亿元，同比增长 43.5%，集成灶对传统烟灶产品存在替代效应，行业规模增长受益于产品渗透率提升，以及高端化带来的均价上涨。

2. 行业生命周期分析

行业生命周期指行业从出现到完全退出社会经济活动所经历的时间。行业生命周期曲线如图 3-4 所示。行业生命周期主要包括四个发展阶段：初创期、成长期、成熟期、衰退期。分析行业生命周期有助于企业从恰当角度看待行业和企业前景，决定应该加大投入还是撤离该行业。判断行业生命周期的常用指标及各阶段的表现如表 3-2 所示。

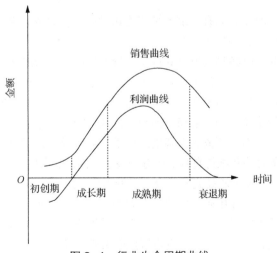

图 3-4 行业生命周期曲线

表 3-2 判断行业生命周期的常用指标及各阶段的表现

常用指标	初创期	成长期	成熟期	衰退期
市场结构	凌乱	竞争对手增多	竞争激烈，对手成为寡头	取决于衰退的性质，或形成寡头或出现垄断
市场拓展	进行广告宣传，建立企业知名度，开拓销售渠道	建立品牌信誉，开拓销售渠道	保护既有市场，渗入其他市场	选择市场区域，维护企业形象
投资需求	很大	大部分利润用于再投资	再投资减少	不投资或收回投资
生产经营	提高生产效率，制定产品标准	改进产品质量，增加产品品种	巩固客户关系，降低成本	削减生产能力，保持价格优势
人力资源	培训员工适应新的生产和市场	培育生产和技术能力	提高生产效率	转向新的增长领域
研究和开发	投入大量的研发资金，用于产品研究和生产过程研究	对产品的研究减少，继续生产过程研究	只在必要时进行研究	除非生产过程或重要产品有研究需求，否则无研究和开发支出
关键成功因素	扩大市场份额，加大研发投入，改进技术，提高产品质量和赢得消费者信任	争取最大市场份额，建立品牌信誉，开拓销售渠道	巩固市场份额，降低成本，提高生产效率和增加产品功能	控制成本或退出行业，转向新的增长领域
利润	亏损或极少	迅速增长	开始下降	下降或亏损
现金流	没有或极少	少量增长	大量增长	大量减少至枯竭

（1）初创期。在这一阶段，新行业刚刚诞生或初建不久，只有为数不多的创业企业投资这个新兴的行业。在初创期，行业投资较大，产品的研发费用较高，而产品市场需求小，营业收入较低，因此这些创业企业可能不但不盈利，反而普遍亏损，甚至可能破产。同时，创业企业还面临着由较高的产品成本和价格与较小的市场需求导致的投资风险。

随着行业生产技术的进步、成本的降低和市场需求的扩大，新行业将逐步由高风险、低收益的初创期转入高风险、高收益的成长期。

在初创期，企业的关键成功因素是扩大市场份额，加大研发投入，改进技术，提高产品质量，赢得消费者信任。

（2）成长期。在这一时期，拥有一定市场营销和财务力量的企业逐渐主导市场，其资本结构比较稳定，开始定期支付股利并扩大经营。

在成长期，行业产品通过各种渠道以其自身的特点赢得了大众的认可，市场需求逐渐上升，与此同时，产品的供给也发生了一系列变化。由于市场前景看好，投资于新行业的企业大量增加，产品也逐步从单一、低质、高价向多样、优质和低价方向发展，因此出现了企业和产品相互竞争的局面，这种状况的持续将使市场需求趋于饱和。在这一阶段，企业不能单纯地依靠提高产量、扩大市场份额来增加收入，而必须依靠提高生产技术、降低成本，以及研制和开发新产品来获得竞争优势，从而战胜竞争对手和维持自身的生存与发展。因此，那些财力与技术较弱，经营不善，或新加入的企业（其产品的成本较高或不符合市场的需要）往往被淘汰或被兼并。在成长期后期，由于优胜劣汰规律的作用，行业中企业的数量在大幅度下降以后便开始稳定。由于市场需求基本饱和，产品的销售增长速度减慢。在这一时期，由于受不确定因素的影响较小，行业的增长具有可预测性，行业的波动也较小。此时，投资者因经营失败而蒙受投资损失的可能性大大降低，分享行业增长带来的收益的可能性则会大大提高。

在成长期，企业的关键成功因素是争取最大市场份额，建立品牌信誉，开拓销售渠道。

（3）成熟期。行业的成熟期是一个相对较长的时期。这一时期，在竞争中生存下来的少数大企业占有大量市场份额。企业与产品之间的竞争手段逐渐从价格手段转向各种非价格手段，如提高质量、改善性能和加强售后服务等。此时，行业利润达到了很高的水平，风险因市场比较稳定、新企业难以进入等而降低。

在成熟期，行业增长速度降到一个更加合理的水平。在某些情况下，整个行业可能完全停止增长，其产出甚至下降，因此行业的发展很难与国内生产总值的情况保持同步，当国内生产总值减少时，行业可能蒙受更大的损失。但是，由于技术创新等，某些行业在这一时期或许会有新的增长。

（4）衰退期。行业在经历了较长的稳定阶段后，就进入了衰退期。这主要是因为新产品和大量替代品的出现使得原行业的市场需求减少，产品的销售量开始下降，某些企业开始向其他更有利可图的行业转移资金，从而使原行业的企业数量减少，利润下降。在衰退期，市场逐渐萎缩，当正常利润无法维持或现有投资折旧完毕后，整个行业便解体了。在衰退期，企业的关键成功因素是控制成本或退出行业，转向新的增长领域。

行业生命周期分析在应用上存在一定的局限，因为行业生命周期曲线是经过抽象的典型化曲线，各行业按实际销售和利润绘制出来的曲线远没有其光滑、规则，在某种情况下要确定行业处于哪个阶段比较困难。因此，应将行业生命周期分析与其他分析方法结合起来应用，才能确保财务分析的正确性。

3. 行业盈利能力分析

不同行业，其盈利能力不同，甚至有天壤之别。分析行业盈利能力的工具有很多种，但以波特提出的"五力模型"最为经典。

哈佛商学院的波特教授从产业组织理论出发，提出了分析产业结构的五力模型，如图 3-5 所示。波特认为，有五种竞争力量决定了行业的盈利能力，其中三种来源于企业的水平竞争，分别是行业内现有企业间的竞争程度、新进入企业的威胁和替代品的威胁；另外两种则来源于企业的垂直关系，分别是供应商的讨价还价能力和购买者的讨价还价能力。根据波特的五力模型，行业内实际和潜在的竞争程度决定了行业获取超额利润的可能性，而这一潜在利润能否由行业取得及能取得多少，则取决于该行业中的购买者和供应商的讨价还价能力。行业盈利能力分析的核心就是通过确定行业中决定和影响这五种基本竞争力量的因素，帮助企业较好地防御每种竞争力量。

（1）现有企业间的竞争程度分析。现有企业间的竞争是企业面临的最大压力。现有企业根据自己的资源，采取价格竞争、新产品开发、服务质量提升及促销等手段力图在市场上占据有利地位和争夺更多的消费者，对行业内其他企业构成极大威胁。一般情况下，行业增长率高，行业集中度和均衡度高，产品的独特性强，进入壁垒高，退出壁垒低，则现有企业间的竞争程度较低。同行竞争多是由一个或几个企业认为存在改善其市场地位的机会而引发的，比如我国家电市场上，长虹几次依仗资金实力和规模经济发起价格竞争，导致同行业其他企业采取报复性反击。如此竞争的结果可能是彼此都无从获利，特别是行业中竞争者数量较多的情况下。

（2）新进入企业的威胁分析。早期进入的企业，其先行优势有助于阻止未来企业的进入，从而获取垄断利润。先进入者容易取得成本或价格优势，制定有利的行业标准或取得资源许可，而行业的高额利润必然吸引新企业加入。一方面，新企业的加入会导致企业竞争加剧，促使产品价格下跌；另一方面，会对生产资源进行争夺，从而可能使行业生产成本升高，倒挤利润。规模经济、先行优势、分销渠道与公共关系、法律障碍等都会影响行业进入的难易程度。站在行业利润的角度，有利的情况是进入壁垒高而退出壁垒低，因为想进入的企业被壁垒阻挡，不成功的企业可以退出行业。当两种壁垒都高时，潜在的高利润通常伴随着高风险，尽管挡住了想进入的企业，但不成功的企业仍会留在行业内坚持运营。进入壁垒和退出壁垒都很低的情况虽然不尽理想，但不是最糟的。当进入壁垒低而退出壁垒高时，进入行业很容易，行业经济状况好时会吸引新企业加入，但当情况恶化时，企业却无力撤出，使这些生产能力滞留在行业里，进而导致行业获利能力持续降低。

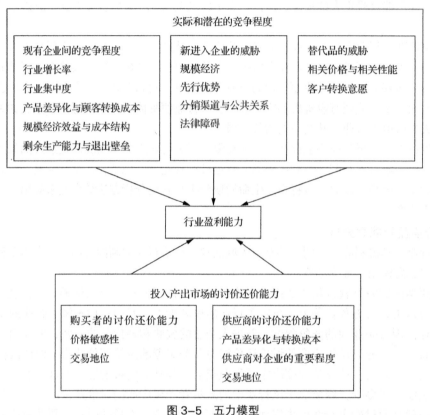

图 3-5 五力模型

（3）替代品的威胁分析。由于替代品与被替代品有相似的功能，无形中扩大了被替代品的竞争边界。这些替代品往往由高盈利行业提供，具有价格优势，从而限制了被替代品的价格，抑制了行业利润水平。企业的产品一旦被模仿和替代，其利润必然下滑。替代品的威胁性主要取决于相互竞争的产品或服务的价格和性能，以及客户转换意愿。例如：微信的语音功能替代了传统的手机通话功能；支付宝支付和微信支付方便快捷，客户很愿意使用这些新型支付方式。

（4）供求双方的讨价还价能力分析。行业的竞争程度决定了行业获取超额利润的潜力，而供应商和购买者的讨价还价能力决定了行业的实际利润水平。在产出前，企业面临着与劳动力供应商、原材料供应商的交易；在产出时，企业直接面对分销商或消费者。购买者实际上也在和行业内的企业竞争，迫使企业降价、提高产品质量、提供更优服务，这些均会降低行业的盈利能力。当然，购买者的讨价还价能力受其价格敏感性和交易地位的影响，若企业产品缺乏独特性且转换成本低，或在成本结构中占有较大比重，则购买者愿意寻找成本更低的产品。若购买者数量少，购买量大，可供购买者选择的产品或替代品多，则购买者在交易中更容易保持强势地位。当供应商数量少且企业可选择的产品或替代品少时，则供应商具有强势地位，企业的购买成本提高，行业盈利空间被压缩。

拓展阅读

空调行业竞争五力模型分析

4. 行业市场结构分析

经济学理论将市场结构分为四种基本类型，其中完全竞争市场和完全垄断市场是两个极端。现实中的市场大多介于这两个极端之间，也就是既有竞争，又有垄断；既不是完全竞争，又不是完全垄断。这称为不完全竞争市场。根据市场垄断程度，不完全竞争市场又分为垄断竞争市场和寡头垄断市场。影响市场结构的因素主要有市场集中度、进入壁垒和产品差异程度等。表3-3列示了不同市场结构的表现特征。

表3-3　　　　　　　　　　不同市场结构的表现特征

市场类型	市场集中度	进入壁垒	产品差异程度	典型行业
完全竞争	很低	不存在	差异很小	鞋、农产品
垄断竞争	较低	较低	有差异	家电、手机
寡头垄断	较高	较高	基本同质或差异较大	电信、石化
完全垄断	100%	非常高	没有替代品	自来水、铁路

市场结构的首要影响因素是市场集中度。市场集中度是指行业内规模排名前几位的企业的有关数据（如产量、产值、销售额、销售量、职工人数、资产总额等）占整个行业市场的份额。根据产业经济学的"结构—行为—绩效"范式，市场集中度较高的产业有利于企业间的合谋，大企业基于市场潜力制定较高价格，从而获得较高的产业利润。

不同的市场结构中，由于企业竞争的激烈程度不同，企业所获取的利润也各不相同。行业内竞争越激烈，企业的毛利率可能越低。特别是那些成熟的，甚至走向衰退期的行业，由于竞争非常激烈，整个行业的毛利率水平都会比较低。这些行业中的企业尽管有差别，但在毛利率方面与行业的总体水平相比很难有太大的突破。

第三节　企业内部环境分析

在对企业外部环境进行分析之后，应对企业内部环境进行分析，以明确企业拥有什么样的独特资源和能力、企业的价值驱动因素是什么。企业内部环境也称企业内部条件，是指企业内部的物质和文化环境的总和，包括企业资源、企业能力、企业文化等因素。

一、企业资源和能力分析

1. 企业资源分析

资源是指企业在生产经营过程中所投入的各种要素。从一般意义上分析，我们可以将资源分为两类，即有形资源和无形资源，具体包括物质资源、财务资源、人力资源、组织资源和产权资源。

（1）物质资源。物质资源属于有形资源，指企业使用的所有有形物质，包括企业的工作间和设备、所处的地理位置、原材料及其供应渠道等。物质资源是企业生产能力的重要衡量标准。物质资源的数量决定着企业的规模、技术水平、原料的占有数量等。我们在对企业物质资源进行评估时，还要对设备的寿命、固定资产变现价值、固定资产用途转换的可能性进行分析。从用途考虑，物质资源相比于其他资源在灵活性方面受到的限制更多一些。

（2）财务资源。财务资源是指企业从各种渠道获得的可用于构造并实施其战略的所有资金，包括创业者投入的资金、股票融资、债券融资、银行贷款及企业的留存收益等。财务资源反映企业资本的来源和利用能力，如贷款能力和内部资金的再生能力等。财务资源会影响企业进行规模扩张和资本扩张的能力。

（3）人力资源。人力资源包括企业管理者和员工的个人经验、判断力、才智、社会关系以及洞察力等。根据巴尼（1991）的论述，企业资源中的人力资源包括人力资源的数量、人员类型和人员结构，具体包括人员的培训、经验、关系及洞察力。人力资源具有较大的开发潜力，对企业寻求持续竞争优势具有决定性的作用。例如，任正非（华为）、张瑞敏（海尔）、比尔·盖茨（微软）等知名企业家对企业的贡献是毋庸置疑的。在技术飞速发展和信息化速度加快的知识经济时代，人力资源在组织中的作用也越来越突出，但是，有价值的人力资源并非局限于企业家和高级管理者，对于很多企业而言，即使是基层的普通员工，对企业成败也有着重要影响。

（4）组织资源。与人力资源所强调的个体特性不同，组织资源强调的是组织整体的特性，包括保证企业有序运作的方式方法，具体表现为组织结构及类型、各种规章制度、组织文化等。

（5）产权资源。产权资源属于无形资源的范畴，主要包括专利、专有技术、商业秘密、商标、品牌、声誉等（豪尔，1992，1993）。无形资产具有极强的独享性和扩散效应，其增值的速度要高于其他资源。

由于不同企业所在的行业、市场、发展阶段、自身的能力与特点不同，资源对企业战略的影响程度也不相同。因此，对不同企业来说，企业资源的重要程度有所差异。

2. 企业能力分析

企业能力是指企业协调整合资源以完成预期的任务和目标的技能。这些技能存在于企业的日常活动中，也就是说，存在于企业做决策和管理其内部过程以达到企业目标的方式中。概括来说，企业能力是组织结构和控制系统的产物。这些系统规定在企业内部如何做出决策、在哪里做决策，企业要奖惩的行为，以及企业的文化和价值等。根据定义，企业能力也是企业的无形资源，但企业能力不存在于企业中的单个人员身上，而更多地体现于企业范围内个人之间相互作用、相互配合和做出决策的方式上。如果没有企业能力，企业资源很难发挥作用，也很难增值。但企业能力本身并不能确保企业能有效地构造和实施一个战略，只是它能使企业借助其他资源来实现战略的构造与实施。企业能力包括企业管理层的管理技能和团队协作等。例如，在华为，技术和市场部门之间的协作即是企业能力的一种体现。企业能力的基础是企业的人力资源。企业能力通常表现为职能方面，也有一些企业能力具有跨职能和综合性的特点。企业能力类型如表3-4所示。

表3-4　　　　　　　　　　　　　　　企业能力类型

企业能力	类型	举例
职能管理能力	财务管理能力	盈利能力、偿债能力、营运能力
	人力资源管理能力	有效的激励体系、吸引人才的能力
业务管理能力	研发能力	快速的产品革新、独到的工艺、较强的基础研究
	市场开发能力	敏锐的市场意识、准确的市场定位、恰当的促销、有效的分销和物流体系

续表

企业能力	类型	举例
业务管理能力	制造能力	敏捷制造、精密制造、复杂制造
	项目管理能力	完整的信息管理体系、信息分析和加工能力
跨职能综合能力	学习能力	良好的学习氛围、通过实践进行学习的能力
	创新能力	鼓励营造创新氛围、有效的创新组织和管理
	战略整合能力	与上下游之间的良好关系、有效的战略联盟、有效的组织结构、健康的企业文化和企业变革能力

二、核心竞争力分析

拓展阅读

格力电器核心竞争力分析

　　企业的核心竞争力就是企业的决策力，它包括把握全局、审时度势的判断力，大胆突破、敢于竞争的创新力，博采众长、开拓进取的文化力，保证质量、诚实守信的亲和力。核心竞争力是群体或团队中根深蒂固、互相弥补的一系列技能和知识的组合。企业核心竞争力就是企业长期形成的，蕴含于企业内质中的，企业独具的，支撑企业过去、现在和未来竞争优势，并使企业在竞争环境中能够长时间保持主动的核心能力。

　　核心竞争力是建立在企业核心资源基础上的技术、产品、管理、文化等综合优势在市场上的反映，是企业在经营过程中形成的不易被竞争对手效仿并能带来超额利润的独特能力。在激烈的竞争中，企业只有具有核心竞争力，才能获得持久的竞争优势，保持长盛不衰。

三、价值驱动因素分析

　　企业战略分析应当围绕企业的价值创造能力展开。那么究竟什么是企业的价值驱动因素？通俗点说，价值驱动因素是影响企业能否在市场上持续取得竞争优势和实现良好经济效益的因素，可以是特定的战略因素、产品属性、竞争能力、财务实力，也可以是顾客满意度、创新水平等。价值驱动因素也可以称为关键成功因素，一般而言，对一个细分市场，重要的价值驱动因素可能有3～5个。

　　对价值驱动因素的把握决定了企业在行业中的竞争地位和最后的经营效益，以及是否能够持续发展。价值驱动因素在每个行业、每个企业中所表现出来的内容或者说特点是各不相同的，也就是说，每个行业或企业都会有各自不同的价值驱动因素。例如，对啤酒行业，其价值驱动因素可能是酿酒能力、批发分销商网络、广告推广；对煤炭行业，资源储量、煤种煤质、运输条件、产业链的衔接、安全管理水平是其价值驱动因素。在行业竞争的不同阶段，行业的价值驱动因素也可能会有所不同。例如：在供不应求时，生产能力可能成为价值驱动因素；而当供过于求时，低成本的制造能力将成为价值驱动因素。

第四节　企业战略分析方法与战略选择

一、企业战略分析方法

　　在对企业战略进行分析时，需要用到一些分析方法，常见的战略分析方法包括 SWOT 分析法、波士顿矩阵法、业务领先模型等。

1. SWOT 分析法

所谓 SWOT 分析，即基于内外部竞争环境和竞争条件的态势分析，就是将与研究对象密切相关的各种主要内部优势、劣势与外部机会、威胁等，通过调查列举出来，并以矩阵形式排列，然后用系统分析的思想，把各种因素相互匹配起来加以分析，从中得出一系列结论。SWOT 分析结论通常带有一定的决策性。

SWOT 分析常被用于制定集团发展战略和分析竞争对手情况，在企业战略分析中，它是最常用的方法之一。运用这种方法，可以对研究对象所处的情景进行全面、系统、准确的研究，从而根据研究结果制定相应的发展战略、计划及对策等。

（1）SWOT 分析的因素。按照企业战略的完整概念，企业战略应是一个企业"能够做的"（即内部的优势和劣势）和"可能做的"（即外部的机会和威胁）之间的有机组合。S（Strength）、W（Weakness）是内部因素，O（Opportunity）、T（Threat）是外部因素。内部因素是企业在发展中自身存在的积极和消极因素，属于主动因素；外部因素是外部环境对企业的发展有直接影响的有利和不利因素，属于客观因素。在调查分析这些因素时，不仅要考虑到历史与现状，而且要考虑未来发展问题。SWOT 分析如图 3-6 所示。

图 3-6　SWOT 分析

（2）SWOT 分析步骤如下。

① 将目标企业与竞争对手进行比较，找出目标企业客观存在的优势和劣势。

② 通过对目标企业外部环境进行分析，发现对目标企业生存和发展有利的因素（即机会）、不利的因素（即威胁）。

③ 将优势与劣势、机会与威胁的各项具体内容通过图形（如图 3-6 所示）加以展现。

④ 将内部优势与劣势和外部机会与威胁进行匹配，综合分析，做出评价，提出帮助企业扬长避短、取长补短或调整战略方案的建议。

（3）SWOT 战略组合。将外部机会和威胁与内部优势和劣势进行匹配，可以形成可行的战略。

拓展阅读

格力电器 SWOT 分析

① 优势-机会（SO）战略是一种发展内部优势与利用外部机会的战略，是一种理想的战略模式。当企业具有特定方面的优势，而外部环境又为发挥这种优势提供有利机会时，可以采取该战略。例如良好的产品市场前景、供应商规模扩大和竞争对手有财务危机等外部机会，配以企业市场份额提高等内部优势，可成为企业收购竞争对手、扩大生产规模的有利条件。

② 劣势-机会（WO）战略是利用外部机会来弥补内部劣势，使企业消除劣势而获取优势的战略。当存在外部机会，但由于企业存在一些内部劣势而妨碍其利用机会时，企业可采取措施先克服这些劣势。例如，若企业劣势是原材料供应不足或生产能力不够，从成本角度看，原材料供应不足会导致开工不足、生产能力闲置、单位成本上升，为了提升生产能力而加班加点则会产生一些附加费用。在产品市场前景看好的前提下，企业可利用供应商扩大规模、新技术设备降价、竞争对手财务危机等机会，实施纵向整合战略，重构企业价值链，以保证原材料供应，同时可考虑购置生产线来克服生产能力不足的劣势。通过克服这些劣势，企业可能进一步利用各种外部机会，降低成本，取得成本优势，最终赢得竞争优势。

③ 优势-威胁（ST）战略是指企业利用自身优势，回避或减轻外部威胁所造成的影响的战略。竞争对手利用新技术大幅度降低成本，给企业带来很大的成本压力；原材料供应紧张，其价格可能上涨；消费者要求大幅度提高产品质量；企业要支付高额环保成本等——这些都会导致企业成本状况进一步恶化，使之在竞争中处于非常不利的地位，但若企业拥有充足的现金、熟练的技术工人和较强的产品开发能力，便可利用这些优势开发新工艺，简化生产过程，提高原材料利用率，从而降低材料消耗和生产成本。另外，开发新技术产品也是企业可选择的战略。新技术、新材料和新工艺的开发与应用是潜力很大的成本降低措施，同时可提高产品质量，从而回避外部威胁带来的影响。

④ 劣势-威胁（WT）战略是一种旨在减少内部劣势、回避外部威胁的防御性战略。当企业存在内忧外患时，往往面临生存危机，降低成本也许会成为减少劣势的主要措施。当企业原材料供应不足，生产能力不够，无法实现规模效益，且设备老化，企业在成本降低方面难以有大作为，这将迫使企业采取目标聚集战略或差异化战略，以减少成本方面的劣势，回避成本原因带来的威胁。

SWOT 分析运用于企业成本战略分析可发挥企业优势，利用机会克服劣势，回避威胁，获取或维护成本优势，将企业成本控制战略建立在对内、外部因素分析及对竞争势态的判断等基础上。若要充分认识企业的优势、机会、劣势及正在面临或即将面临的威胁，价值链分析和标杆分析等是有效的方法与途径。

2. 波士顿矩阵

（1）波士顿矩阵的内容。波士顿矩阵理论认为一般决定产品结构的基本因素有两个：市场引力与企业实力。反映市场引力的指标包括销售增长率、目标市场容量、竞争对手强弱及利润等。其中最主要的是销售增长率，它是反映企业产品结构是否合理的外在因素。反映企业实力的指标包括市场占有率、技术、设备、资金利用能力等。其中市场占有率是反映企业产品结构的内在因素，它直接显示出企业竞争实力。销售增长率与市场占有率既相互影响，又互为条件：销售增长率高，市场占有率高，说明产品具有良好发展前景，企业实力较强；如果仅有销售增长率高，而相应的市场占有率较低，说明企业尚无足够实力，产品可能无法顺利推进；市场占有率高，而销售增长率低，则预示企业产品的市场前景不佳。

以上两个因素相互作用会导致出现四种不同性质的产品群，如图 3-7 所示。①销售增长率和市场占有率"双高"的产品群（明星产品）；②销售增长率和市场占有率"双低"的产品群（瘦狗产品）；③销售增长率高、市场占有率低的产品群（问题产品）；④销售增长率低、市场占有率高的产品群（现金牛产品）。

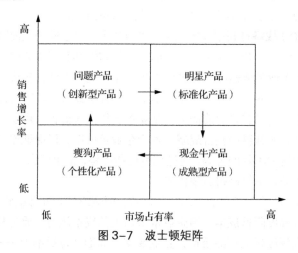

图 3-7　波士顿矩阵

（2）应用波士顿矩阵的战略分析。

① 明星产品是指处于高销售增长率、高市场占有率区域内的产品群。这类产品可能成为企业的现金牛产品，需要加大投资以支持其迅速发展。对明星产品采用的发展战略是：积极扩大企业规模，抓住市场机会，以长远利益为目标，提高市场占有率，增强竞争优势。明星产品的管理与组织应采用事业部形式，由在生产技术和销售两方面都很内行的经营者负责。

② 现金牛产品，又称厚利产品，是指处于低销售增长率、高市场占有率区域内的产品群，已进入成熟期。现金牛产品的财务特点是销售量大，产品利润率高、负债比率低，可以为企业提供资金，而且由于销售增长率低，也无须增加投资，因而成为企业收回资金、支持其他产品（尤其是明星产品）的后盾。对这一区域内的大多数产品，市场占有率下跌已不可阻挡，因此可采用收获战略：所投入资源以达到短期收益最大化为限。第一，把设备投资和其他投资尽量压缩；第二，采用榨油式方法，争取在短时间内获取更多利润，为其他产品提供资金。现金牛产品适合用事业部形式进行管理，其经营者应是市场营销型的。

③ 问题产品是处于高销售增长率、低市场占有率区域内的产品群。高销售增长率说明市场机会大、前景好，而低市场占有率则说明产品在市场营销上存在问题。问题产品的财务特点是利润率较低，所需资金不足，负债比率高。例如，在产品生命周期中处于引进期、出于各种原因未能开拓市场的新产品即属于问题产品。对问题产品应采取选择性投资战略：首先对该区域中那些经过改进可能会成为明星产品的产品进行重点投资，提高市场占有率，使之转变成明星产品；对其他将来有希望成为明星产品的产品则在一段时期内采取扶持政策。因此，对问题产品的改进与扶持方案一般均列入企业长期计划中。对问题产品的管理组织，应采取智囊团或项目组等形式，选拔有规划能力、敢于冒风险、有才干的人负责。

④ 瘦狗产品，也称衰退类产品，是指处在低销售增长率、低市场占有率区域内的产品群。瘦

狗产品的财务特点是利润率低，处于保本或亏损状态，负债比率高，无法为企业带来收益。对这类产品应采用撤退战略。首先应减少生产批量，逐渐撤退，对那些销售增长率和市场占有率均极低的产品应立即淘汰。其次是将剩余资源向其他产品转移。最后是整顿产品系列，将瘦狗产品事业部与其他事业部合并，统一管理。

3. 业务领先模型

业务领先模型（Business Leadership Model，BLM）是一套端到端循环迭代的战略规划工具，以差距分析为起点，然后进行顶层设计，最终落地执行。该模型由 IBM 公司创建，华为于 2006 年引进该模型。BLM 具有很强的包容性，可以把很多战略规划工具融入其中。经过多年的持续应用，BLM 已成为华为重要的战略规划方法。BLM 模型如图 3-8 所示。

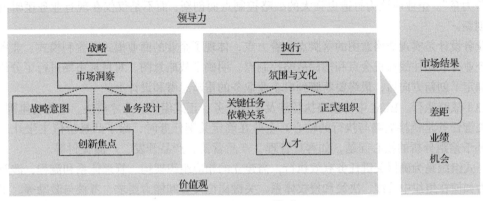

图 3-8 BLM 模型

BLM 分为三部分。第一部分是领导力，企业的转型和发展归根结底是由企业的领导力来驱动的。第二部分包括战略和执行。第三部分是价值观。BLM 以价值观为基础。价值观是企业领导者对企业愿景、使命、价值取向做出的选择，是企业决策与行动的基本准则，是企业全体成员都应接受的共同观念，是企业全体成员行为的导向。

（1）差距分析。BLM 的分析起点是差距，终点是消除差距，差距就是企业前进的动力。差距是市场结果与期望目标之间的差异。差距分为业绩差距和机会差距。差距分析是将企业实际取得的结果与其预期目标进行比较，分析产生差距的原因并制定措施以减少或消除差距。差距产生的原因在于：①企业制定的战略不能适应市场的发展变化；②企业执行力不足，组织能力薄弱，无法承接新的战略；③企业在战略制定和执行的过程中缺乏必要的领导力和价值观。

业绩差距是企业实际业务运营层面的差距，是由执行力不足导致的，可以通过改进企业的战略执行体系来弥补。业绩差距的分析方法是：识别业绩差距，分析差距产生的根本原因，制定行动计划并落实到关键任务上。

机会差距是企业战略层面的差距，需要通过市场洞察来修正，重点是分析细分行业、洞察市场和竞争对手，调度资源以匹配机会。机会差距的分析方法是：识别机会差距，回顾业务设计的现实状况，根据机会差距和业务设计的现状，着手开展新的业务设计，并将其落实到关键任务上。

（2）战略制定。BLM 中的战略制定涉及战略意图、市场洞察、创新焦点和业务设计等。

战略意图指的是企业愿景和目标，是关于未来经营的总体思路和规划，也是对未来的大胆假设。愿景是指企业想成为怎样的机构和组织，具有纲领意义，既有现实性，又有挑战性。目标分为长期目标和短期目标。长期目标反映了3～5年后的业务特征和关键指标,如阶段性里程碑收入、业务结构、市场份额、人均产值、技术能力等;短期目标反映了短期内可衡量的业绩指标,如利润、增长率、市场份额、客户满意度及新产品等。

市场洞察可以看成外部环境分析,包括宏观环境、行业趋势、竞争格局(供给端)、客户分析(需求端)等。企业应进行大量的市场洞察工作,没有科学严谨的洞察方法和工具,没有全面准确的信息和数据,不能洞察价值转移趋势,不能识别哪些是机会、哪些是风险和威胁,就无法支撑市场的选择和战略的制定,战略规划就做不到"方向大致正确"。

创新焦点是为了达成战略意图、聚焦外部市场机会,结合企业自身优势,将企业的核心资源投在业务的关键创新点(战略控制点)上。例如,华为提倡的"不在非战略机会点上消耗战略竞争力量"。企业应该为打造更强大的战略控制点而创新,而不是仅仅在现有业务逻辑的延长线上创新。

业务设计是实现战略意图的落脚点和着力点,体现了企业的商业模式和盈利模式。业务设计帮助企业有效抓住战略机会点和构建战略控制点。明确了战略意图、对目标市场进行了分析和判断、确定了创新方向后,最终要落脚到对企业业务的重新思考和设计上。

(3)战略执行。BLM中的战略执行涉及关键任务、正式组织、人才模块、文化与氛围等。

关键任务是链接战略与执行的轴心。企业在确定关键任务时,除了凸显价值主张外,还要考虑基于差距分析的核心问题,如客户管理、产品营销、产品开发、产品交付等。

正式组织是为确保关键任务有效执行,需建立的相应组织架构、管理体系和流程,涉及资源和权力如何在组织中分配、决策和授权体系、关键岗位设置和能力要求、考核与激励等。正式组织是一切战略和执行的载体,必须克服组织的惯性,保持与关键任务的一致性。

人才模块是战略执行中的一个核心模块。在战略执行中,需要识别业务设计及关键任务、正式组织对人才的需求,进而明确人才的能力标准,对人才的结构、质量和数量进行规划。人才管理包括关键岗位识别、人才队伍盘点和人才战略制定,需考虑人才需求、人才培养与发展、人才激励与保留等关键问题。

在知识密集型经济时代,大多数成功转型的企业,都逐渐形成了开放、授权、共享的文化和氛围。为了使企业氛围和文化更好地支撑战略执行,企业可以通过鼓励参与、提升领导力、积极沟通和适当奖励改善企业文化和氛围。

二、企业战略选择

企业战略管理是企业战略分析、企业战略选择和企业战略实施三个部分相互联系而构成的一个循环,在进行了企业内外部环境分析之后,就进入企业战略选择阶段。

1. 企业总体战略选择

企业总体战略是企业最高管理层指导和控制企业一切行为的最高行动纲领。

企业总体战略按表现形式,可以分为拓展型、稳健型、收缩型三种。

(1)拓展型战略。拓展型战略是指采用积极进攻态度的战略形态,主要适合行业龙头企业、有发展后劲的企业及新兴行业中的企业。具体的拓展型战略形式包括:市场渗透战略、多元化经营战略、联合经营战略。

① 市场渗透战略是实现市场逐步扩张的拓展型战略。该战略可以通过扩大生产规模、提高生产能力、增加产品功能、改进产品用途、拓宽销售渠道、开发新市场、降低产品成本、集中资源

优势等单一策略或组合策略来实施。其战略核心体现在两个方面：利用现有产品开辟新市场实现渗透、向现有市场提供新产品实现渗透。

② 多元化经营战略是一个企业同时经营两个或两个以上行业的拓展型战略，又称为多行业经营战略，主要包括三种形式：同心多元化经营、水平多元化经营、综合多元化经营。同心多元化经营是利用原有技术及优势资源，面向新市场、新顾客增加新业务实现的多元化经营；水平多元化经营是针对现有市场和顾客，采用新技术增加新业务实现的多元化经营；综合多元化经营是直接利用新技术进入新市场实现的多元化经营。

③ 联合经营战略是两个或两个以上独立的经营实体横向联合成立一个经营实体或企业集团的拓展型战略。联合经营是社会经济发展到一定阶段的必然形式。实施该战略有利于实现企业资源的有效组合与合理调配，增大经营资本规模，实现优势互补，增强集合竞争力，加快拓展速度，促进规模经济的发展。在一些工业发达的国家，联合经营主要是采取控股的形式组建成立企业集团，各企业集团的共同特点是：由控股公司（母公司）以资本为纽带建立对子公司的控制关系，集团成员之间采用环形持股（相互持股）和单向持股两种持股方式，且采用"以大银行为核心，与企业集团进行互控"和"以大生产企业为核心，对子公司进行垂直控制"两种控制方式。在我国，联合经营主要采用兼并、合并、控股、参股等形式，通过横向联合组建成立企业联盟，联合经营战略主要可以分为一体化战略、企业集团战略、企业合并战略、企业兼并战略四种类型。

（2）稳健型战略。稳健型战略是采取稳定发展态度的战略形态，主要适合中等及以下规模的企业或经营不景气的大型企业。稳健型战略可分为无增长战略（维持产量、品牌、形象、地位等水平不变）、微增长战略（竞争水平在原基础上略有增长）两种战略形式。稳健型战略强调保存实力，采用该战略的企业能有效控制经营风险，但发展速度缓慢，竞争力量弱小。

（3）收缩型战略。收缩型战略是采取保守经营态度的战略形态，主要适合处于市场疲软或通货膨胀中、产品进入衰退期、管理失控、经营亏损、资金不足、资源匮乏、发展方向模糊的危机企业。收缩型战略可分为转移战略、撤退战略、清算战略三种战略形式。转移战略是通过改变经营计划、调整经营部署，转移市场区域（主要是从大市场转移到小市场）或行业领域（从高技术含量向低技术含量的行业领域转移）的战略；撤退战略是通过削减支出、降低产量，退出或放弃部分地域或市场渠道的战略；清算战略是通过出售或转让企业部分或全部资产以偿还债务或停止经营活动的战略。收缩型战略的优点是通过整合有效资源，优化产业结构，保存有生力量，能减少企业亏损，延续企业生命，并能通过集中资源优势，促进内部改制，以图新的发展。其缺点是容易浪费企业部分有效资源，影响企业声誉，导致企业士气低落，造成人才流失，威胁企业生存。调整经营思路、推行系统管理、精简组织机构、优化产业结构、盘活积压资金、压缩不必要开支是实施收缩型战略需要把握的重点。

2. 企业竞争战略选择

根据波特的竞争战略理论，形成竞争战略的实质是将企业与外部环境建立联系，由于企业外部环境将影响该行业内的所有企业，因此企业对外部环境的应变能力对企业起着至关重要的作用。波特认为五力模型中的五种基本竞争力量决定行业的竞争状态，这些力量的综合强度决定了行业的利润潜力。因此，企业通过对行业内五种竞争力量进行分析，从而制定出符合企业自身需求的竞争战略，这对企业的长远发展具有重大意义。

根据企业实施竞争战略的内容，波特提出了三种基本战略，包括成本领先战略、差异化战略和专一化战略。

（1）成本领先战略。成本领先战略指积极地建立起能达到有效生产规模的生产设施，全力以赴降低成本，严格控制各项费用支出，使企业在总成本水平方面低于同行业其他企业。实施成本领先战略的企业通常具备较高的市场占有率或者在某一方面具有其他企业无法比拟的优势，即使在竞争激烈的行业中，仍可以获得高于本行业平均水平的收益。例如沃尔玛公司，在短短50年内由美国阿肯色州的一家偏远超级市场发展成全球最大的零售企业，年销售额突破2,400亿美元，其对顾客提出"天天平价"的口号就是成本领先战略的体现。

（2）差异化战略。差异化战略指提供的产品或服务与竞争对手有明显的区别，形成在全行业范围内具有独特性的优势。例如，在保持品牌形象、技术性能、顾客服务、商业网络等方面采用差异化战略，可以提高顾客对产品的忠诚度，使其对价格的敏感性下降，从而提高企业利润。最理想的情况是企业在多个方面都具有与众不同的特点。由于实施差异化战略通常伴随着成本提高的代价，因此这一战略与提高市场占有率的目标很难达成一致。

（3）专一化战略。专一化战略指主攻某个特殊顾客群、某个产品线的某一个细分市场。相对于成本领先战略和差异化战略要在全行业范围内实现企业目标，专一化战略要求企业以较高的效率、更好的效果为某一范围相对狭窄的战略对象服务，从而超过较广范围的竞争对手。企业通过满足特殊对象的需要而实现了差异化，或者在为这一对象服务时实现了低成本，或者二者兼得，这样可使企业的盈利水平超过行业的平均水平。

拓展阅读

企业环境分析与战略选择——以苹果公司为例

三、企业战略与财务特征

1. 行业选择与财务特征

企业的行业选择在很大程度上决定了其财务特征，相关人员也可以通过企业财报数据来确定哪些行业属于重资产行业或轻资产行业，高收益行业或低收益行业。本书选择畜禽养殖、化学制药、白色家电、房地产四大行业，根据从网中网财务大数据平台获取的2020年财报数据进行分析。

（1）行业不同，资产结构不同。

图3-9所示为四个不同行业的资产结构对比。白色家电行业总资产均值在190亿元左右，固定资产占总资产的8%～10%，比重较小，属于轻资产行业。畜禽养殖行业总资产均值在170亿元左右，固定资产占总资产的40%～50%，比重相对较大，因此该行业属于重资产行业。化学制药行业总资产均值在67亿元左右，固定资产占总资产的20%～25%，比重不大，属于轻资产行业。房地产行业总资产均值在1,100亿元以上，固定资产占总资产的1.5%～1.8%，比重很小。从固定资产的角度，房地产行业属于轻资产行业；但从资产的流动性角度，房地产的变现能力差、流动性弱，本质上属于重资产行业，所以房地产行业的资产结构不能单纯以轻资产行业的资产结构看待。

（2）行业不同，资本结构不同。

四个行业的资产负债率及净资产收益率如表3-5所示。白色家电行业的资产负债率达到60.29%，财务风险偏高；畜禽养殖行业的资产负债率为42.37%，化学制药行业的资产负债率为38.84%，相对来讲，资产负债率较低，偿债能力强，财务风险偏低；房地产行业的资产负债率是79.57%，虽然固定资产占总资产比重小，但财务杠杆大，财务风险较高。

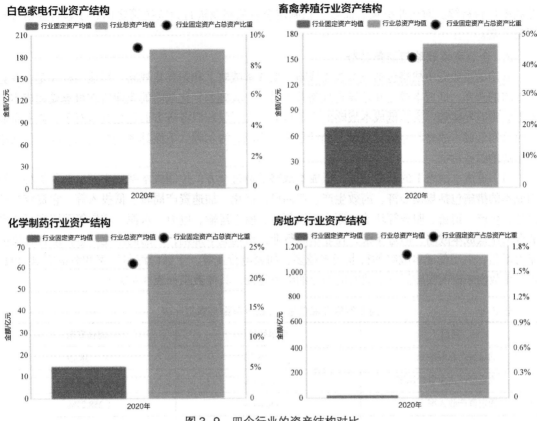

图 3-9 四个行业的资产结构对比

表 3-5　　　　　　　　　　　　四个行业的资产负债率及净资产收益率

项目	行业			
	白色家电	畜禽养殖	化学制药	房地产
资产负债率	60.29%	42.37%	38.84%	79.57%
净资产收益率	17.88%	30.9%	8.19%	10.3%

（3）行业不同，盈利水平不同。

根据表 3-5，白色家电行业的净资产收益率为 17.88%，该行业的盈利模式为制造白色家电后售出，属于资金、技术密集型行业，产品市场需求量大，盈利能力较强；畜禽养殖行业的净资产收益率达到 30.9%，该行业的盈利模式是先购买雏禽，成禽后售出，属于盈利能力很强的行业，但该行业经营波动较大，受市场供需及其他情况的影响也较大，资金占用量大，经营风险较高；化学制药行业的净资产收益率为 8.19%，该行业的盈利模式是研发药品后进行销售，属于技术密集型行业，受国家政策及同行业竞争影响较大，前期投入成本较高，整体盈利能力较弱；房地产行业的净资产收益率为 10.3%，该行业资金占用量大，受国家政策及房地产相关行业影响较大，盈利能力不强。

通过上述分析可以看出，所处的行业将在很大程度上决定企业财务特征和盈利水平。不同行业的企业，财务分析的重点存在差异。比如，重资产行业的企业，分析时需要重点分析总资产周转率、固定资产周转率等，以判断长期资产的使用效率及成本管控情况。轻资产行业的企业，分析时需要重点分析企业的品牌、技术和研发投入，以及这些资源所带来的溢价能力和高毛利率可否持续。对企业决策者而言，在制定企业战略及进行投资决策之前，了解行业财务特征是关键。

2. 企业竞争战略与财务特征

常用的企业竞争战略包括成本领先战略（低成本战略）和差异化战略。行业结构决定企业竞争战略的选择。低成本战略和差异化战略并不对立，实施差异化战略的企业应在可承受的成本基础上获得差异优势。实施低成本战略的企业也需要在质量和服务等方面超越竞争对手。许多企业同时采用低成本战略与差异化战略，如沃尔玛、小米、海尔等。下面具体分析采用不同竞争战略的企业的财务特征。

（1）低成本战略下的财务特征。低成本战略是通过全方位控制成本费用来获取竞争优势。控制成本的措施包括规模经济、高效生产、产品设计优化、加速资产周转、低投入等，它贯穿产品设计、生产、销售、服务等环节。原本钢铁制造、航空运输、电力、水泥、零售等重资产行业更适合采用低成本战略，但近年来，在非垄断行业，市场竞争加剧，产品同质化严重，消费者议价能力增强，采用低成本战略的行业越来越多，如家电行业等。下面以海尔智家和海信家电 2020 年财报数据来说明实施低成本战略的企业的财务特征，具体数据如表 3-6 所示。

表 3-6　　　　　　　　海尔智家和海信家电 2020 年财报数据比较

项目	海尔智家	海信家电
固定资产总额/亿元	208.96	38.79
固定资产占总资产比重	10.27%	9.28%
固定资产收入率	996.89%	1,258.27%
存货周转率/次	5.114	9.43
资产负债率	66.52%	65.54%
营业总收入/亿元	2,097.26	483.93
营业总成本/亿元	1,998.86	457.69
营业成本率	95.31%	94.58%
毛利率	29.68%	24.05%
销售费用率	16.04%	14.24%
管理费用率	4.79%	1.28%
财务费用率	0.57%	-0.23%
销售净利率	5.40%	5.88%

海尔智家的毛利率为 29.68%，高于海信家电的毛利率（24.05%），但海信家电的存货、固定资产周转速度均快于海尔智家。海尔智家的销售费用率为 16.04%，管理费用率为 4.79%，均高于海信家电，海信家电的管理费用率仅为 1.28%。上述数据说明，海信家电依靠快速的存货周转和固定资产周转、严格的成本费用管控，最终获得的销售净利率与海尔智家的销售净利率相当。海信家电的低成本战略是比较成功的。

（2）差异化战略下的财务特征。实施差异化战略的企业，由于具有技术、服务、品牌形象等方面的优势，具有高价格、高毛利率的特点。下面以海尔智家、美的集团 2020 年财报数据为例来分析实施差异化战略的企业的财务特征，具体如表 3-7 所示。

表 3-7　　　　　　　　　海尔智家和美的集团 2020 年财报数据比较

项目	海尔智家	美的集团
流动资产总额/亿元	1,142.48	2,416.55
流动资产占总资产比重	56.15%	67.06%
流动资产周转率/次	1.95	1.25
资产负债率	66.52%	65.53%
营业总收入/亿元	2,097.26	2,857.10
营业总成本/亿元	1,998.86	2,128.40
营业成本率	95.31%	74.50%
毛利率	29.68%	25.11%
销售费用率	16.04%	9.63%
管理费用率	4.79%	3.24%
财务费用率	0.57%	-0.92%
销售净利率	5.40%	9.63%

海尔智家和美的集团的流动资产占比均较高，资产负债率均适中，毛利率都较高，营业总成本、销售费用率差别较大，以致销售净利率差别较大。

（3）实施不同竞争战略的企业的财报具有不同的特征。成功实施差异化战略的企业通过技术专利、品牌形象等构筑了很高的竞争壁垒，其毛利率、销售净利率等较高，盈利能力很强。实施低成本战略的企业无法建立起竞争壁垒，且所在行业进入门槛通常不高，市场竞争激烈，甚至陷入价格竞争，这些企业的毛利率、销售净利率等较低，管理稍有不善就可能导致企业陷入亏损。表 3-8 所示为采用低成本战略的企业和采用差异化战略的企业财务特征比较。

表 3-8　　　　　　采用低成本战略的企业和采用差异化战略的企业财务特征比较

项目	采用低成本战略的企业	采用差异化战略的企业
核心	严格控制成本和费用	取得对用户有价值的独特性
适用性	适合无法提供差异化产品或服务的企业	适合提供创新创意、品牌消费等产品或服务的企业
资本特征	长期资产投入大，财务杠杆高	长期资产投入少，财务杠杆低
资产周转	加速长期资产周转以降低单位固定成本，并做好营运资本管理	重点在于存货、应收账款和应付账款等营运资本的周转和管理
营运资本需求	企业在产业链中不具有谈判优势，营运资本投入较大，现金周期较长	企业在产业链中具有谈判优势，营运资本投入较少，现金周期较短甚至为负
毛利率、净利率	毛利率和净利率低	毛利率和净利率高
成本费用率	成本费用率较低	成本费用率较高

课后思考题

1. 如何对企业外部环境进行分析？
2. 如何理解企业竞争战略分析在财务分析中的重要性？
3. 影响行业盈利能力的竞争力量为哪五种？请用五力模型分析我国啤酒行业的盈利能力。
4. 行业生命周期各阶段的关键成功因素是什么？
5. 常用的企业战略分析方法有哪些？试用SWOT法对青岛啤酒的企业战略进行分析。
6. 企业同时采用成本领先战略与差异化战略是否矛盾？你能找到成功运用这两种战略的公司吗？

实战演练

青岛啤酒股份有限公司（以下简称"青岛啤酒"）的前身是1903年8月由德国商人和英国商人合资在青岛创建的日耳曼啤酒公司青岛股份公司，是中国历史悠久的啤酒制造厂商。1993年7月15日，青岛啤酒股份（00168）在香港交易所上市，同年8月27日，青岛啤酒（600600）在上海证券交易所上市。

近年来，青岛啤酒的主要经营指标连续全线增长，屡创历史新高。2022年前三季度，青岛啤酒实现营业收入291.1亿元，同比增长8.73%；实现归属于上市公司股东的净利润42.7亿元，同比增长18.17%，再创新纪录。青岛啤酒市值超千亿元，是山东省2021年市值超千亿元的6家上市公司之一。2022年，青岛啤酒集团旗下品牌累计品牌价值超3,400亿元，青岛啤酒品牌价值2,182.25亿元，连续19年居中国啤酒行业首位。下面采用波特五力模型分析啤酒行业的盈利能力。

（1）新进入企业的威胁。一种新兴的啤酒制作方式——手工酿造在部分城市开始流行，啤酒酿造协会将手工啤酒酿造商定义为小型、独立和传统的酿造商。我国手工啤酒的生产形式以店内自酿和微型啤酒厂生产配送两种方式为主，产品主要在餐厅、酒店、娱乐场所销售。这种新型的酿酒作坊在长江以北地区分布广泛，占市场容量的80%，其余20%分布在长江以南和西部地区。新兴的手工精酿啤酒品牌，如Slowboat、上海、Boxing Cat、Brew在消费者中的认知度越来越高，它们迎合了消费者多样化的需求，对传统的酿酒商造成冲击。

（2）替代品的威胁。啤酒的主要替代品可以分为两大种类：一类是酒类饮品，如黄酒、白酒以及葡萄酒等；另一类是多种类型的软饮料。从这两类替代品来看，具有强替代作用的当属酒类饮品，其中白酒有着最强的替代作用。啤酒行业有着明显的淡、旺季差别，很大程度上是因为消费者在冬季消费时将注意力更多地投向了白酒及其他类型的酒类饮品。因此，啤酒行业存在较大的替代品威胁。

（3）购买者的讨价还价能力。随着生活水平的提高，人们越来越追求个性化的消费需求，他们更想要的是符合自己个性的、为自己量身打造的产品。这就对生产企业提出了越来越高的要求，生产企业只有充分了解消费者才能满足其需要。另外，电子商务迅速发展，消费者更多地使用新的购物渠道，打破了原有的市场格局，客流分散，对传统的市场渠道造成冲击。

（4）现有企业间的竞争程度。①我国啤酒企业要和外资啤酒企业进行竞争。国内主要的外资企业有百威英博、丹麦的嘉士伯、荷兰的喜力等国际啤酒巨头，通常它们和国内啤酒企业的竞争表现为战略联盟。据华经产业研究院统计，2020年英博市场占有率为19.5%、嘉士伯占到了国内啤酒市场的 7.4%。②伴随着外资企业在国内啤酒市场的快速发展，大量新进入啤酒市场的中小企业也较多，而且啤酒企业巨头又各自有着自身的竞争优势，啤酒行业梯队已然形成：第一梯队中包括华润雪花、青啤、燕京，市场占有率分别为 20%、16%、11%；第二梯队中包括重啤、金星、珠啤、金威等；第三梯队中则是大量的区域型小企业。

（5）供应商的讨价还价能力。从啤酒行业来看，企业对啤酒原材料的价格波动异常敏感。从原材料的供应来看，大麦是啤酒生产的主要原材料之一，其采购成本在啤酒的生产成本中所占比例为 30%~40%。我国的大麦供应一直依赖欧美国家或地区，虽然我国啤酒企业已经开始进行大麦基地的建设，但存在成本偏高、规模小、品质低等劣势。与此同时，啤酒生产企业处在啤酒产业链的下游，从上游环节来看，还涉及辅料（啤酒花及酵母）、运输及能源等方面的成本。这些成本的变化，在很大程度上冲击着啤酒生产企业，特别是对中小型企业的利润率有着较大影响。假如供求双方形成了长时间的销售关系，购买者的转换成本非常高。从上述分析来看，在啤酒行业，供应商的讨价还价能力较强。

要求：依据啤酒行业的竞争程度，分析青岛啤酒采取的竞争战略，以及拥有的竞争优势。

第四章

企业会计分析

知识目标

1. 明确资产负债表分析、利润表分析的目的和内容；
2. 掌握资产负债表、利润表水平分析和结构分析；
3. 明确现金流量表的结构与内容。

能力目标

1. 通过资产负债表水平分析表和结构分析表对企业资产、资本情况做出合理分析评价；
2. 通过利润表水平分析表和结构分析表对企业收入、费用、利润等项目做出合理分析评价；
3. 对现金流量表主要项目做出正确的分析评价。

素养目标

1. 坚守职业道德，牢固树立诚信理念；
2. 坚持实事求是、严谨认真的工作态度，培养财务思维和数字思维。

引导案例

康美药业财务造假案[①]

"不断攻坚克难、助推中医药大健康事业再上新台阶，矢志不渝地为发展中医药产业而奋力拼搏！"这番豪言壮语出自 2019 年 1 月下旬时任康美药业股份有限公司（以下简称"康美药业"）董事长马兴田的新春致辞，或许彼时他还没有意识到康美药业及其本人正面临一场危机。

就在 2019 年年初，证监会启动了针对康美药业财务造假的调查，伴随着调查的深入，一宗虚增货币资金累计接近 900 亿元的财务造假案逐渐浮出水面。

2021 年 11 月 12 日，广州市中级人民法院对康美药业虚假陈述案做出民事一审判决，康美药业被判赔 5.5 万余名投资者共计 24.59 亿元。其中，马兴田夫妇及另外 4 名康美药业原高管、正中珠江会计师事务所及直接责任人员承担全部连带赔偿责任，13 名相关责任人按一定比例承担部分连带赔偿责任。

---

① 资料来源：《中国经济周刊》。

除巨额财务造假外，该案是全国首例证券集体诉讼案，涉及的投资者人数较多，因而备受外界瞩目。作为核心人物的马兴田，还因涉嫌多项犯罪被提起公诉。根据康美药业的公告，2020年7月起，马兴田被公安机关采取强制措施。2021年10月，佛山市人民检察院向当地中级人民法院对马兴田提起公诉，指控其犯有违规披露、不披露重要信息罪等多项罪名。

受此影响，康美药业股价大跌，曾经市值千亿元的"白马股"风光不再，债权人也在积极寻求对其进行破产重组，以挽回损失。

2021年11月17日，佛山市中级人民法院对康美药业原董事长、总经理马兴田等12人操纵证券市场案公开宣判。马兴田数罪并罚，被判处有期徒刑12年。

思考：这起财务造假案给你的启示是什么？

第一节　资产负债表分析

一、资产负债表分析的目的

资产负债表是反映企业在某一特定日期财务状况的财务报表。它反映企业在某一特定日期所拥有或控制的经济资源、所承担的现时义务和所有者对净资产的要求权，是一张静态反映企业财务状况的财务报表。

资产负债表分析的目的，在于了解企业会计对财务状况的反映程度，揭示企业资产和权益的变动情况及变动原因，评价会计信息的质量，对资产负债表中的重要项目、资产质量及财务风险做出恰当的评价，最大限度地满足报表使用者的决策需要。

1. 分析企业财务状况的变动情况及变动原因

在企业生产经营过程中，企业的规模和各项资产会不断发生变动，与之相适应的是资金来源也会发生相应的变动，资产负债表只是静态地反映变动后的结果。企业的资产、负债和所有者权益在经过一段时期的经营后，发生了什么样的变动，变动的原因是什么，只有通过对资产负债表进行分析才能知道，并在此基础上，对企业财务状况的变动情况及变动原因做出合理的解释和评价。

2. 评价企业会计对企业经营状况的反映程度

资产负债表是否充分反映了企业的经营状况，其真实性如何，资产负债表本身不能说明这个问题。企业管理者出于某种需要，既可能客观地、全面地通过资产负债表反映企业的经营状况，也可能隐瞒企业经营中的某些重大事项。根据一张不能充分反映企业经营状况的资产负债表，是不能对企业财务状况的变动及其原因做出合理解释的。虽然评价企业会计对企业经营状况的反映程度具有相当大的难度，特别是对那些不了解企业真实经营状况的外部分析者来说，难度更大，但这是资产负债表分析的重要目标之一。

3. 正确评价企业的会计政策

企业的会计核算必须在会计准则指导下进行，但企业在会计政策选择上也有一定的灵活性，如存货计价方法、折旧政策的选择等。采用不同的会计政策，体现在资产负债表上的结果也往往不同。因此，分析资产负债表时，应特别关注企业选择会计政策的动机和合理性，判断企业是否利用会计政策选择达到某种会计目的。深入分析资产负债表相关项目的异常变动，科学评价相关变动是企业生产经营活动的结果还是企业会计政策选择的结果，这样既可以消除对企业会计信息的疑惑，也不会得出错误的分析结论。

二、资产负债表水平分析

资产负债表水平分析也叫趋势分析，主要是对资产负债表进行横向分析，可以对企业进行多期比较分析，反映其发展趋势。趋势分析可以是绝对额的比较，也可以是相对额的比较；可以只做简单比较，也可以在表中计算出定基或环比发展趋势等并进行比较。

（一）资产负债表水平分析表的编制

资产负债表水平分析的目的就是从总体上了解资产、权益的变动情况，揭示资产、负债和所有者权益变动的差异，并分析差异产生的原因。资产负债表水平分析除了可以计算某项目的变动额和变动率外，还应计算该项目变动对总资产或总权益的影响程度，以便确定影响总资产或总权益的重点项目，为进一步分析指明方向。某项目变动对总资产或总权益的影响计算公式为：

$$某项目变动对总资产（总权益）的影响 = \frac{某项目的变动额}{基期总资产（总权益）} \times 100\%$$

根据格力电器 2015—2020 年资产负债表（见表 4-1）的内容，可以编制格力电器 2016—2020 年资产负债表水平分析表（见表 4-2）。

表 4-1　　　　　　　　　　格力电器 2015—2020 年资产负债表　　　　　　　单位：亿元

项目	2015 年	2016 年	2017 年	2018 年	2019 年	2020 年
货币资金	888.20	956.13	996.10	1,130.79	1,254.01	1,364.13
交易性金融资产	0.00	0.00	6.02	10.12	9.55	3.71
衍生金融资产	0.00	2.51	4.81	1.70	0.92	2.85
应收票据	148.80	299.63	322.56	359.12	0.00	0.00
应收账款	28.79	29.61	58.14	77.00	85.13	87.38
应收款项融资	0.00	0.00	0.00	0.00	282.26	209.73
预付款项	8.48	18.15	37.18	21.62	23.96	31.29
应收利息	11.10	10.46	18.89	22.57	0.00	0.00
其他应收款	2.54	2.45	2.53	2.97	1.59	1.47
买入返售金融资产	10.00	0.00	0.00	0.00	0.00	0.00
存货	94.74	90.25	165.68	200.12	240.85	278.80
合同资产	0.00	0.00	0.00	0.00	0.00	0.79
一年内到期的非流动资产	0.00	0.00	0.00	0.00	4.45	0.00
其他流动资产	16.85	19.93	103.42	171.11	230.91	156.17
流动资产合计	1,209.50	1,429.12	1,715.33	1,997.12	2,133.63	2,136.32
发放贷款及垫款	78.73	47.37	66.73	90.71	144.24	52.74
其他债权投资	0.00	0.00	0.00	0.00	2.97	5.02
可供出售金融资产	27.05	13.84	21.75	22.16	0.00	0.00
长期股权投资	0.95	1.04	1.10	22.51	70.64	81.20
其他权益工具投资	0.00	0.00	0.00	0.00	46.45	77.88

续表

项目	2015 年	2016 年	2017 年	2018 年	2019 年	2020 年
其他非流动金融资产	0.00	0.00	0.00	0.00	20.03	20.03
投资性房地产	4.92	5.98	5.17	5.38	4.99	4.63
固定资产	154.54	177.19	174.82	183.86	191.22	189.91
在建工程	20.45	5.82	10.21	16.64	24.31	40.16
无形资产	26.56	33.55	36.04	52.05	53.06	58.78
商誉	0.00	0.00	0.00	0.52	3.26	2.02
长期待摊费用	0.08	0.01	0.02	0.04	0.03	0.09
递延所得税资产	87.64	96.68	108.38	113.50	125.41	115.50
其他非流动资产	6.57	13.12	10.10	7.88	9.48	7.88
非流动资产合计	407.49	394.60	434.32	515.25	696.09	655.84
资产总计	1,616.99	1,823.72	2,149.65	2,512.37	2,829.72	2,792.16
短期借款	62.77	107.01	186.46	220.68	159.44	203.04
向中央银行借款	0.08	0.04	0.00	0.00	0.00	0.00
吸收存款及同业存放	5.67	1.45	2.67	3.16	3.53	2.61
拆入资金	0.00	0.00	0.00	0.00	10.00	3.00
衍生金融负债	11.89	3.95	6.16	2.57	0.00	0.00
应付票据	74.28	91.27	97.67	108.35	252.85	214.27
应付账款	247.94	295.41	345.53	389.87	416.57	316.05
预收款项	76.20	100.22	141.43	97.92	82.26	0.00
合同负债	0.00	0.00	0.00	0.00	0.00	116.78
卖出回购金融资产款	0.00	0.00	0.00	0.00	20.75	4.75
应付职工薪酬	16.97	17.03	18.77	24.73	34.31	33.65
应交税费	29.78	31.26	39.09	48.48	37.04	23.01
应付利息	0.48	0.42	1.96	1.34	0.00	0.00
应付股利	0.01	0.88	0.01	0.01	0.00	0.00
其他应付款	26.08	22.23	26.04	46.13	27.13	23.79
一年内到期的非流动负债	24.04	0.00	0.00	0.00	0.00	0.00
其他流动负债	550.08	597.59	609.12	633.62	651.81	643.82
流动负债合计	1,126.27	1,268.76	1,474.91	1,576.86	1,695.69	1,584.77
长期借款	0.00	0.00	0.00	0.00	0.47	18.61
长期应付职工薪酬	1.28	1.18	1.13	1.31	1.41	1.50
递延所得税负债	2.44	2.80	4.03	5.36	9.28	14.11
递延收益	1.35	1.72	1.26	1.66	2.41	4.37
非流动负债合计	5.07	5.70	6.42	8.33	13.57	38.59
负债合计	1,131.34	1,274.46	1,481.33	1,585.19	1,709.26	1,623.36

续表

项目	2015 年	2016 年	2017 年	2018 年	2019 年	2020 年
实收资本（或股本）	60.16	60.16	60.16	60.16	60.16	60.16
资本公积	1.86	1.83	1.04	0.93	0.93	1.22
减：库存股	0.00	0.00	0.00	0.00	0.00	51.82
其他综合收益	−1.25	−1.77	−0.92	−5.51	62.60	73.96
盈余公积	35.00	35.00	35.00	35.00	35.00	35.00
一般风险准备	2.08	2.67	3.27	3.29	4.90	4.98
未分配利润	377.37	440.75	557.40	819.40	937.95	1,028.42
归属于母公司股东权益合计	475.22	538.64	655.95	913.27	1,101.54	1,151.92
少数股东权益	10.45	10.60	12.40	13.88	18.94	16.90
所有者权益（或股东权益）合计	485.67	549.24	668.35	927.15	1,120.48	1,168.82
负债和所有者权益（或股东权益）总计	1,617.01	1,823.70	2,149.68	2,512.34	2,829.74	2,792.18

注：①2019 年财政部发布一般企业财务报表格式，报表中个别项目调整，不影响后续财务分析。

②为方便计算，小数点后保留 2 位有效数字，计算时可能存在误差，不影响财务分析。以下不再重复说明。

表 4-2　　　　　　　　格力电器 2016—2020 年资产负债表水平分析表

项目	2016 年		2017 年		2018 年		2019 年		2020 年	
	变动率	对总资产（总权益）的影响	变动率	对总资产（总权益）的影响	变动率	对总资产（总权益）的影响	变动率	对总资产（总权益）的影响	变动率	对总资产（总权益）的影响
货币资金	7.65%	4.20%	4.18%	2.19%	13.52%	6.27%	10.90%	4.90%	8.78%	3.89%
交易性金融资产	—	—	0.33%	68.11%	0.19%	−5.63%	−0.02%	−61.15%	−0.21%
衍生金融资产	—	0.16%	91.63%	0.13%	−64.66%	−0.14%	−45.88%	−0.03%	209.78%	0.07%
应收票据	101.36%	9.33%	7.65%	1.26%	11.33%	1.70%	−100.00%	−14.29%	—	—
应收账款	2.85%	0.05%	96.35%	1.56%	32.44%	0.88%	10.56%	0.32%	2.64%	0.08%
应收款项融资	—	—	—	—	—	—	—	11.23%	−25.70%	−2.56%
预付款项	114.03%	0.60%	104.85%	1.04%	−41.85%	−0.72%	10.82%	0.09%	30.59%	0.26%
应收利息	−5.77%	−0.04%	80.59%	0.46%	19.48%	0.17%	−100.00%	−0.90%	—	—
其他应收款	−3.54%	−0.01%	3.27%	0.00%	17.39%	0.02%	−46.46%	−0.05%	−7.55%	0.00%
买入返售金融资产	−100.00%	−0.62%	—	—	—	—	—	—	—	—
存货	−4.74%	−0.28%	83.58%	4.14%	20.79%	1.60%	20.35%	1.62%	15.76%	1.34%
合同资产	—	—	—	—	—	—	—	—	—	0.03%
一年内到期的非流动资产	—	—	—	—	—	—	—	0.18%	−100.00%	−0.16%
其他流动资产	18.28%	0.19%	418.92%	4.58%	65.45%	3.15%	34.95%	2.38%	−32.37%	−2.64%
流动资产合计	18.16%	13.58%	20.03%	15.69%	16.43%	13.11%	6.84%	5.43%	0.13%	0.10%
发放贷款及垫款	−39.83%	−1.94%	40.87%	1.06%	35.94%	1.12%	59.01%	2.13%	−63.44%	−3.23%

续表

项目	2016 年		2017 年		2018 年		2019 年		2020 年	
	变动率	对总资产（总权益）的影响	变动率	对总资产（总权益）的影响	变动率	对总资产（总权益）的影响	变动率	对总资产（总权益）的影响	变动率	对总资产（总权益）的影响
其他债权投资	—	—	—	—	—	—	—	0.12%	69.02%	0.07%
可供出售金融资产	−48.84%	−0.82%	57.15%	0.43%	1.89%	0.02%	−100.00%	−0.88%	—	—
长期股权投资	9.47%	0.01%	5.77%	0.00%	1,946.36%	1.00%	213.82%	1.92%	14.95%	0.37%
其他权益工具投资	—	—	—	—	—	—	—	1.85%	67.66%	1.11%
其他非流动金融资产	—	—	—	—	—	—	—	0.80%	0.00%	0.00%
投资性房地产	21.54%	0.07%	−13.55%	−0.04%	4.06%	0.01%	−7.25%	−0.02%	−7.21%	−0.01%
固定资产	14.66%	1.40%	−1.34%	−0.13%	5.17%	0.42%	4.00%	0.29%	−0.69%	−0.05%
在建工程	−71.54%	−0.90%	75.43%	0.24%	62.98%	0.30%	46.09%	0.31%	65.20%	0.56%
无形资产	26.32%	0.43%	7.42%	0.14%	44.42%	0.74%	1.94%	0.04%	10.78%	0.20%
商誉	—	—	—	—	—	0.02%	526.92%	0.11%	−38.04%	−0.04%
长期待摊费用	−87.50%	0.00%	100.00%	0.00%	100.00%	0.00%	−25.00%	0.00%	200.00%	0.00%
递延所得税资产	10.31%	0.56%	12.10%	0.64%	4.72%	0.24%	10.49%	0.47%	−7.90%	−0.35%
其他非流动资产	99.70%	0.41%	−23.02%	−0.17%	−21.98%	−0.10%	20.30%	0.06%	−16.88%	−0.06%
非流动资产合计	−3.16%	−0.80%	10.07%	2.18%	18.63%	3.76%	35.10%	7.20%	−5.78%	−1.42%
资产总计	12.78%	12.78%	17.87%	17.87%	16.87%	16.87%	12.63%	12.63%	−1.33%	−1.33%
短期借款	70.48%	2.74%	74.25%	4.36%	18.35%	1.59%	−27.75%	−2.44%	27.35%	1.54%
向中央银行借款	−50.00%	0.00%	−100.00%	0.00%	—	—	—	—	—	—
吸收存款及同业存放	−74.43%	−0.26%	84.14%	0.07%	18.35%	0.02%	11.71%	0.01%	−26.06%	−0.03%
拆入资金	—	—	—	—	—	—	—	0.40%	−70.00%	−0.25%
衍生金融负债	−66.78%	−0.49%	55.95%	0.12%	−58.28%	−0.17%	−100.00%	−0.10%	—	—
应付票据	22.87%	1.05%	7.01%	0.35%	10.93%	0.50%	133.36%	5.75%	−15.26%	−1.36%
应付账款	19.15%	2.94%	16.97%	2.75%	12.83%	2.06%	6.85%	1.06%	−24.13%	−3.55%
预收款项	31.52%	1.49%	41.12%	2.26%	−30.76%	−2.02%	−15.99%	−0.62%	−100.00%	−2.91%
合同负债	—	—	—	—	—	—	—	—	—	4.13%
卖出回购金融资产款	—	—	—	—	—	—	—	0.83%	−77.11%	−0.57%
应付职工薪酬	0.35%	0.00%	10.22%	0.10%	31.75%	0.28%	38.74%	0.38%	−1.92%	−0.02%
应交税费	4.97%	0.09%	25.05%	0.43%	24.02%	0.44%	−23.60%	−0.46%	−37.88%	−0.50%
应付利息	−12.50%	0.00%	366.67%	0.08%	−31.63%	−0.03%	−100.00%	−0.05%	—	—
应付股利	8,700.00%	0.05%	−98.86%	−0.05%	0.00%	0.00%	−100.00%	0.00%	—	—
其他应付款	−14.76%	−0.24%	17.14%	0.21%	77.15%	0.93%	−41.19%	−0.76%	−12.31%	−0.12%
一年内到期的非流动负债	−100.00%	−1.49%	—	—	—	—	—	—	—	—
其他流动负债	8.64%	2.94%	1.93%	0.63%	4.02%	1.14%	2.87%	0.72%	−1.23%	−0.28%

项目	2016 年		2017 年		2018 年		2019 年		2020 年	
	变动率	对总资产（总权益）的影响	变动率	对总资产（总权益）的影响	变动率	对总资产（总权益）的影响	变动率	对总资产（总权益）的影响	变动率	对总资产（总权益）的影响
流动负债合计	12.65%	8.81%	16.25%	11.30%	6.91%	4.74%	7.54%	4.73%	-6.54%	-3.92%
长期借款	—	—	—	—	—	—	—	0.02%	3,859.57%	0.64%
长期应付职工薪酬	-7.81%	-0.01%	-4.24%	0.00%	15.93%	0.01%	7.63%	0.00%	6.38%	0.00%
递延所得税负债	14.75%	0.02%	43.93%	0.07%	33.00%	0.06%	73.13%	0.16%	52.05%	0.17%
递延收益	27.41%	0.02%	-26.74%	-0.03%	31.75%	0.02%	45.18%	0.03%	81.33%	0.07%
非流动负债合计	12.43%	0.04%	12.63%	0.04%	29.75%	0.09%	62.91%	0.21%	184.38%	0.88%
负债合计	12.65%	8.85%	16.23%	11.34%	7.01%	4.83%	7.83%	4.94%	-5.03%	-3.04%
实收资本（或股本）	0.00%	0.00%	0.00%	0.00%	0.00%	0.00%	0.00%	0.00%	0.00%	0.00%
资本公积	-1.61%	0.00%	-43.17%	-0.04%	-10.58%	-0.01%	0.00%	0.00%	31.18%	0.01%
减：库存股	—	—	—	—	—	—	—	—	—	1.83%
其他综合收益	41.60%	-0.03%	-48.02%	0.05%	498.91%	-0.21%	-1,236.12%	2.71%	18.15%	0.40%
盈余公积	0.00%	0.00%	0.00%	0.00%	0.00%	0.00%	0.00%	0.00%	0.00%	0.00%
一般风险准备	28.37%	0.04%	22.47%	0.03%	0.61%	0.00%	48.94%	0.06%	1.63%	0.00%
未分配利润	16.80%	3.92%	26.47%	6.40%	47.00%	12.19%	14.47%	4.72%	9.65%	3.20%
归属于母公司股东权益合计	13.35%	3.92%	21.78%	6.43%	39.23%	11.97%	20.61%	7.49%	4.57%	1.78%
少数股东权益	1.44%	0.01%	16.98%	0.10%	11.94%	0.07%	36.46%	0.20%	-10.77%	-0.07%
所有者权益（或股东权益）合计	13.09%	3.93%	21.69%	6.53%	38.72%	12.04%	20.85%	7.70%	4.31%	1.71%
负债和所有者权益（或股东权益）总计	12.78%	12.78%	17.87%	17.87%	16.87%	16.87%	12.63%	12.63%	-1.33%	-1.33%

注：2019 年财政部发布一般企业财务报表格式，报表中个别项目调整，不影响后续财务分析。

（二）资产负债表变动的分析与评价

资产总额表明企业资产的存量规模，该规模应满足企业正常的经营活动要求，并与权益规模相适应。因此，对资产负债表变动情况的分析评价应从资产和权益两方面进行。

1. 资产项目的分析与评价

（1）关注资产总规模的变动情况，以及各类、各项资产的变动情况，揭示引起资产规模变动的主要因素，从总体上了解企业经过一定时期经营后资产的变动情况。

（2）注意变动幅度较大或对总资产变动影响较大的重点项目。分析时应先注意变动幅度较大的资产项目，特别是发生异常变动的项目，并重点分析对总资产影响较大的项目。某个项目对总资产的影响，不仅取决于该项目本身的变动幅度，还取决于该项目在总资产中所占的比重。当某项目本身变动幅度较大时，如果该项目在总资产中所占比重较小，则该项目的变动对总资产的影响不会太大；如果某个项目自身变动幅度不大，但其在总资产中所占比重较大，则该项目的变动对总资产的影响可能是比较大的。如格力电器 2016 年预付款项项目变动幅度为 114.03%，但由于

2015 年该项目仅占总资产的 0.52%（8.48÷1,616.99×100%），仅使总资产增加了 0.60%；2016 年货币资金项目变动幅度为 7.65%，由于 2015 年该项目占总资产的 54.93%（888.20÷1,616.99×100%），使总资产增加了 4.20%。分析时，只有注意重点项目的分析，才能抓住关键问题。

（3）注意分析资产变动的合理性和效率性。不仅要考察资产变动情况，还要对其变动的合理性和效率性进行分析。对资产变动合理性与效率性的分析，可以借助企业产值、销售收入、利润和经营活动现金净流量等指标。通过比较资产变动与产值变动、销售收入变动、利润变动及经营活动现金净流量变动，对资产变动的合理性与效率性做出评价。比较的结果可能有以下几种。

第一，增产、增收、增利或增加经营活动现金净流量的同时资产增加，但资产增加的幅度小，表明企业资产利用效率提高，形成资金相对节约。

第二，增产、增收、增利或增加经营活动现金净流量的同时不增加资产，则表明企业资产利用效率提高，形成资金相对节约。

第三，增产、增收、增利或增加经营活动现金净流量的同时资产减少，则表明企业资产利用效率提高，形成资金相对节约和绝对节约。

第四，企业产值、销售收入、利润或经营活动现金净流量持平，资产减少，则表明企业资产利用效率提高，形成资金绝对节约。

第五，增产、增收、增利或增加经营活动现金净流量的同时资产增加，且资产增加幅度大于增产、增收、增利或增加经营活动现金净流量的幅度，则表明企业资产利用效率下降，资产增加不合理。

第六，减产、减收、减利或减少经营活动现金净流量的同时，资产不减或资产减少幅度小于减产、减收、减利或减少经营活动现金净流量的幅度，则表明企业资产利用效率下降，资产调整不合理。

第七，减产、减收、减利或减少经营活动现金净流量的同时，资产增加，则必然造成资产大量闲置，生产能力利用不足，资产利用效率大幅下降。

（4）注意资产变动与股东权益变动的一致性。根据资产变动的趋势与股东权益变动趋势，分析评价企业资产与股东权益的适应程度，进而评价企业财务结构的稳定性和安全性。如果资产规模的增长大大超过股东权益的增长，表明企业债务负担加重，这虽然可能是企业融资政策引起的，但后果是企业支付能力降低，甚至会导致企业"黑字破产"。相反，如果企业资产规模的增长小于股东权益的增长，其原因可能是：第一，企业融资策略改变，企业投资人追加投资的力度加大，负债增加幅度小；第二，股利政策变动，企业减少股利发放。一般来说，为了保证企业财务结构的稳定性和安全性，资产规模变动应与股东权益变动相适应。

（5）注意分析会计政策变动的影响。尽管会计准则和会计制度对会计核算乃至财务报表的编制都有相应的要求，但会计准则和会计制度也给企业灵活选择会计政策和会计方法留有相当大的余地，企业管理人员可以在遵循会计准则和制度的前提下通过变更或灵活地运用会计方法对资产负债表的数据做出调整。例如，改变存货计价方法，就会引起资产负债表上存货的变化。此外，企业大量的经营业务需要会计做出判断。分析时应首先了解企业所采用的会计政策，把会计政策变更或会计随意性所造成的影响充分地揭示出来，以便纠正失真的会计数据，使财务分析能够依据真实可靠的会计资料进行，保证财务分析结论的正确性。

根据表 4-2 可以对格力电器总资产变动情况做出以下分析评价。

格力电器 2016—2020 年总资产的增长率分别为 12.78%、17.87%、16.87%、12.63%、-1.33%，进一步分析发现以下内容。

第一，2016—2020 年流动资产的变动分别使总资产变动了 13.58%、15.69%、13.11%、5.43%、0.10%，非流动资产的变动使总资产分别变动了-0.80%、2.18%、3.76%、7.20%、−1.42%，2016—2020 年流动资产呈上升趋势，2017—2019 年非流动资产连续 3 年呈上升趋势，导致总资产规模增加；2016 年，流动资产变动使总资产上升的幅度大于非流动资产变动使总资产下降的幅度，总资产规模增加；2020 年，非流动资产变动使总资产下降的幅度大于流动资产变动使总资产上升的幅度，总资产规模减小。

第二，流动资产的变动主要表现为货币资金、应收票据及应收账款的变动；非流动资产的变动主要表现为发放贷款及垫款的变动。

2. 权益项目的分析评价

权益项目的分析评价主要从以下几方面进行。

（1）分析总权益的变动情况，以及各类、各项筹资的变动状况，揭示总权益变动的主要方面，从总体上了解企业经过一定时期经营后总权益的变动情况。

（2）注意变动幅度较大或对总资产变动影响较大的重点项目。分析时首先要注意变动幅度较大的权益项目，特别是发生异常变动的项目；其次，应重点分析对总权益影响较大的项目。

由表 4-2 可知，格力电器 2016—2020 年总权益的增长率分别为 12.78%、17.87%、16.87%、12.63%、−1.33%，进一步分析发现以下内容。

第一，2016—2020 年负债的变动使总权益分别变动了 8.85、11.34、4.83、4.94、−3.04%，2016—2019 年负债规模呈上升趋势，而 2020 年负债规模减小，导致总权益降低。2016—2020 年所有者权益的变动使总权益分别变动了 3.93%、6.53%、12.04%、7.70%、1.71%，所有者权益呈上升趋势，导致总权益规模增加。

第二，2016—2020 年负债中流动负债的变动使总权益分别变动了 8.81%、11.30%、4.74%、4.73%、−3.92%，流动负债变动主要是短期借款、应付票据及应付账款的变动引起的；2016—2020 年非流动负债的变动使总权益分别变动了 0.04%、0.04%、0.09%、0.21%、0.88%，非流动负债变动主要是递延所得税负债、长期递延收益的变动引起的；所有者权益变动主要是未分配利润增加引起的。

三、资产负债表结构分析

资产负债表的结构分析是通过计算资产负债表中各项目在总资产或总权益中所占的比重，并以此分析评价企业资产结构和资本结构的变动情况及合理程度。进行资产负债表的结构分析可以评价企业资产结构的合理性及其变动情况，也可以评价企业资本结构的合理性及其变动情况，还可以评价企业资产结构与资本结构的适应程度。

资产负债表的结构分析既可以从静态角度分析评价实际（报告期）构成情况，也可以从动态角度将实际构成与标准或基期构成进行对比分析。用于对比的标准或基期构成，按照分析评价目的的不同，可采用预算数、上期数、同行业平均数或可比企业的实际数等。

（一）资产结构分析

1. 资产的整体结构分析

资产的整体结构分析主要关注流动资产和非流动资产占总资产的比重，分析时可以通过与行业的平均水平或可比企业资产结构比较，对资产的流动性和资产风险做出判断。表 4-3 所示为格力电器 2015—2020 年资产结构分析。

表 4-3　　　　　　　　　　　　格力电器 2015—2020 年资产结构分析

项目	2015 年	2016 年	2017 年	2018 年	2019 年	2020 年
货币资金	54.93%	52.43%	46.34%	45.01%	44.32%	48.86%
交易性金融资产	0.00%	0.00%	0.28%	0.40%	0.34%	0.13%
衍生金融资产	0.00%	0.14%	0.22%	0.07%	0.03%	0.10%
应收票据	9.20%	16.43%	15.01%	14.29%	0.00%	0.00%
应收账款	1.78%	1.62%	2.70%	3.06%	3.01%	3.13%
应收款项融资	0.00%	0.00%	0.00%	0.00%	9.97%	7.51%
预付款项	0.52%	1.00%	1.73%	0.86%	0.85%	1.12%
应收利息	0.69%	0.57%	0.88%	0.90%	0.00%	0.00%
其他应收款	0.16%	0.13%	0.12%	0.12%	0.06%	0.05%
买入返售金融资产	0.62%	0.00%	0.00%	0.00%	0.00%	0.00%
存货	5.86%	4.95%	7.71%	7.97%	8.51%	9.98%
合同资产	0.00%	0.00%	0.00%	0.00%	0.00%	0.03%
一年内到期的非流动资产	0.00%	0.00%	0.00%	0.00%	0.16%	0.00%
其他流动资产	1.04%	1.09%	4.81%	6.81%	8.16%	5.59%
流动资产合计	74.80%	78.36%	79.80%	79.49%	75.40%	76.51%
发放贷款及垫款	4.87%	2.60%	3.10%	3.61%	5.10%	1.89%
其他债权投资	0.00%	0.00%	0.00%	0.00%	0.10%	0.18%
可供出售金融资产	1.67%	0.76%	1.01%	0.88%	0.00%	0.00%
长期股权投资	0.06%	0.06%	0.05%	0.90%	2.50%	2.91%
其他权益工具投资	0.00%	0.00%	0.00%	0.00%	1.64%	2.79%
其他非流动金融资产	0.00%	0.00%	0.00%	0.00%	0.71%	0.72%
投资性房地产	0.30%	0.33%	0.24%	0.21%	0.18%	0.17%
固定资产	9.56%	9.72%	8.13%	7.32%	6.76%	6.80%
在建工程	1.26%	0.32%	0.47%	0.66%	0.86%	1.44%
无形资产	1.64%	1.84%	1.68%	2.07%	1.88%	2.11%
商誉	0.00%	0.00%	0.00%	0.02%	0.12%	0.07%
长期待摊费用	0.00%	0.00%	0.00%	0.00%	0.00%	0.00%
递延所得税资产	5.42%	5.30%	5.04%	4.52%	4.43%	4.14%
其他非流动资产	0.41%	0.72%	0.47%	0.31%	0.34%	0.28%
非流动资产合计	25.20%	21.64%	20.20%	20.51%	24.60%	23.49%
资产总计	100.00%	100.00%	100.00%	100.00%	100.00%	100.00%

　　一般来说，流动资产比重较大时，企业资产流动性强，资产风险较小；非流动资产比重大时，企业资产弹性较差，不利于企业灵活调度资金，资产风险较大。由表 4-3 可以发现，格力电器 2015—2020 年流动资产比重分别为 74.80%、78.36%、79.80%、79.49%、75.40%、76.51%，非流动资产比重分别为 25.20%、21.64%、20.20%、20.51%、24.60%、23.49%，流动资产比重相对较大，说明资产流动性强，资产风险较小。

2. 流动资产与固定资产的结构分析

固定资产与流动资产之间的结构关系通常被称为固流结构，在企业经营规模一定的条件下，如果固定资产存量过大，则正常的生产能力不能充分发挥出来，会造成固定资产的部分闲置或生产能力利用不足；如果流动资产存量过大，则会造成流动资产闲置，影响企业的盈利能力。无论出现上述哪种情况，都会影响企业资产的利用效率，因此，能否恰当安排固流结构是企业总资产能否发挥最佳经济效益的关键。

一般来说，有三种固流结构可供企业选择。

（1）保守型固流结构。保守型固流结构是指企业在一定销售水平上维持大量的流动资产并采取宽松的信用政策，从而使流动资金处于较高的水平。这种资产结构下流动资产比重较大，可降低企业偿债或破产风险，使企业风险处于较低的水平。但流动资产占比过大会降低资产的运转效率，从而影响企业的盈利水平。因此，该种资产结构是一种流动性高、风险小、盈利低的资产结构。

（2）适中型固流结构。适中型固流结构是指企业在一定销售水平上使固定资产存量与流动资产存量的比例保持在平均合理的水平上。这种资产结构可在一定程度上提高资金的使用效率，但同时也增加了企业的经营风险和偿债风险，是一种风险一般、盈利水平一般的资产结构。

（3）冒险型固流结构。冒险型固流结构是指尽可能少地持有流动资产，从而使企业的流动资金维持在较低水平上。这种资产结构中流动资产比重较小，资产的流动性较差。虽然固定资产比重较大会相应提高企业的盈利水平，但同时也会给企业带来较大的变现风险。这是一种高风险、高收益的资产结构。

在实际工作中，通常根据下列标准来评价企业固定资产与流动资产的结构是否合理。

第一，盈利水平与风险。企业将大部分资金用于购买流动资产，虽然能够减少企业的经营风险，但是会造成资金大量闲置或固定资产不足，降低企业生产能力和资金利用效率，从而影响企业的经济效益；反之，固定资产比重增大，虽然有利于提高资产利用率，但同时也会导致经营风险的增加。企业选择何种固流结构，主要取决于企业对风险的态度。如果企业敢于冒险，则可能采取冒险型固流结构；如果企业倾向于保守，则会选择保守型固流结构。

第二，行业特点。不同的行业因经济活动内容不同及技术装备水平的差异，其固流结构也有较大差异。一般来说，创造的附加值低的企业，如商业企业，需要保持较高的资产流动性；创造的附加值高的企业，如制造企业，需要保持较大的固定资产比重。同一行业内，企业间的生产特点、生产方式的差异较小，所以其固流结构比较接近，行业的平均固流比例应是行业内企业固流比例的主要参照标准。

第三，企业经营规模。企业经营规模对固流结构也有重要影响。一般而言，经营规模较大的企业，固定资产比重相对大，因其筹资能力强，流动资产比重相对小。

表 4-4 和表 4-5 分别是格力电器和白色家电行业 2015—2020 年固流比例分析，图 4-1 是二者的固流比例分析对比。

表 4-4　　　　　　　　　　格力电器 2015—2020 年固流比例分析

项目	2015 年	2016 年	2017 年	2018 年	2019 年	2020 年
流动资产占总资产的比重	74.80%	78.36%	79.80%	79.49%	75.40%	76.51%
固定资产占总资产的比重	9.56%	9.72%	8.13%	7.32%	6.76%	6.80%
固流比例	7.82	8.06	9.82	10.86	11.15	11.25

表 4-5 白色家电行业 2015—2020 年固流比例分析

项目	2015 年	2016 年	2017 年	2018 年	2019 年	2020 年
流动资产占总资产的比重	70.60%	67.99%	68.81%	69.05%	68.28%	68.19%
固定资产占总资产的比重	14.01%	12.90%	10.84%	10.51%	10.11%	9.31%
固流比例	5.04	5.27	6.35	6.57	6.75	7.32

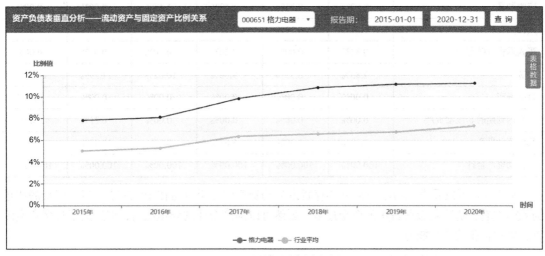

图 4-1 固流比例分析对比

由表 4-4、表 4-5 和图 4-1 可知，格力电器 2015—2020 年固流比例均高于行业平均固流比例，资产流动性相对较高，经营风险较低。

3. 流动资产的结构分析

流动资产的结构是指构成流动资产的各个项目占流动资产总额的比重。企业可以通过计算货币资金、交易性金融资产、应收账款和存货等项目占流动资产的比重，分析流动资产各项目变动情况，并了解流动资产的分布情况、企业资产的流动性及支付能力。

流动资产中各项目的变现能力有差异，保持流动资产的合理结构有利于增强资产的流动性和应变能力，企业的偿债能力和盈利能力也会随之增强。因此，有必要对流动资产中各项目比重及其合理性进行分析。一般来说，速动资产包括货币资金、交易性金融资产、应收账款及应收票据等，这些资产的变现能力较强，而存货等非速动资产的变现能力较弱。因此，若企业拥有合理的速动资产结构，可以适当提高企业的偿债能力。若速动资产比重过大，则表明企业会出现资金占用的现象；若速动资产比重过小，即存货等非速动资产的比重较大，则表明企业变现能力较弱，流动性较低。表 4-6 所示为格力电器 2015—2020 年流动资产结构分析。

表 4-6 格力电器 2015—2020 年流动资产结构分析

项目	2015 年	2016 年	2017 年	2018 年	2019 年	2020 年
货币资金	73.44%	66.90%	58.07%	56.62%	58.77%	63.85%
交易性金融资产	0.00%	0.00%	0.35%	0.51%	0.45%	0.17%
衍生金融资产	0.00%	0.18%	0.28%	0.09%	0.04%	0.13%
应收票据	12.30%	20.97%	18.80%	17.98%	0.00%	0.00%

续表

项目	2015 年	2016 年	2017 年	2018 年	2019 年	2020 年
应收账款	2.38%	2.07%	3.39%	3.86%	3.99%	4.09%
应收款项融资	0.00%	0.00%	0.00%	0.00%	13.23%	9.82%
预付款项	0.70%	1.27%	2.17%	1.08%	1.12%	1.46%
应收利息	0.92%	0.73%	1.10%	1.13%	0.00%	0.00%
其他应收款	0.21%	0.17%	0.15%	0.15%	0.07%	0.07%
买入返售金融资产	0.83%	0.00%	0.00%	0.00%	0.00%	0.00%
存货	7.83%	6.32%	9.66%	10.02%	11.29%	13.05%
合同资产	0.00%	0.00%	0.00%	0.00%	0.00%	0.04%
一年内到期的非流动资产	0.00%	0.00%	0.00%	0.00%	0.21%	0.00%
其他流动资产	1.39%	1.39%	6.03%	8.57%	10.82%	7.31%
流动资产合计	100.00%	100.00%	100.00%	100.00%	100.00%	100.00%

从表 4-6 可以看出，2015—2020 年存货占流动资产的比重维持在 10%左右，货币资金的比重为 60%左右，货币资金所占用的资金过多，虽然可以提高企业的偿债能力，但造成了过多资金闲置，影响企业的盈利能力。

（二）资本结构分析

资本结构是指企业的全部资金来源中债务资本和权益资本所占的比重。权益资本的规模是衡量企业偿债能力及评估企业财力是否雄厚的基础；而保持适当的债务资本是调剂资金余缺及提高所有者投资报酬率的前提。

1. 权益的整体结构分析

权益的整体结构分析主要关注负债占总权益的比例与所有者权益占总权益的比例的对比关系。表 4-7 所示为格力电器 2015—2020 年资本结构分析。

表 4-7　　　　　　　　格力电器 2015—2020 年资本结构分析

项目	2015 年	2016 年	2017 年	2018 年	2019 年	2020 年
短期借款	3.88%	5.87%	8.67%	8.78%	5.63%	7.27%
向中央银行借款	0.00%	0.00%	0.00%	0.00%	0.00%	0.00%
吸收存款及同业存放	0.35%	0.08%	0.12%	0.13%	0.12%	0.09%
拆入资金	0.00%	0.00%	0.00%	0.00%	0.35%	0.11%
衍生金融负债	0.74%	0.22%	0.29%	0.10%	0.00%	0.00%
应付票据	4.59%	5.00%	4.54%	4.31%	8.94%	7.67%
应付账款	15.33%	16.20%	16.07%	15.52%	14.72%	11.32%
预收款项	4.71%	5.50%	6.58%	3.90%	2.91%	0.00%
合同负债	0.00%	0.00%	0.00%	0.00%	0.00%	4.18%
卖出回购金融资产款	0.00%	0.00%	0.00%	0.00%	0.73%	0.17%

续表

项目	2015 年	2016 年	2017 年	2018 年	2019 年	2020 年
应付职工薪酬	1.05%	0.93%	0.87%	0.98%	1.21%	1.21%
应交税费	1.84%	1.71%	1.82%	1.93%	1.31%	0.82%
应付利息	0.03%	0.02%	0.09%	0.05%	0.00%	0.00%
应付股利	0.00%	0.05%	0.00%	0.00%	0.00%	0.00%
其他应付款	1.61%	1.22%	1.21%	1.84%	0.96%	0.85%
一年内到期的非流动负债	1.49%	0.00%	0.00%	0.00%	0.00%	0.00%
其他流动负债	34.02%	32.77%	28.34%	25.22%	23.03%	23.06%
流动负债合计	69.65%	69.57%	68.61%	62.76%	59.92%	56.76%
长期借款	0.00%	0.00%	0.00%	0.00%	0.02%	0.67%
长期应付职工薪酬	0.08%	0.06%	0.05%	0.05%	0.05%	0.05%
递延所得税负债	0.15%	0.15%	0.19%	0.21%	0.33%	0.51%
递延收益	0.08%	0.09%	0.06%	0.07%	0.08%	0.16%
非流动负债合计	0.31%	0.31%	0.30%	0.33%	0.48%	1.38%
负债合计	69.96%	69.88%	68.91%	63.10%	60.40%	58.14%
实收资本（或股本）	3.72%	3.30%	2.80%	2.39%	2.13%	2.15%
资本公积	0.12%	0.10%	0.05%	0.04%	0.03%	0.04%
减：库存股	0.00%	0.00%	0.00%	0.00%	0.00%	1.86%
其他综合收益	-0.08%	-0.10%	-0.04%	-0.22%	2.21%	2.65%
盈余公积	2.16%	1.92%	1.63%	1.39%	1.24%	1.25%
一般风险准备	0.13%	0.15%	0.15%	0.13%	0.17%	0.18%
未分配利润	23.34%	24.17%	25.93%	32.62%	33.15%	36.83%
归属于母公司股东权益合计	29.39%	29.54%	30.51%	36.35%	38.93%	41.26%
少数股东权益	0.65%	0.58%	0.58%	0.55%	0.67%	0.61%
所有者权益（或股东权益）合计	30.04%	30.12%	31.09%	36.90%	39.60%	41.86%
负债和所有者权益（或股东权益）总计	100.00%	100.00%	100.00%	100.00%	100.00%	100.00%

由表 4-7 可知，格力电器 2015—2019 资产负债率均高于 60%。一般来讲，资产负债率高于 60%，则财务风险较大，但是格力电器总负债中占比较大的其他流动负债主要由销售返利构成，并不会真正构成企业的偿债压力。

2. 负债结构分析

负债结构是指企业各项负债在总负债中所占的比重，反映了在总负债中各项负债的组成情况，它是由企业采用不同负债筹资方式所形成的，是负债筹资的结果。表 4-8 所示为格力电器 2015—2020 年的负债结构分析。

表 4-8 格力电器 2015—2020 年负债结构分析

项目	2015 年	2016 年	2017 年	2018 年	2019 年	2020 年
短期借款	5.55%	8.40%	12.59%	13.92%	9.33%	12.51%
向中央银行借款	0.01%	0.00%	0.00%	0.00%	0.00%	0.00%

项目	2015 年	2016 年	2017 年	2018 年	2019 年	2020 年
吸收存款及同业存放	0.50%	0.11%	0.18%	0.20%	0.21%	0.16%
拆入资金	0.00%	0.00%	0.00%	0.00%	0.59%	0.18%
衍生金融负债	1.05%	0.31%	0.42%	0.16%	0.00%	0.00%
应付票据	6.57%	7.16%	6.59%	6.84%	14.79%	13.20%
应付账款	21.92%	23.18%	23.33%	24.59%	24.37%	19.47%
预收款项	6.74%	7.86%	9.55%	6.18%	4.81%	0.00%
合同负债	0.00%	0.00%	0.00%	0.00%	0.00%	7.19%
卖出回购金融资产款	0.00%	0.00%	0.00%	0.00%	1.21%	0.29%
应付职工薪酬	1.50%	1.34%	1.27%	1.56%	2.01%	2.07%
应交税费	2.63%	2.45%	2.64%	3.06%	2.17%	1.42%
应付利息	0.04%	0.03%	0.13%	0.00%	0.00%	0.00%
应付股利	0.00%	0.07%	0.00%	0.00%	0.00%	0.00%
其他应付款	2.31%	1.74%	1.76%	2.91%	1.59%	1.47%
一年内到期的非流动负债	2.12%	0.00%	0.00%	0.00%	0.00%	0.00%
其他流动负债	48.62%	46.89%	41.12%	39.97%	38.13%	39.66%
流动负债合计	99.55%	99.55%	99.57%	99.47%	99.21%	97.62%
长期借款	0.00%	0.00%	0.00%	0.00%	0.03%	1.15%
长期应付职工薪酬	0.11%	0.09%	0.08%	0.08%	0.08%	0.09%
递延所得税负债	0.22%	0.22%	0.27%	0.34%	0.54%	0.87%
递延收益	0.12%	0.13%	0.09%	0.10%	0.14%	0.27%
非流动负债合计	0.45%	0.45%	0.43%	0.53%	0.79%	2.38%
负债合计	100.00%	100.00%	100.00%	100.00%	100.00%	100.00%

由表 4-8 可知，格力电器 2015—2020 年流动负债的比重较大，分别为 99.55%、99.55%、99.57%、99.47%、99.21%、97.62%。其中，其他流动负债占负债的比重最大，其次是应付账款，均属于无息负债，说明企业融资成本比较低。

对负债结构进行分析应考虑以下因素。

（1）负债结构与负债成本。企业负债筹资不仅要归还本金，还要支付利息，这是企业使用他人资金必须付出的代价。在对负债结构进行分析时，可以按照负债成本将负债分为无息负债和有息负债，通过负债成本结构判断企业筹资方式是否合理。一般来说，企业的负债有一部分是在经营过程中自发形成的，如预收账款、应付账款、应付职工薪酬等，被称为经营性负债，属于无息负债；还有一部分是企业向银行等金融机构或个人借来的，需要企业支付利息，被称为有息负债。有息负债中，短期负债利息较低，属于低成本负债，而长期借款、应付债券利息较高，属于高成本负债。

由图 4-2 和表 4-9、表 4-10 可知，格力电器 2015—2020 年无息负债占总负债的比重分别为 90.77%、91.18%、86.82%、85.72%、88.64%、85.71%，虽总体呈下降趋势，但始终高于行业均值，说明格力电器的融资成本相对较低。可见，广泛使用无息负债是降低企业融资成本的重要途径。

图 4-2 负债成本结构分析

表 4-9   格力电器 2015—2020 年负债成本结构分析

项目	2015 年	2016 年	2017 年	2018 年	2019 年	2020 年
无息负债	90.77%	91.18%	86.82%	85.72%	88.64%	85.71%
有息负债	9.23%	8.82%	13.18%	14.28%	11.36%	14.29%
负债合计	100%	100%	100%	100%	100%	100%

表 4-10   白色家电行业 2015—2020 年负债成本结构分析

项目	2015 年	2016 年	2017 年	2018 年	2019 年	2020 年
无息负债	89.33%	82.02%	77.31%	77.80%	79.47%	79.49%
有息负债	10.67%	17.98%	22.69%	22.20%	20.53%	20.51%
负债合计	100%	100%	100%	100%	100%	100%

（2）负债结构与债务偿还期。负债是必须偿还的，而且要按期偿付，企业在举债时，就应当根据债务的偿还期限来安排负债结构。企业负债结构合理的一个重要标志就是债务偿还期与现金流入时间吻合，债务偿还额与现金流入量相适应。

（3）负债结构与财务风险。不同类型的负债，其财务风险是不同的，企业在安排负债结构时，必须考虑到这种风险。一般来说，短期负债的财务风险要高于长期负债，原因如下。第一，企业使用长期负债筹资，在既定的债务期限内，因利率不会发生变动，其利息费用是固定的，如果在该期限内使用的是短期负债，利息费用有可能会因利率调整而调整，另外也会产生难以保证及时获取资金的风险；第二，长期负债的偿还期较长，企业有充裕的时间为偿还债务积累资金，虽有财务风险，但相对较小。

（4）负债结构与经济环境。企业生产经营所处的经济环境也是影响企业负债结构的重要因素，其中资本市场的资金供求状况尤为重要。当国家紧缩银根时，企业取得短期借款可能比较困难，因此，企业长期负债的比重会增大；反之，当国家放松银根时，企业比较容易获得银行贷款，则流动负债的比重会增大。

3. 所有者权益结构分析

所有者权益由股本、资本公积、盈余公积和未分配利润等组成。分析所有者权益的组成情况，可以判断企业的经济实力和风险承担能力。盈余公积和未分配利润等内部所有者权益的持续增长意味着企业股东投入资本的保值、增值能力强，所以这种体现企业内部增长能力的项目的比重越大越好；而外部所有者权益的增长意味着企业投资额的扩大。分析所有者权益结构时应该考虑的因素如下。

（1）所有者权益结构与所有者权益总量。所有者权益结构变化既可能是所有者权益总量变动引起的，也可能是所有者权益各项目变动引起的，包括以下情况。第一，总量变动，结构变动。例如，当所有者权益各项目发生不同程度变动时，其总量也会变动。第二，总量不变，结构变动。例如，当所有者权益各项目之间相互转化时，总量不变，结构变动。第三，总量变动，结构不变。例如，所有者权益各项目按相同比例同方向变动时，会出现总量变动、结构不变的情况。

（2）所有者权益结构与利润分配政策。所有者权益资金按照资金来源可以分为两类：投资人投资和生产经营活动形成的利润积累。一般来说，投资人投资不是经常变动的，因此，企业生产经营活动形成的利润积累会直接影响所有者权益结构，而生产经营活动形成的利润积累又取决于企业的生产经营业绩和利润分配政策。如果企业奉行高利润分配政策，就会把大部分利润分配给投资者，留存收益就较小，所有者权益结构的变化不会太大，生产活动形成的所有者权益比重相对较小。

（3）所有者权益结构与控制权。企业真正的控制权掌握在投资人手中，特别是持股比例大的投资人。如果企业通过吸收投资人追加投资来扩大企业规模，就会增加所有者权益中投入资本的比重，使所有者权益结构发生变化，同时也会分散投资人对企业的控制权。如果投资人不想其对企业的控制权被分散，就会在企业需要资金时，采取负债筹资，这样在其他条件不变时，既不会引起企业所有者权益结构发生变动，也不会分散企业控制权。

（4）所有者权益结构与权益资本成本。所有者权益结构影响权益资本成本的一个基本前提是所有者权益各项目的资本成本不同。事实上，在所有者权益各项目中，只有投资人投入资本才会发生实际资本成本，其余各项目是一种无实际筹资成本的资金来源，其资本成本不过是机会成本，即它们无须像投入资本那样分配利润。在实务中，即使把这种成本考虑进去，因为筹措这类资金既不花费时间，也无须支付筹资费用，所以这类资金的资本成本要低于投资人投入资本的资本成本。在所有者权益中，无需实际筹资成本的资金比重越大，权益资本成本就越低。

格力电器 2015—2020 年所有者权益结构分析如表 4-11 所示。

表 4-11　　　　　　　格力电器 2015—2020 年所有者权益结构分析

项目	2015 年	2016 年	2017 年	2018 年	2019 年	2020 年
实收资本（或股本）	12.39%	10.95%	9.00%	6.49%	5.37%	5.15%
资本公积	0.38%	0.33%	0.16%	0.10%	0.08%	0.10%
减：库存股	0.00%	0.00%	0.00%	0.00%	0.00%	4.43%
其他综合收益	-0.26%	-0.32%	-0.14%	-0.59%	5.59%	6.33%
盈余公积	7.21%	6.37%	5.24%	3.78%	3.12%	2.99%
一般风险准备	0.43%	0.49%	0.49%	0.35%	0.44%	0.43%
未分配利润	77.70%	80.25%	83.40%	88.38%	83.71%	87.99%
归属于母公司股东权益合计	97.85%	98.07%	98.14%	98.50%	98.31%	98.55%
少数股东权益	2.15%	1.93%	1.86%	1.50%	1.69%	1.45%
所有者权益（或股东权益）合计	100.00%	100.00%	100.00%	100.00%	100.00%	100.00%

由表 4-11 可知，格力电器 2015—2020 年所有者权益结构相对稳定，企业投资人投入资本的比重呈逐年下降的趋势，说明该企业的生产经营活动形成的利润积累是所有者权益的主要来源。由于所有者权益中，实际产生资金成本的项目只有投资人投入资本项目，因此，随着投资人投入资本比重的下降，所有者权益资本成本呈下降趋势。另外，2015—2020 年，留存收益的比重呈总体上升的趋势，而这主要是因为未分配利润上升。

（三）资产与资本对称结构分析

1. 稳定结构

稳定结构是指在资产与资本的对称结构中，流动资产的资金不仅来源于流动负债，而且还有一部分来源于非流动负债和所有者权益。稳定结构如图 4-3 所示。

图 4-3　稳定结构

在这种结构下，企业对流动负债的依赖性较低，从而减轻了短期偿债压力，风险较低，但是由于长期资金来源的资金成本一般高于短期资金来源的资金成本，企业筹资成本较高，会降低企业的盈利水平。这意味着企业过度追求财务上的安全会以牺牲盈利为代价。可见，稳定结构是一种低风险、高成本的结构。

2. 中庸结构

中庸结构是指在资产与资本的对称结构中，流动资产的资金全部来源于流动负债，即流动资产等于流动负债，用于非流动资产的资金由所有者权益和非流动负债提供。这是一种中等风险和成本的结构。中庸结构如图 4-4 所示。

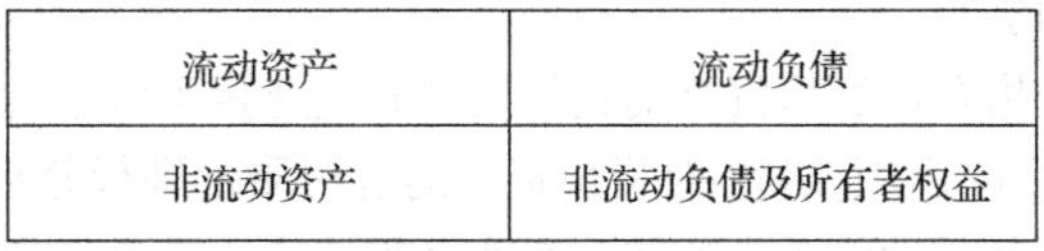

图 4-4　中庸结构

在这种结构下，企业偿债压力、筹资成本都处于中等水平。负债政策要根据资产结构变化进行调整。这种结构以资金变现时间和数量与偿债时间和数量相一致为前提，一旦二者出现时间和数量上的差异，如应收账款未能及时收回等，企业就会发生资金周转困难，并且有可能陷入财务危机。

3. 风险结构

风险结构是指在资产与资本的对称结构中，流动负债不仅满足了全部流动资产的资金需求，而且还有一部分用于非流动资产，即流动负债大于流动资产。风险结构如图 4-5 所示。

图 4-5　风险结构

在这种结构下，企业的偿债压力较大，但筹资成本相对较低，会在一定程度上提高企业的盈利水平。这种结构要求企业运营顺畅，财务应变能力强。显然，这是一种风险高但成本低的结构。对于希望获得高收益的企业而言，这是一种有吸引力的结构。

稳定结构是常用的结构，它适合各种企业，并被企业普遍采用；中庸结构被采用得较少，这主要是因为该结构对企业要求较严格，企业一旦出现资产变现不及时的情况，资金就会周转不灵，出现偿债风险；风险结构一般适合企业在发展壮大时期短期内使用，这种结构要求企业有较高的市场预期和良好的信用状况。表 4-12 所示为格力电器 2015—2020 年资本与资产对称结构分析。

表 4-12　　　　　　　格力电器 2015—2020 年资本与资产对称结构分析

项目	2015 年	2016 年	2017 年	2018 年	2019 年	2020 年
流动资产比重	74.80%	78.36%	79.80%	79.49%	75.40%	76.51%
流动负债比重	69.65%	69.57%	68.61%	62.76%	59.92%	56.76%

由表 4-12 可知，格力电器 2015—2020 年流动资产比重在 75% 左右，流动负债比重始终低于流动资产比重，且流动负债比重呈现下降趋势，说明资本与资产对称结构比较稳定，一直是稳定结构。在这种结构下，流动资产的变现能够满足企业的偿债需求，企业的财务风险较低，资产结构和资本结构具有一定的弹性。

四、资产负债表质量分析

（一）资产的质量分析

下面从流动资产和非流动资产两个方面来分析资产的质量。

1. 流动资产的质量分析

（1）货币资金质量分析。货币资金是企业再生产过程中以货币形态存在的资金，包括现金、银行存款和其他货币资金。货币资金是流动性最强、最有活力的资产，同时又是获利能力最低，或者说几乎不产生收益的资产。

货币资金质量主要是指企业货币资金的运用质量和企业货币资金的构成质量。

① 分析企业货币资金的运用质量。对货币资金的运用质量进行分析，主要就是分析其持有量是否合理。为维持企业经营活动的正常运转，企业必须持有一定量的货币资金。由于货币资金是一种几乎不产生收益的资产，持有量过多表明企业资金使用效率低，会降低企业盈利能力，在浪费投资机会的同时，还会增加筹资成本；而持有量过少，则意味着企业缺乏资金，不能满足企业交易性动机、预防性动机、投机性动机的需要，会影响企业的正常经营活动、制约企业发展，同时增加财务风险。货币资金运用质量分析需要考虑以下因素。

第一，企业资产的规模与业务量。一般而言，资产的规模越大，业务量越大，处于货币资金状态的资产就可能越多。

第二，企业的筹资能力。如果企业有良好的信誉，融资渠道畅通，就没有必要持有大量的货币资金，其货币资金的存量与比重就较低。

第三，企业对货币资金的运用能力。如果企业运用货币资金的能力较强，能灵活进行资金调度，则货币资金的存量与比重可维持在较低水平。

第四，企业的行业特点。对处于不同行业中的企业，其结算规模与筹资能力由行业性质决定，其货币资金存量与比重会有差异。

② 分析企业货币资金的构成质量。在货币资金数量一定的条件下，有必要对其构成情况进行分析。一是因为现代会计存在记账本位币要求，而实践中企业的经济业务往往涉及多种货币，尤其是对于大型跨国企业而言。不同货币的币值受其汇率的影响，因此，对企业所持有的不同货币进行汇率趋势分析，就可以确定企业持有货币资金的未来质量。二是因为某些货币资金的使用可能受到限制。例如，被冻结的存款，已用于质押的存款，借款合同要求的最低存款余额，为了开具银行本票、银行汇票或银行承兑汇票而存入的保证金，保险公司的资本金存款等。

（2）应收账款质量分析。对应收账款的质量分析可以从以下几个方面进行。

① 应收账款规模与比重。应收账款是因为企业提供商业信用而产生的，在其他条件不变时，应收账款规模会随着销售规模的增加而增加。如果企业的应收账款规模增长率超过销售收入、流动资产等项目的增长率，就可以判断其应收账款存在不合理增长的倾向。对此，应分析应收账款规模增加的具体原因。从经营角度讲，应收账款变动的原因如下。第一，企业销售规模增长。第二，企业信用政策改变。放松信用政策会刺激销售，扩大销售规模，反之会缩小销售规模。第三，企业应收账款质量不高，存在长期挂账且难收回的账款，或者因客户发生财务困难，暂时难以偿还所欠货款。表4-13所示为格力电器2016—2020年应收账款分析。

表 4-13　　　　　　　　　　　格力电器 2016—2020 年应收账款分析

项目	2016 年	2017 年	2018 年	2019 年	2020 年
应收账款增长率	2.85%	96.35%	32.44%	10.56%	2.64%
营业收入增长率	9.50%	36.24%	33.33%	0.24%	-14.97%
应收账款占营业收入的比重	2.95%	2.74%	3.92%	3.89%	4.30%

由表4-13可知，从2016年至2020年，格力电器应收账款占营业收入的比重虽然比较小，但有所上升，2017年、2019年及2020年应收账款增长率明显高于营业收入增长率，说明该企业应收账款管理仍然有提升空间。

② 账龄与坏账准备。应收账款的账龄分析就是对现有债权按照欠款期长短进行分类。一般来说，未过信用期或已过信用期但拖欠时间短的债权，与已过信用期且拖欠时间长的债权相比，出现坏账的可能性小。

一般来说，1年以内的应收账款在企业信用期限范围；1～2年的应收账款有一定逾期，但仍属正常范围；2～3年的应收账款风险较大；而3年以上的因经营活动形成的应收账款已经与企业的信用状况无关，其可回收性极小，可能的解决办法是债务重组。

③ 应收账款收款天数分析。应收账款收款天数表明企业从取得应收账款权利到收回款项的平均天数。在分析应收账款收款天数时，需要注意以下方面。第一，应采用期初和期末应收账款余额的均值作为分子，一般不用净额，原因在于，与分母中的赊销收入直接相关的是余额而不是净额。第二，应收票据余额一般也包含在分子之中，因为它与赊销收入相关。第三，在企业内部分析中，将应收账款收款天数与信用期限比较，就可以判断出企业应收账款的管理效率。第四，采用自然营业年度作为会计年度的企业与采用日历年度作为会计年度的企业，二者的应收账款收款天数可能不具可比性，原因在于，自然营业年度下，应收账款收款天数会被低估，相应地，应收账款的流动性会被高估。第五，应收账款收款天数还可能由于以下情况而被高估：季节性销售（如大量销售在年末进行）、存在大量的坏账而且无法收回的应收账款没有冲销、大部分应收账款实际上是分期应收账款等。第六，应收账款收款天数还可能由于以下情况而被低估：年末销售收入大幅减少、大量的现金销售、大量的应收账款收回。

应收账款收款天数计算公式如下：

$$应收账款收款天数=\cfrac{365}{\cfrac{赊销收入净额}{平均应收账款余额}}$$

其中，$平均应收账款余额=\cfrac{期初应收账款余额+期末应收账款余额}{2}$

一般认为，应收账款收款天数指标可以反映企业的应收账款质量和收账业绩。应收账款收款天数越少，说明企业应收账款变现速度越快、资产的流动性越强、坏账损失越少、收账成本越低、在应收账款上的资金占用越少、管理效率越高，对企业越有利。关于应收账款周转天数的分析，将在第六章企业营运能力分析中进一步探讨。

（3）存货质量分析。存货是指企业在正常生产经营过程中持有以备出售的产品或商品，或者为了出售仍然处在生产过程中的在产品，或者将在生产过程或提供劳务过程中耗用的材料、物料等。存货的基本特征是企业持有存货的最终目的是出售，而不是自用或者消耗。这一特征使存货明显区别于固定资产等长期资产。

① 对存货的品种构成进行分析。在企业生产和销售多种产品的条件下，不同品种的产品的盈利能力、技术状态、市场发展前景以及产品的抗变能力等可能有较大的差异。过分依赖某一种产品或几种产品的企业，极有可能出现产品出现问题而使企业全局受到重创的情况。因此，应当对企业存货的品种构成进行分析，并关注不同品种的产品的盈利能力、技术状态、市场发展前景以及产品的抗变能力等方面的状况。

② 通过对存货的期末计价和存货跌价准备计提的分析，考察存货的变现性。会计准则规定，存货的期末计价采用成本与可变现净值孰低法，对于可变现净值低于成本的部分，应当计提存货跌价准备。存货跌价准备在存货质量方面的含义是其反映了企业对存货贬值程度的认识水平和企业可接受的贬值水平。

③ 通过对存货周转率进行分析，考察存货的周转性。存货周转率是一个动态的内部管理指标，反映一定时期的存货流转速度。它是营业成本和平均存货水平的比值，在其他条件相同时，企业存货周转速度越快，一定时期的盈利水平也就越高。存货周转率可用来评价企业存货的管理水平和存货的变现能力。企业关注的焦点在于减少存货和加速存货周转。减少存货可以有效减少资金占用和降低经营风险，改善企业的财务状况和提高抗风险的能力；加速存货周转可以有效提高企业的盈利能力，从而创造更多的价值。

2. 非流动资产的质量分析——以固定资产为主

（1）固定资产分布和配置的合理性分析。对于制造业企业而言，在其各类固定资产中，生产用固定资产，特别是生产设备，同企业生产经营直接相关，在全部资产中应占较大的比重。非生产用固定资产，应在发展生产的基础上根据实际需要适当安排，但是增长速度一般情况下不应超过生产用固定资产的增长速度。未使用和不需用的固定资产所占比例过大，会影响企业固定资产整体的利用效果，应尽早查明出现这种情况的原因，及时采取处理措施。对固定资产分布和配置的合理性，必须根据企业财务报表相关附注的说明，结合企业的生产经营特点、技术水平和发展战略等因素综合分析。固定资产分布与配置合理与否，在很大程度上决定其利用效率和效益的高低。

（2）固定资产规模分析。固定资产的规模必须与企业整体的生产经营水平、发展战略以及所处行业特点相适应，同时也要注意与企业的流动资产规模保持一定的比例关系。如果企业置这些因素于不顾，盲目购置新设备，进而盲目扩大生产规模，就会造成资源的低效利用甚至浪费，从而影响企业整体的获利水平。因此，企业应根据其战略发展的需要，适时制定生产经营计划，核定固定资产需要量，据此添置新设备，扩大固定资产规模。

（3）固定资产原值的年内变化情况分析。固定资产原值在年内的变化可以在一定程度上反映企业固定资产的质量变化。各类固定资产在某会计期间的原值变化，不外乎增加或减少（投资转出、清理、转移类别等）。但是，由于特定企业生产经营状况的特点，企业对各类固定资产的结构有不同的要求，企业在各个会计期间内的固定资产原值，应该朝着优化企业内部固定资产结构，改善企业固定资产的质量，提高企业固定资产利用效率的方向变化。因此，基于企业年度内固定资产原值的变化与企业生产经营特点之间的吻合程度，可以对企业固定资产质量的变化情况做出判断。

（4）固定资产的变现性分析。企业的固定资产是长期债务的直接物质保障。固定资产的数量、结构、完整性和先进性都直接制约着企业的长期偿债能力，但固定资产的保值程度，即固定资产的变现性将直接决定企业长期偿债能力的大小。因此，从对企业偿债能力进行分析的角度来看，可以将固定资产分为具有增值潜力的固定资产和无增值潜力（贬值）的固定资产两类。固定资产的变现性应综合特定固定资产的技术状况、市场状况和企业对特定固定资产的使用目的等因素加以确定。

（5）固定资产的盈利性分析。固定资产是企业生产发展的物质基础，反映企业的技术装备水平和竞争实力，因此，固定资产的盈利性会在很大程度上决定企业整体的盈利能力。对于制造业企业来说，固定资产的盈利性强可以通过以下几个方面反映：第一，固定资产技术装备的先进程度与企业的行业选择和行业定位相适应；第二，固定资产的生产能力与企业存货的市场份额所需要的生产能力相匹配；第三，固定资产的工艺水平达到能够使产品满足市场需求的程度；第四，固定资产的使用效率适当，闲置率不高。

（6）固定资产的周转性分析。固定资产是企业的一类重要资产，一般在总资产中占有较大比重。更重要的是，固定资产的生产能力关系到企业产品的产量和质量，进而关系到企业的盈利能力。所以，固定资产营运效率如何，即周转性的高低，对企业至关重要。固定资产周转率是用来反映其利用效率的指标。

（二）资本的质量分析

1. 流动负债的质量分析

流动资产是指企业可以在一年或者超过一年的一个营业周期内变现或者运用的资产。流动负债是企业将在一年内或超过一年的一个营业周期内偿还的债务。因此，在任一时点上，二者的数量对比关系对企业的短期经营活动均产生十分重要的影响。此外，流动负债各部分的流动性、流动负债各部分的可控制程度等对企业短期经营亦有很大的影响。

对企业流动负债的质量分析应主要关注以下几个方面。

（1）流动负债周转分析。流动负债各个构成项目的周转期间并不一致。有的项目流动性较高，在一年内甚至更短的时期内就要进行偿付（如短期借款一般都会在一年内得到偿付）；有的项目流动性较低，在很长的时间甚至超过一年的一个营业周期内进行清偿，如一些与关联企业往来结算而形成的其他应付款项。在判断一个企业的流动性风险时，应该把上述因素考虑在内。流动性较低的短期负债会在无形中降低企业的流动性风险。如果不按照流动性对流动负债各个构成项目进行区分与分析，往往会高估企业的流动性风险。在对流动负债周转进行分析的过程中，应该特别注意应付票据与应付账款的规模变化及其与企业存货规模变化之间的关系。在企业存货规模增长幅度较大，同时企业应付票据与应付账款规模增长幅度也较大的情况下，应付票据与应付账款的规模增加可能在很大程度上代表了企业供应商的债权风险增大。

（2）非强制性流动负债分析。真正能够影响企业短期偿债能力的是强制性债务，如当期必须支付的应付票据、应付账款、银行借款、应付股利以及契约性负债等。对于预收款项、部分应付账款、其他应付款等，由于某些因素的影响，不必当期偿付，实际上并不会对企业构成短期付款的压力，属于非强制性债务。

（3）企业短期借款规模可能包含的融资质量信息。一般来说，企业的短期借款主要与企业的经营活动相关联，通常用于补充企业的流动资金。但是，在实践中，企业资产负债表期末短期借款的规模可能表现为超过实际需求数量（通过比较短期借款与货币资金的数量来观察）。

出现上述现象的原因可能涉及：第一，企业的货币资金中，包含了一部分银行承兑汇票的保证金（通常按照应付票据的一定百分比确定）；第二，企业出于组织结构的原因，存在众多异地分公司，分公司的货币资金由分公司自行支配，但反映在合并报表上的汇总数据并不能代表企业实际可支配的货币规模；第三，受融资环境和融资行为的影响，企业融入了过多的货币资金等。短期借款规模过大将导致企业产生不必要的财务费用。

（4）企业应付票据与应付账款的数量变化所包含的经营质量信息。在前面的内容中曾经提到，应该特别注意应付票据与应付账款的规模变化及其与企业存货规模变化之间的关系。

一般认为，应付票据和应付账款的规模代表了企业利用商业信用推动其经营活动的能力，也可以在一定程度上反映出企业在行业中的议价能力。由于应付票据和应付账款的财务成本并不相同（在我国商业汇票普遍采用银行承兑的条件下，应付票据是有成本的），因此，从企业应付票据和应付账款的数量变化，可以透视企业的经营质量。

2. 非流动负债的质量分析

对企业非流动负债的质量分析应主要关注以下几个方面。

（1）企业非流动负债所形成的固定资产、无形资产的利用状况与增量效益。企业的非流动负债是有代价的财务来源，而非流动负债所形成的固定资产、无形资产又是为企业的经营活动创造条件的，因此，在财务关系上，就要求企业非流动负债所形成的固定资产、无形资产，得到充分利用，并产生相应的增量效益。只有这样，企业的非流动负债才能够形成良性周转。

（2）企业非流动负债所形成的长期股权投资的效益及其质量。在企业的长期股权投资靠非流动负债推动的条件下，企业的长期股权投资必须产生投资收益，且投资收益应该对应相当规模的货币回收。这样，非流动负债的本金和利息才有可能得到偿还。

（3）企业非流动负债所对应的流动资产及其质量。在某些时候，企业的非流动负债被用于补充流动资金，从而形成流动资产。在这种情况下，相应流动资产的质量将直接决定企业非流动负债偿还状况。应该特别关注的是，企业的流动资产中有无不良占用（典型的不良占用包括非正常其他应收款、呆滞债权和积压、周转缓慢的存货等）。

（4）预计负债分析。《企业会计准则第13号——或有事项》对预计负债的计量分为初始计量和后续计量。初始计量按履行相关现时义务所需支出的最佳估计数进行，并应考虑货币时间价值；后续计量指企业应在资产负债表日对预计负债的账面价值进行复核，如有确凿证据表明该账面价值不能真实反映当前最佳估计数，则应做相应调整。

3. 所有者权益质量分析

对所有者权益的质量分析应主要关注以下几个方面。

（1）企业股东持股状况与企业未来发展的适应性。

（2）资本公积所包含的质量信息，具体包括：第一，非分红性的股东或业主投入的资金；第二，直接计入所有者权益的利得和损失。

（3）投入资本与留存收益的比例关系所包含的质量信息。

第二节 利润表分析

一、利润表分析的目的

利润表是反映企业在一定期间实现的经营成果的报表。它把企业一定时期的营业收入与同一期间相关的营业成本、费用进行配比，以计算一定时期的利润。通过利润表分析，财务分析者能够了解企业营业收入情况、费用耗费情况以及经营成果情况；同时，通过利润表提供的不同时期数据，可以分析企业的获利能力和未来发展趋势，掌握投入资本的增值情况。利润表分析主要目的如下。

1. 正确评价企业经营业绩

由于利润受各环节和各方面因素的影响，因此通过不同环节和不同方面的利润分析，可准确说明各环节和各方面的业绩。例如，对营业利润进行分析，不仅可以发现影响营业利润的主要因素以及影响程度，而且可以进一步分清影响因素属于主观影响因素还是客观影响因素、有利影响因素还是不利影响因素等，这对于准确评价各环节和各方面的业绩是十分必要的。

2. 发现企业经营管理中存在的问题

对利润表进行分析可以发现企业在各个环节中存在的问题或不足，为改进企业经营管理工作指明方向。这有利于促进企业全面改善经营管理，促使利润不断增长。

3. 为投资决策与信贷决策提供正确信息

企业的利益相关者都非常关注企业，尤其关心企业的利润。不仅企业的经营者如此，投资者和债权人也是如此。投资者的主要目的是实现既定风险条件下的投资报酬率最大化，债权人关心企业偿还债务的能力，这都涉及对企业获利能力的判断，而利润正是反映企业获利能力的一个重要指标。他们通过对企业利润的分析，可以判断企业的经营潜力和发展前景，从而做出正确的投资与信贷决策。另外，利润分析对于国家宏观管理部门研究企业对国家的贡献也具有重要意义。

二、利润表分析的内容

1. 利润表的水平分析

利润表的水平分析，就是将利润表中各项目的实际数与基期数进行比较，了解企业目前的盈利状况，目的是分析实际数与基期数的差异及其产生原因，并预测企业未来的盈利水平和发展趋势。

2. 利润表的结构分析

利润表的结构分析，主要是指对利润表各项目之间的关系及各项目占总体的比重进行对比分析，以深入了解企业在某一时期的投入产出与经营获利情况，发现影响收入与成本费用的主要因素。对利润的形成进行结构分析，找出利润的主要来源，可以为企业的经营决策提供依据。

3. 利润表的重点项目分析

利润表的重点项目分析，主要是在水平分析和结构分析的基础上，对影响企业利润形成过程及利润结果的关键项目进行分析。

三、利润表的水平分析

编制利润表的水平分析表主要采用水平分析法，将利润表的实际数与选定的标准进行比较，一般可选择的标准有历史标准、预算标准、行业标准等。利润表水平分析的目的主要是认清企业净利润变动的原因。格力电器2015—2020年利润表水平分析表如表4-14所示。

表4-14　　　　　　　格力电器2015—2020年利润表水平分析表

项目	2015年		2016年		2017年		2018年		2019年		2020年	
	变动金额/亿元	变动率	变动金额/亿元	变动率	变动金额/亿元	变动率	变动金额/亿元	变动率	变动金额/亿元	变动率	变动金额/亿元	变动率
营业收入	-400.05	-29.04%	105.58	10.80%	399.83	36.92%	498.37	33.61%	0.30	0.02%	-299.54	-15.12%
营业成本	-220.05	-25.00%	68.69	10.40%	266.77	36.60%	386.71	38.84%	52.65	3.81%	-192.70	-13.43%
营业利润	-25.73	-15.99%	39.40	29.15%	86.71	49.67%	48.70	18.64%	-13.92	-4.49%	-35.61	-12.03%
营业外收入	6.98	98.87%	-3.08	-21.94%	-5.85	-53.38%	-1.93	-37.77%	0.28	8.81%	-0.59	-17.05%
营业外支出	-0.32	-74.42%	0.10	90.91%	0.00	0.00%	0.20	95.24%	5.57	1,358.54%	-5.76	-96.32%
利润总额	-18.43	-11.00%	36.22	24.29%	80.86	43.63%	46.57	17.50%	-19.21	-6.14%	-30.44	-10.37%
所得税费用	-2.13	-8.52%	7.21	31.54%	11.02	36.65%	7.85	19.10%	-3.69	-7.54%	-4.95	-10.94%
净利润	-16.29	-11.43%	29.01	22.98%	69.84	44.99%	38.70	17.19%	-15.52	-5.88%	-25.48	-10.26%

利润表的水平分析应抓住净利润、利润总额、营业利润等关键利润指标的变动情况，分析产生差异的原因，判断企业各项利润指标的变动是否合理，并由此评价企业的盈利水平和未来发展趋势。

1. 净利润分析

净利润是指企业所有者最终取得的财务成果，或可供企业所有者分配或使用的财务成果。它是企业利润总额与所得税费用的差额，而一般企业的所得税税率不发生变动，所得税费用受利润总额的影响。因此，对净利润的变动及其原因进行分析，实际就是对利润总额的变动及其原因进行分析。

根据表4-14，格力电器2015—2020年的净利润变动金额分别为-16.29亿元、29.01亿元、69.84亿元、38.70亿元、-15.52亿元、-25.48亿元，变动率分别为-11.43%、22.98%、44.99%、17.19%、-5.88%、-10.26%，净利润变动率呈现先上升后下降的趋势，在2017年达到高峰然后下降，净利润的变化主要是利润总额变化引起的。

2. 利润总额分析

一般来说，利润总额发生变动的原因是营业利润变动和营业外收支变动。由于营业外收支与企业的日常经营无关，因此，如果企业利润总额的变动绝大多数是营业外收支变动引起的，就应当引起注意，分析其产生的原因。

根据表 4-14，格力电器 2015—2020 年的利润总额变动金额分别为-18.43 亿元、36.22 亿元、80.86 亿元、46.57 亿元、-19.21 亿元、-30.44 亿元，变动率分别为-11.00%、24.29%、43.63%、17.50%、-6.14%、-10.37%，利润总额变动率与净利润变动率均呈现先上升后下降的趋势，在 2017 年达到高峰然后下降。结合营业外收支的变动分析发现，企业利润总额的变动与营业外收支变动无关。

3. 营业利润分析

营业利润为营业收入减去营业成本、税金及附加、销售费用、管理费用、财务费用、资产减值损失，再加上公允价值变动收益、投资收益和其他收益后的金额。它反映了企业自身经营业务的财务成果。营业利润的变动原因主要有四个：第一，毛利润的变动，即营业收入与营业成本变动而引起的变动；第二，期间费用的变动，包括销售费用、管理费用、财务费用等的变动；第三，资产减值损失的变动；第四，投资收益的变动。企业应重点分析变动幅度较大的项目，利用企业年报及报表附注内容分析各项目变动的合理性，判断是否有人为调整利润的行为。例如，资产减值损失的大幅增加，既可能是企业资产发生大幅贬值引起的，也可能是企业进行人为调整引起的。

根据表 4-14，格力电器 2015—2020 年的营业利润的变动金额分别为-25.73 亿元、39.40 亿元、86.71 亿元、48.70 亿元、-13.92 亿元、-35.61 亿元，变动比例分别为-15.99%、29.15%、49.67%、18.64%、-4.49%、-12.03%，营业利润变动比例呈现先上升后下降的趋势。该企业 2015 年营业收入变动率为-29.04%，营业成本变动率为-25.00%，营业收入的下降速度快于营业成本的下降速度，导致营业利润下滑。

四、利润表的结构分析

编制利润表的结构分析表主要采用垂直分析法，即根据利润表中的资料，通过计算各项目占营业收入的比重，分析说明财务成果的结构及各项目变动的合理程度。格力电器 2015—2020 年利润表结构分析如表 4-15 所示。

表 4-15　　　　　　　　　格力电器 2015—2020 年利润表结构分析

项目	2015 年	2016 年	2017 年	2018 年	2019 年	2020 年
营业收入	100.00%	100.00%	100.00%	100.00%	100.00%	100.00%
营业成本	88.12%	84.51%	84.09%	85.60%	86.72%	87.35%
税金及附加	0.77%	1.32%	1.02%	0.88%	0.78%	0.57%
销售费用	15.86%	15.21%	11.24%	9.54%	9.24%	7.75%
管理费用	5.17%	5.07%	4.09%	2.20%	1.92%	2.14%
财务费用	-1.97%	-4.47%	0.29%	-0.48%	-1.22%	-1.15%
资产减值损失	0.09%	0.00%	0.18%	0.13%	0.43%	0.28%
公允价值变动收益	-1.03%	1.01%	0.01%	0.02%	0.12%	0.12%
投资收益	0.10%	-2.05%	0.27%	0.05%	-0.11%	0.42%
营业利润	13.83%	16.12%	17.62%	15.65%	14.94%	15.48%
营业外收入	1.44%	1.01%	0.34%	0.16%	0.17%	0.17%
营业外支出	0.01%	0.02%	0.01%	0.02%	0.30%	0.01%

项目	2015 年	2016 年	2017 年	2018 年	2019 年	2020 年
利润总额	15.25%	17.11%	17.95%	15.79%	14.81%	15.64%
所得税费用	2.34%	2.78%	2.77%	2.47%	2.28%	2.40%
净利润	12.92%	14.33%	15.18%	13.31%	12.53%	13.25%

根据表 4-15 可知，格力电器 2015—2020 年各项财务成果的构成情况。其中，净利润占营业收入的比重分别为 12.92%、14.33%、15.18%、13.31%、12.53%、13.25%，净利润占比在 6 年内呈现先上升后下降再上升的趋势，但变化幅度不大，趋于平稳。2015—2020 年格力电器利润总额占营业收入的比重也呈现先上升后下降再上升的趋势，分别为 15.25%、17.11%、17.95%、15.79%、14.81%、15.64%。2015—2020 年格力电器营业利润占营业收入的比重分别为 13.83%、16.12%、17.62%、15.65%、14.94%、15.48%，营业外收支净额只占营业收入的 1% 左右，它来源于企业的非营业活动，具有偶发和不可持续的特点。2018 年营业利润占营业收入的比重下降主要是该年度营业成本增加引起的。投资收益占营业收入的比重很低，不到 1%，不是企业利润的主要来源，格力电器在未来的日常经营管理中应加强对销售费用和管理费用的控制。

五、利润表的重点项目分析

1. 营业收入分析

企业销售商品或提供劳务所获得的收入，是维持经营活动的源泉，也是企业稳定、可靠的现金流量来源，而获取现金才能维持企业资金链条的顺畅运转。因此，通过分析收入质量，可以探知企业通过业务经营创造现金的能力，进而对企业能否持续经营做出基本判断。

收入质量分析侧重于观察企业收入的持续稳定性，这里所谓的持续稳定性，表现在收入水平是稳定的或收入增长率是稳定的，没有剧烈波动。持续稳定的收入所产生的利润质量较高；反之，利润质量则较低。

在分析评价营业收入时，应关注以下几个方面。

（1）营业收入增长率变化。表 4-16 所示为格力电器 2015—2020 年营业收入及其增长率变化。我们可以发现，格力电器 2015—2020 年营业收入呈现先上升后下降的趋势，在 2015—2019 年不断增长，2019 年达到最高，而后下降。格力电器 2015—2020 年营业收入增长率呈现先上升后下降的趋势，在 2017 年营业收入增长率达到最高，2018 年小幅下降，2019 年及 2020 年则大幅度下降。由此可知，格力电器的营业收入在 2015—2020 年不够稳定。

表 4-16　　　　　　　　格力电器 2015—2020 年营业收入及其增长率

项目	2015 年	2016 年	2017 年	2018 年	2019 年	2020 年
营业收入/亿元	977.45	1,083.03	1,482.86	1,981.23	1,981.53	1,681.99
营业收入增长率	-29.04%	10.80%	36.92%	33.61%	0.02%	-15.12%

（2）营业收入的产品构成。了解企业不同品种产品或劳务的营业收入构成对信息使用者具有十分重要的意义，占营业收入比重大的产品或劳务是企业业绩的主要增长点，信息使用者可以通过对体现企业过去主要业绩的产品或劳务的未来发展趋势进行分析，初步判断企业业绩的持续性，进而分析企业的未来发展趋势。持续稳定的收入主要来源于主营业务。表 4-17 所示为格力电器 2016—2020 年营业收入的产品构成。

表 4-17　　　　　　　　格力电器 2016—2020 年营业收入的产品构成

项目	2016 年	2017 年	2018 年	2019 年	2020 年
空调	81.33%	83.22%	78.58%	69.99%	70.08%
生活电器	1.59%	1.55%	1.91%	2.81%	2.69%
智能装备	0.15%	1.43%	1.57%	1.08%	0.47%
其他主营	2.97%	2.94%	4.04%	5.30%	4.30%
其他业务	13.96%	10.86%	13.90%	20.82%	22.46%

　　根据表 4-17，格力电器 2016—2020 年营业收入主要来源于空调，空调带来的收入占总收入的 70%～80%，生活电器及智能装备的收入占总收入的 2%～3%，其他主营及其他业务占总收入的 10%～20%。企业持续稳定的收入主要来源于主营业务，所以格力电器应继续关注并维护、提升空调业务。

　　（3）营收现金比变化。对营业收入的分析，还应关注一个指标，即营收现金比。该指标表示营业收入中有多少是当期收到的现金。企业在增加营业收入的同时，必须相应地获得更多的现金，才能维持企业的日常运营。根据表 4-18 可知，格力电器 2015—2020 年营业收入现金比的波动较大，基本呈现先降低后上升的趋势，营收现金比在 2016 年及 2018 年偏低，分析时应重点关注这两年的收账政策及客户情况。

表 4-18　　　　　　　　　格力电器 2015—2020 年营收现金比

项目	2015 年	2016 年	2017 年	2018 年	2019 年	2020 年
营业收入/亿元	977.45	1,083.03	1,482.86	1,981.23	1,981.53	1,681.99
销售商品、提供劳务收到的现金/亿元	1,109.18	698.97	1,075.99	1,350.29	1,663.88	1,558.90
营收现金比	113.46%	64.54%	72.56%	68.15%	83.97%	92.68%

2. 利润总额和净利润分析

　　利润总额是反映企业全部财务成果的指标，利润=收入-费用+利得-损失。根据表 4-19 可知，格力电器在 2015—2020 年利润总额呈现先上升后下降的趋势。格力电器 2016 年实现利润总额 185.31 亿元，比上年增加了 36.22 亿元，2017 年、2018 年利润总额也不断增加，实现了较好的盈利。

　　净利润是指企业所有者最终取得的财务成果，或可供企业所有者分配或使用的财务成果。根据表 4-19 可知，格力电器在 2015—2020 年净利润呈现先上升后下降的趋势。格力电器 2017 年实现净利润 225.09 亿元，比 2016 年增加了 69.84 亿元，增长率为 44.99%。格力电器的净利润实现了快速增长。

表 4-19　　　　　格力电器 2015—2020 年利润总额及净利润　　　　　单位：亿元

项目	2015 年	2016 年	2017 年	2018 年	2019 年	2020 年
利润总额	149.09	185.31	266.17	312.74	293.53	263.09
净利润	126.24	155.25	225.09	263.79	248.27	222.79

　　在正常情况下，企业的非经常性损益（非营业利润）一般较少，所得税也是相对稳定的，因此，只要营业利润较高，利润总额和净利润也会较高。在分析时需要特别注意，当企业利润总额和净利润主要源于非经常性损益时，对该企业利润的真实性和持续性应给予高度重视。

非经常性损益是指企业发生的与经营业务无直接关系，以及虽与经营业务相关，但由于其性质、金额或发生频率，影响了真实、公允地反映企业正常盈利能力的各项支出、收入，如政府各种补助、固定资产或长期资产处置损益、捐赠等。目前要求上市公司年报披露非经常性损益、扣除非经常性损益后的净利润等信息。例如云维股份（600725），2016年实现净利润15.45亿元，其中非经常性损益30.78亿元，扣除非经常性损益后的净利润为-15.33亿元。

拓展阅读

亚太药业2020年
营业利润分析

3. 营业利润分析

营业利润既包含经营活动的经营成果，也包含经营过程中资产的价值变动损益，它反映了企业总体经营的管理水平和效果。通常，营业利润越高的企业，经济效益越好。表4-20所示为格力电器2015—2020年营业利润。

表4-20　　　　　　　　　格力电器2015—2020年营业利润　　　　　　　单位：亿元

项目	2015年	2016年	2017年	2018年	2019年	2020年
营业利润	135.16	174.56	261.27	309.97	296.05	260.44

根据表4-20可知，2018年格力电器实现营业利润309.97亿元，比2015年的135.16亿元增加了174.81亿元，这说明格力电器扩大了收入、利润来源，增加了营业利润。

4. 营业外收支分析

营业外收入反映企业发生的与其生产经营无直接关系的各项收入，营业外支出反映企业发生的与其生产经营无直接关系的各项支出，二者没有配比关系。根据表4-14可知，格力电器的营业外收入在2015—2020年呈现先下降后上升再下降的趋势，营业外支出在2015—2020年呈现先增加后减少的趋势，营业外收支净额在2015—2020年不断减少。

5. 营业成本分析

营业成本是指企业为销售商品、提供劳务等日常活动所发生的经济利益的流出。营业成本是影响企业财务成果的主要因素。具体分析企业营业成本的变动情况，可以发现降低营业成本的途径，充分挖掘降低营业成本的潜力，从而改善成本管理，提高经济效益。营业成本分析包括收入成本状况分析、全部产品营业成本分析和单位产品营业成本分析。

（1）收入成本状况分析。表4-21所示为格力电器2015—2020年收入成本变化，我们可以看出，格力电器2015—2020年营业成本呈现先上升后下降的趋势。结合收入计算的毛利率进行分析可知，格力电器2015—2020年的毛利率为32.46%、32.70%、32.86%、30.23%、27.58%、26.14%，毛利率在2017年达到最高，说明当年成本控制情况较好；毛利率在2020年最低，公司需认真分析导致成本上升的主要原因。

表4-21　　　　　　　　　格力电器2015—2020年收入成本状况

项目	2015年	2016年	2017年	2018年	2019年	2020年
营业收入/亿元	977.45	1,083.03	1,482.86	1,981.23	1,981.53	1,681.99
营业成本/亿元	660.17	728.86	995.63	1,382.34	1,434.99	1,242.29
毛利率	32.46%	32.70%	32.86%	30.23%	27.58%	26.14%

（2）全部产品营业成本分析。全部产品营业成本分析是将营业成本总额的本年实际情况与上年实际情况进行对比，分析各主要产品营业成本升降幅度，以及对营业成本总额的影响程度。分

析步骤如下。

① 计算营业成本总额的变动额与变动率。

营业成本总额的变动额=本年实际营业成本总额-按本年实际销售量计算的上年营业成本总额

营业成本总额的变动率=营业成本总额的变动额/按本年实际销售量计算的上年营业成本总额×100%

② 计算各产品营业成本的变动额与变动率。

各产品营业成本的变动额=各产品本年实际营业成本-各产品按本年实际销售量计算的上年营业成本

各产品营业成本的变动率=各产品营业成本的变动额/各产品按本年实际销售量计算的上年营业成本×100%

③ 计算各产品营业成本的变动对营业成本总额变动的影响。

各产品营业成本变动对营业成本总额变动的影响=各产品营业成本的变动额/按本年实际销售量计算的上年营业成本总额×100%

分析各产品营业成本变动对营业成本总额变动的影响，可以找到影响营业成本总额变动的主要因素，有利于加强成本管理和控制。

【例4-1】圣远公司2021年、2022年的营业成本资料如表4-22所示。

表4-22　　　　　　　　　　　营业成本资料

产品名称	2021年实际销售量/件	实际单位成本/万元		实际营业成本总额/万元	
		2021年	2022年	2021年	2022年
A	80	650	600	52,000	48,000
B	50	1,000	1,100	50,000	55,000
C	20	700	800	14,000	16,000
合计	150	2,350	2,500	116,000	119,000

要求： 对圣远公司2022年营业成本总额的变动情况进行分析。

① 计算营业成本总额的变动额与变动率。

营业成本总额的变动额=119,000-116,000=3,000（万元）

营业成本总额的变动率=3,000/116,000×100%=2.59%

可见，营业成本总额比上年增加3,000万元，变动率为2.59%。

② 计算各产品营业成本的变动额与变动率。

A产品营业成本的变动额=48,000-52,000=-4,000（万元）

A产品营业成本的变动率=-4,000/52,000×100%=-7.69%

B产品营业成本的变动额=55,000-50,000=5,000（万元）

B产品营业成本的变动率=5,000/50,000×100%=10.00%

C产品营业成本的变动额=16,000-14,000=2,000（万元）

C产品营业成本的变动率=2,000/14,000×100%=14.29%

③ 计算各产品营业成本的变动对营业成本总额变动的影响。

A产品营业成本变动对营业成本总额变动的影响=-4,000/116,000×100%=-3.45%

B产品营业成本变动对营业成本总额变动的影响=5,000/116,000×100%=4.31%

C 产品营业成本变动对营业成本总额变动的影响=2,000/116,000×100%=1.72%

以上结果表明，圣远公司 2022 年营业成本总额比 2021 年上升 2.59%，主要原因是：A 产品营业成本下降使营业成本总额下降了 3.45%，B 产品营业成本上升使营业成本总额上升了 4.31%，C 产品营业成本上升使营业成本总额上升了 1.72%。

（3）单位产品营业成本分析。财务分析者应注意区分单位产品营业成本与单位产品生产成本之间的差异。单位产品营业成本是产品销售总成本与该产品销售量之间的比值，而单位产品生产成本是本期生产总成本与该产品本期生产量之间的比值。如果期初、期末没有存货或期初存货与期末存货相等时，单位产品营业成本等于单位产品生产成本。对单位产品营业成本的分析可以采用水平分析法，分析各成本项目的变动额与变动率，然后进一步分析单位产品营业成本升降的具体原因。例如，格力电器 2018 年营业成本为 1,382.34 亿元，2017 年营业成本为 995.63 亿元，增长了 38.84%。格力电器 2018 年实现营业收入 1,981.23 亿元，比 2017 年增长 33.61%。营业收入的增长幅度小于营业成本的增长幅度，说明企业应该加强控制成本费用。

6. 期间费用分析

期间费用是指不能直接计入某一特定产品成本的费用，包括销售费用、管理费用、财务费用。期间费用不计入产品制造成本，而直接计入企业当期损益。对企业来说，期间费用直接影响当期利润的大小。在其他条件既定的情况下，期间费用越多，利润越少。因此，对企业管理者来说，控制和减少企业期间费用是提高企业经济效益直接有效的方法。表 4-23 所示为格力电器 2015—2020 年期间费用变动。

表 4-23　　　　　　　　格力电器 2015—2020 年期间费用变动

项目	2015 年	2016 年	2017 年	2018 年	2019 年	2020 年
销售费用/亿元	155.06	164.77	166.60	189.00	183.10	130.43
管理费用/亿元	50.49	54.89	60.71	43.66	37.96	36.04
财务费用/亿元	-19.29	-48.46	4.31	-9.48	-24.27	-19.38
期间费用/亿元	186.26	171.2	231.62	223.18	196.79	147.09
期间费用水平变动率	-43.17%	-8.09%	35.29%	-3.64%	-11.82%	-25.26%

由表 4-23 可以发现，格力电器 2015—2020 年期间费用水平变动率呈现先上升后下降的趋势，在 2017 年达到最高，其他年份都为负数，表明这些年份中期间费用相比上一年在降低。应具体分析销售费用、管理费用、财务费用在 2015—2020 年的变化。

（1）销售费用分析。从销售费用的基本构成及功能来看，有的与企业的业务活动规模有关（如运输费、装卸费、整理费、包装费、保险费、差旅费、展览费、委托代销手续费、检验费等），有的与企业从事销售活动人员的待遇有关（如销售人员的工资和福利费），有的与企业的未来发展、开拓市场、扩大企业品牌知名度等有关（如广告费）。从企业管理层对上述各项费用的有效控制来看，尽管管理层可以对广告费、销售人员的工资和福利费等采取控制或降低规模等措施，但是这种措施对企业的长期发展不利，可能会影响有关人员的积极性。因此，财务分析人员在分析时应将企业销售费用的变动和营业收入的变动结合起来，分析这种变动的合理性和有效性。有时片面追求一定时期内的销售费用降低，有可能对企业的长期发展不利。表 4-24 所示为格力电器 2015—2020 年销售费用占营业收入的比重。

表 4-24　　　　　　　　　格力电器 2015—2020 年销售费用占营业收入的比重

项目	2015 年	2016 年	2017 年	2018 年	2019 年	2020 年
营业收入/亿元	977.45	1,083.03	1,482.86	1,981.23	1,981.53	1,681.99
销售费用/亿元	155.06	164.77	166.60	189.00	183.10	130.43
销售费用占营业收入的比重	15.87%	15.22%	11.24%	9.54%	9.24%	7.75%

根据表 4-24 可知，2015 年格力电器每 100 元的营业收入中，需要用 15.87 元支付销售费用。格力电器的销售费用占比在 2015—2020 年不断下降，2020 年格力电器每 100 元的营业收入中，仅需要用 7.75 元支付销售费用。根据格力电器年报附注可知，销售费用主要为安装费、销售返利及宣传推广费，这些费用占销售费用总额的比例超过 80%。

（2）管理费用分析。一方面，与销售费用一样，尽管管理层可以对各种管理费用采取控制或者降低规模等措施，但是这种措施对企业的长期发展不利，可能会影响有关人员的积极性。另一方面，折旧费、摊销费等是企业以前各个会计期间已经支出的费用，不存在控制其支出规模的问题，对这类费用的处理更多地受企业会计政策的影响。因此，在企业现有发展条件下，企业管理费用变动不会太大，片面追求一定时期内的管理费用降低，有可能对企业的长期发展不利。表 4-25 所示为格力电器 2015—2020 年管理费用占营业收入的比重。

表 4-25　　　　　　　　　格力电器 2015—2020 年管理费用占营业收入的比重

项目	2015 年	2016 年	2017 年	2018 年	2019 年	2020 年
营业收入/亿元	977.45	1,083.03	1,482.86	1,981.23	1,981.53	1,681.99
管理费用/亿元	50.49	54.89	60.71	43.66	37.96	36.04
管理费用占营业收入的比重	5.17%	5.07%	4.09%	2.20%	1.92%	2.14%

根据表 4-25 可知，2015 年格力电器每 100 元的营业收入中，需要用 5.17 元支付管理费用。格力电器的管理费用占比在 2015—2020 年总体呈现下降趋势，2020 年格力电器每 100 元的营业收入中，仅需要用 2.14 元支付管理费用。根据格力电器年报附注可知，管理费用主要为职工薪酬、物耗、折旧及摊销费，这些费用占管理费用总额的比例超过 80%。

（3）财务费用分析。财务费用是企业为筹集生产经营所需资金而发生的费用，包括利息支出（减利息收入）、汇兑损失（减汇兑收益）以及相关的手续费等。其中，经营期间发生的利息支出构成了企业财务费用的主体。企业贷款利息的高低主要取决于贷款规模、贷款利率和贷款期限三个因素。财务费用是由企业筹资活动发生的，财务分析人员应当将财务费用的变动和企业的筹资活动联系起来，分析财务费用变动的合理性和有效性，发现其中存在的问题，查明原因，采取对策，以期控制和降低财务费用，提高企业利润水平。表 4-26 所示为格力电器 2015—2020 年财务费用结构分析表。

表 4-26　　　　　　　　　格力电器 2015—2020 年财务费用结构分析

项目	2015 年	2016 年	2017 年	2018 年	2019 年	2020 年
利息支出	13.47%	20.50%	20.82%	13.11%	4.62%	13.11%
利息收入	45.70%	47.30%	46.28%	35.29%	22.08%	31.94%
净利息支出	32.23%	26.80%	25.45%	22.19%	17.46%	18.83%

续表

项目	2015 年	2016 年	2017 年	2018 年	2019 年	2020 年
汇兑损益	7.38%	4.68%	4.44%	25.67%	55.09%	34.85%
手续费	0.95%	0.45%	2.50%	3.34%	0.38%	0.61%
其他	0.03%	0.00%	0.12%	0.09%	0.07%	0.11%
合计	100.00%	100.00%	100.00%	100.00%	100.00%	100.00%

根据表 4-26 可知，格力电器 2015—2018 年及 2020 年的财务费用中占比最大的项目是利息收入。通常情况下，银行存款利息率远远低于企业的投资收益率，因此，若企业将资金过多地存于银行，说明企业资金运用效率低下。2019年格力电器财务费用中占比最大的项目是汇兑损益，汇兑损益是有外汇业务的企业因汇率变化而产生的外汇项目的减值或增值，汇兑损益可以在一定程度上反映企业财务部门管理外汇资金的绩效。

拓展阅读

国际会计准则利润表
结构的重构及案例
应用

第三节 现金流量表分析

一、现金流量表分析的目的

现金流量表是以现金为基础编制的财务状况变动表。现金流量表所列示的经营活动、投资活动、筹资活动产生的现金流量是财务分析的重点。针对每项活动，现金流量表又将现金的流入与流出明显区分开来。现金流量表分析的目的可以归纳为以下三个方面。

1. 分析企业现金变动情况及变动原因

资产负债表中货币资金项目反映了企业一定时期现金变动的结果，是静态的现金存量。分析现金流量表，可以了解企业现金从哪里取得，现金将用于哪些方面，能从动态上了解现金的变动情况，并揭示现金变动的原因。

2. 判断企业获取现金的能力

财务分析人员将现金流量表反映的经营活动产生的现金流量与利润表、资产负债表结合起来分析，可以对企业通过经营活动获取现金的能力做出判断。

3. 评价企业盈利质量

利润是按权责发生制计算的，用于反映当期的财务成果。有时账面上的利润满足不了企业的资金需要，盈利企业仍然有可能发生财务危机。高质量的盈利必须有相应的现金流入做保证，这也是人们更重视现金流量的原因之一。分析现金流量表有助于发现企业真实的现金流量，从而评估企业的盈利质量，以防被盈余管理甚至是利润操纵所迷惑。

二、现金流量表分析的内容

现金流量表提供的内容非常丰富，分析人员应当根据分析目的，结合现金流量表的结构及其各项目的含义，获取相应的现金流量方面的信息。现金流量表分析通常包括以下几个方面的内容。

1. 企业经营活动创造现金的能力

经营活动是企业现金的主要来源，其产生现金的能力直接关系到企业的生死存亡。现金流量表的"经营活动产生的现金流量"部分主要提供的就是这方面的信息，分析人员可以通过分析各项目的金额、构成，并结合历史数据与行业数据，对企业经营活动创造现金的能力做出判断。

2. 企业投资方面的信息

现金流量表的"投资活动产生的现金流量"部分列示了企业资金的主要投向及投资收回情况。投资金额、投资比例及投资效益是投资人十分关心的方面，投资活动直接关系到企业的切身利益。分析这部分内容时，要关注企业是否擅自改变资金用途、企业投资效益是否满足其最低必要报酬率，以及企业投资活动对企业未来的影响等。

3. 企业的筹资能力

现金流量表的"筹资活动产生的现金流量"部分提供了企业筹资活动的现金流量信息。吸收投资、取得借款收到的现金等直接反映了企业的筹资能力；偿还债务支付的现金反映了企业面临的偿债压力，分配股利、利润或偿付利息支付的现金是企业资本成本的体现，两者也反映了企业的筹资能力。应当注意的是，判断企业筹资能力不应只看筹资活动产生的现金净流量的绝对额，还要区分有多少是投资者直接投资形成的，有多少是通过举债形成的。如果筹资的主要渠道是银行贷款，一方面可能揭示了企业具有良好的信用，外部筹资环境良好；另一方面表明企业可能缺乏成长动力，投资者不愿意投资。

4. 与企业战略有关的信息

企业在不同的战略情况下，经营活动、投资活动和筹资活动产生的现金流量会呈现不同的特征。例如，企业投资活动现金净流量是正值，并且主要是处置固定资产、无形资产等投资活动所产生的，则说明企业可能处于转型阶段或是正在调整其经营战略；如果投资活动现金净流量为负值，并且主要是非债权性投资活动引起的，说明企业可能处于扩张阶段，企业筹资的压力较大，经营活动产生的现金流量也比较有限。

三、现金流量表质量分析

所谓现金流量的质量，是指企业的现金流量能够按照企业的预期目标顺畅运转的质量。质量较好的现金流量应当具有以下特征。

首先，企业现金流量的结构与状态体现了企业的发展战略要求，企业经营性资产结构和现金流出量结构能够适应企业发展战略的要求；对外投资的方向能够满足对外扩张战略的要求。

其次，在稳定发展阶段，企业经营活动产生的现金流量应当与企业经营活动产生的利润有一定的对应关系，并能为企业扩张提供现金流量的支持，即良性发展的企业经营活动产生的现金流量应该远远大于零。

最后，筹资活动产生的现金流量能够适应经营活动、投资活动对现金流量的需求，即在时间、金额上满足企业投资活动、经营活动的现金需求，且无不当融资行为，即无超过实际需求的债务筹资、无筹资后资金被无效益占用、无筹资后资金长期闲置等情况发生。

对现金流量的质量主要从各种活动引起的现金流量的变化及各种活动引起的现金流量占企业现金流量总额的比重等方面去分析。

（一）现金流量的变化结果与变化过程的分析

不论是用直接法还是用间接法编制现金流量表，均会确定当期（年）内期（年）末与期（年）

初的现金流量净变化量，即现金流量净增加额。对任何一个企业而言，其现金流量净增加额不外乎有三种情况：现金流量净增加额大于零，表现为期（年）末现金流量大于期（年）初现金流量；现金流量净增加额小于零，即期（年）末现金流量小于期（年）初现金流量；现金流量净增加额等于零，即期（年）末与期（年）初现金流量相同。同样，各类活动的现金流量变化也存在上述三种对应关系。分析时不论出现上述哪种情况，均不能简单地得出企业现金流量状况"好转""恶化""维持不变"（与期初或年初比）的结论。这是因为，期（年）末与期（年）初现金流量的数量简单对比，不足以说明更多的财务状况问题。要揭示现金流量的变动原因，只有具体分析各因素对现金流量的影响。

在分析各因素引起的现金流量变化时，需要分清哪些是预算或计划部分，哪些是偶发性原因引起的，并对实际与预算（计划）的差异进行分析。必须强调的是，对现金流量变化过程的分析远远比对现金流量变化结果的分析更重要。

（二）各部分现金流量净额变化状况的含义

经营活动、投资活动和筹资活动产生的现金流量构成了企业现金流量变化的主要因素，而现金流量的变化则是企业在某些方面的经济活动变化的结果。

1. 经营活动产生的现金流量

（1）经营活动产生的现金流量小于零。

经营活动产生的现金流量小于零，意味着企业正常的商品购、产、销活动所带来的现金流入量不足以支付上述经营活动引起的现金流出。

企业正常经营活动所需的现金支付，通过以下几种方式解决：①消耗企业现有的货币积累；②挤占本来可以用于投资活动的现金，推迟投资活动的开展；③在不能挤占本来可以用于投资活动的现金的条件下，进行额外贷款融资，以支持经营活动的现金需要；④在无法取得贷款融资的情况下，只能采用拖延债务支付或扩大经营活动引起的负债规模来解决。

从企业的成长过程来分析，在企业从事经营活动的初期，生产阶段的各个环节都处于磨合状态，设备、人力资源的利用率相对较低，材料的消耗量相对较高，导致企业的成本消耗较高。同时，为了开拓市场，企业有可能投入较大资金，采用各种手段将自己的产品推向市场，如采用渗透法定价、加大广告宣传力度、延长收账期等，从而有可能使企业在这一时期的经营活动产生的现金流量表现为入不敷出的状态。

如果是上述原因导致的经营活动产生的现金流量小于零，我们可以认为这是企业在发展过程中不可避免的正常状态。但是，如果企业在正常生产经营期间仍然出现这种状态，应当认为企业经营活动产生的现金流量的质量不高。

（2）经营活动产生的现金流量等于零。

经营活动产生的现金流量等于零，意味着企业正常的商品购、产、销活动所带来的现金流入量恰恰能够支付上述经营活动引起的现金流出。

在企业经营活动产生的现金流量等于零时，企业的经营活动现金处于收支平衡的状态。企业正常经营活动不需要额外补充流动资金，企业的经营活动也不能为企业的投资活动及筹资活动贡献现金。

但必须注意的是，在企业的成本中，有相当一部分属于按照权责发生制原则的要求而确认的摊销（如无形资产摊销、固定资产折旧等）和应计成本，本书将这两类成本统称为非付现成本。显然，在经营活动产生的现金流量等于零时，企业经营活动产生的现金流量是不可能为非付现成本的资源消耗提供货币补偿的。因此，从长期来看，企业经营活动产生的现金流量等于零，根本不可能维持企业经营活动的货币简单再生产。如果企业在正常生产经营期间持续出现这种状态，会降低企业经营活动产生的现金流量的质量。

（3）经营活动产生的现金流量大于零但不足以补偿当期的非付现成本。

经营活动产生的现金流量大于零但不足以补偿当期的非付现成本，意味着企业正常的商品购、产、销活动所带来的现金流入量，不但能够支付经营活动引起的现金流出，而且能补偿一部分当期的非付现成本。此时，企业虽然在现金流量上的压力比前两种状态要小，但是如果这种状态持续，从长期来看，企业经营活动产生的现金流量也不可能维持企业经营活动的货币简单再生产。因此，如果企业在正常生产经营期间持续出现这种状态，对企业经营活动产生的现金流量的质量仍然不能给予较高评价。

（4）经营活动产生的现金流量大于零且恰能补偿当期的非付现成本。

经营活动产生的现金流量大于零且恰能补偿当期的非付现成本，意味着企业正常的商品购、产、销活动所带来的现金流入量，不但能够支付经营活动引起的现金流出，而且恰好能补偿当期的全部非付现成本。在这种状态下，企业没有在经营活动方面的现金流量压力。如果这种状态持续，从长期来看，企业经营活动产生的现金流量刚好能够维持企业经营活动的货币简单再生产。但是，从总体上看，这种刚好维持企业经营活动的货币简单再生产的状态，仍然不能为企业扩大投资规模等提供货币支持。

（5）经营活动产生的现金流量大于零并在补偿当期的非付现成本后仍有剩余。

经营活动产生的现金流量大于零并在补偿当期非付现成本后仍有剩余，意味着企业正常的商品购、产、销活动所带来的现金流入量，不但能够支付经营活动引起的现金流出、补偿当期的全部非付现成本，而且有能力支付现金股利，或者为企业的投资等活动提供现金流量的支持。在企业经营活动产生的现金流量在补偿当期的非付现成本后仍有剩余的状态下，企业是否能够支付现金股利，还取决于企业当年的现金股利分配政策。因此，必须结合企业现金股利分配政策对企业经营活动产生的现金流量的充分性进行评价。

从上面的分析可以看出，企业经营活动产生的现金流量，仅仅大于零是不够的。企业要想让经营活动对企业作出较大贡献，至少应保证其产生的现金流量大于零，并在补偿当期的非付现成本后仍有剩余。

2. 投资活动产生的现金流量

对投资活动产生的现金流量进行分析，主要应关注投资活动产生的现金流出量与企业发展战略之间的吻合程度及其效益。

（1）投资活动产生的现金流量小于零。

投资活动产生的现金流量小于零，意味着企业在购建固定资产、无形资产和其他长期资产，以及权益性投资、债权性投资等方面所支付的现金之和，大于企业因收回投资，取得投资收益，处置固定资产、无形资产和其他长期资产等而获得的现金之和。企业上述投资活动产生的现金流量，处于入不敷出的状态。

企业投资活动产生的现金缺口，可以通过以下方式解决：①消耗企业现有的货币积累；②挤占本来可以用于经营活动的现金，削减经营活动的现金消耗；③利用经营活动积累的现金进行补充；④在不能挤占本来可以用于经营活动的现金的条件下，进行额外贷款融资，以支持投资活动的现金需要；⑤在无法取得贷款融资的情况下，只能采用拖延债务支付或扩大投资活动引起的负债规模来解决。

企业的投资活动主要有三个目的：①为企业正常生产经营活动奠定基础，如购建固定资产、无形资产和其他长期资产等；②为企业实现对外扩张和其他发展性目的进行权益性投资和债权性投资；③利用企业暂时不用的货币资金进行短期投资，以求获得较高的投资收益。

在上述三个目的中，为实现前两种目的进行的投资一般应与企业的长期规划和短期计划相一致。为实现第三种目的进行的投资在许多情形下则是企业的一种短期理财安排。因此，面对投资活动产生的现金流量小于零的企业，我们首先应当考虑的是：在企业的投资活动符合长期规划和短期计划的条件下，这种现象表明了企业经营发展和企业扩张的内在需求，也反映了企业在扩张方面的努力与尝试。

（2）投资活动产生的现金流量大于等于零。

投资活动产生的现金流量大于等于零，意味着企业在投资活动方面的现金流入量大于等于流出量。这种情况的发生，或是因为企业在会计期间的投资收回的规模大于投资支出的规模，或是因为企业在经营活动与筹资活动方面急需资金而不得不处理手中的长期资产以求变现等。因此，必须对企业投资活动产生的现金流量大于等于零的原因进行具体分析。

3. 筹资活动产生的现金流量

对筹资活动产生的现金流量的质量进行分析，主要应关注筹资活动产生的现金流量与经营活动、投资活动产生的现金流量之和的适应程度等。

（1）筹资活动产生的现金流量大于等于零。

筹资活动产生的现金流量大于等于零，意味着企业在吸收权益性投资、发行债券及借款等方面所获得的现金之和，大于企业在偿还债务、支付筹资费用、分配股利或利润、偿付利息、融资租赁等方面所支付的现金与在减少注册资本等方面所支付的现金之和。若企业处于起步阶段，需要大量资金，在企业经营活动产生的现金流量小于零的条件下，企业对现金流量的需求，主要通过筹资活动来解决。因此，分析企业筹资活动产生的现金流量大于等于零是否正常，关键要看企业的筹资活动是否已经纳入了企业的发展规划，是企业管理层以扩大投资和开展经营活动为目标的主动筹资行为，还是因投资活动和经营活动的现金流出失控企业不得已的筹资行为。

（2）筹资活动产生的现金流量小于零。

筹资活动产生的现金流量小于零，意味着企业在吸收权益性投资、发行债券及借款等方面所获得的现金之和，小于企业在偿还债务、支付筹资费用、分配股利或利润、偿付利息、融资租赁等方面所支付的现金与在减少注册资本等方面所支付的现金之和。这种情况的出现，或是因为企业在本会计期间集中发生偿还债务、支付筹资费用、分配股利或利润、偿付利息、融资租赁等业务，或是因为企业经营活动与投资活动运行较好，企业有能力完成上述各项支付。但是，企业筹资活动产生的现金流量小于零，也可能是企业在投资和企业扩张方面没有更多作为的一种表现。

投资活动与筹资活动属于企业的理财活动。一方面，在任何期间，企业均有可能因这些方面的活动而引起现金流量的变化。不过，处于起步阶段的企业，其理财活动引起的现金流量的变化较大，其现金流量占企业总现金流量的比重也较大。另一方面，开展理财活动也意味着企业存在相应的财务风险。企业对外发行债券，就必须承担定期支付利息、当期还本的责任。如果企业不能履行偿债责任，有关方面就会对企业采取法律措施。例如，企业购买股票就可能存在股票跌价的风险等。因此，企业的理财活动越多，财务风险可能越大。

常见的现金流量变动符号的原因分析如表4-27所示。

表 4-27 现金流量变动符号的原因分析

序号	经营活动产生的现金流量	投资活动产生的现金流量	融资活动产生的现金流量	原因分析
1	+	+	+	企业经营和投资收益状况良好。这时仍然进行融资，如果没有新的投资机会，会造成资金的浪费
2	+	+	−	企业经营和投资活动二循环，融资活动虽然进入偿还期，但财务状况比较安全
3	+	−	+	企业经营状况良好，在内部经营稳定进行的前提下，通过筹集资金进行投资，往往处于扩张时期。这时应着重分析投资项目的盈利能力
4	+	−	−	企业经营状况良好，一方面在偿还债务，另一方面又继续投资。这时应关注经营状况的变化，判断是否存在经营状况恶化导致财务状况恶化的情况
5	−	+	+	企业靠借钱维持生产经营的需要，财务状况可能恶化。这时应着重分析投资活动现金流入是来自投资收益还是来自投资收回，如果是后者，则形势非常严峻
6	−	+	−	经营活动已经发出危险信号，如果投资活动现金流入主要来自投资收回，则企业已经处于破产的边缘，需要高度警惕
7	−	−	+	企业靠借款维持日常经营和生产规模的扩大，财务状况很不稳定。如果是处于初创期的企业，一旦渡过难关，还可能有发展；如果是成长期或稳定期的企业，则非常危险
8	−	−	−	财务状况非常危急，必须及时扭转。这种情况往往发生在企业高速扩张时期，市场变化导致经营状况恶化，企业为了扩张投入大量现金，使自己陷入进退两难的境地

四、现金流量表的一般分析

表 4-28 所示为格力电器 2015—2020 年的现金流量表（简表）。

表 4-28 格力电器 2015—2020 年的现金流量表（简表） 单位：亿元

项目	2015 年	2016 年	2017 年	2018 年	2019 年	2020 年
经营活动产生的现金净流量	444.97	81.34	171.00	281.63	313.37	86.64
投资活动产生的现金净流量	−47.13	−192.47	−622.53	−208.16	−105.01	5.24
筹资活动产生的现金净流量	−76.83	−57.52	−22.69	25.14	−192.22	−211.11
现金及现金等价物净流量	321.01	−168.65	−474.23	98.61	16.15	−119.24

　　根据表 4-28 可知，格力电器 2015—2020 年经营活动产生的现金净流量全部为正数，表明经营成果良好；而投资活动产生的现金净流量在 2015—2019 年全部为负数，说明其流出量大于流入量；筹资活动产生的现金净流量除 2018 年以外，其余各年全部为负数，且呈现先上升后下降的趋势，说明企业在 2019 年及 2020 年处于还款高峰期；2015 年、2018 年和 2019 年的现金及现金等价物净流量为正数，其中 2015 年及 2019 年经营活动产生的现金净流量足以满足投资和还款需求，而 2016 年、2017 年及 2020 年的现金及现金等价物净流量为负数，表明仅依靠经营活动产生的现

金净流量难以满足高额还款和投资需求，企业面临较大的资金压力。

五、现金流量表的水平分析

现金流量表的主要数据只能说明企业现金流量的流入和流出的方向，并不能揭示本期现金流量相比上期现金流量的变化程度。为了解决这个问题，我们需要编制现金流量表水平分析表。格力电器 2015—2020 年现金流量表水平分析表如表 4-29 所示。

拓展阅读

房地产行业现金流有多重要？恒大现金流结构、资本结构与其"暴雷"有关吗？

表 4-29　　　　　　　　格力电器 2015—2020 年现金流量水平分析表

项目	2015 年		2016 年		2017 年		2018 年		2019 年		2020 年	
	增加额/亿元	变动率/%	增加额/亿元	变动率/%	增加额/亿元	变动率/%	增加额/亿元	变动率/%	增加额/亿元	变动率/%	增加额/亿元	变动率/%
一、经营活动产生的现金流量												
销售商品、提供劳务收到的现金	253.84	29.68	-410.22	-36.98	377.02	53.94	274.30	25.49	313.59	23.22	-104.97	-6.31
收到的税收返还	7.26	141.87	-0.98	-7.92	5.18	45.46	6.99	42.20	-5.02	-21.31	6.30	33.97
收到其他与经营活动有关的现金	25.48	119.39	-17.44	-37.24	-2.59	-8.81	48.87	182.36	-47.71	-63.05	19.02	68.03
经营活动现金流入小计	286.58	32.50	-428.64	-36.69	379.62	51.32	330.16	29.50	260.85	18.00	-79.65	-4.66
购买商品、接受劳务支付的现金	37.24	9.59	-20.62	-4.85	178.86	44.19	196.80	33.72	161.69	20.72	275.78	29.27
支付给职工以及为职工支付的现金	-1.40	-2.44	0.67	1.19	20.28	35.85	8.91	11.59	2.56	2.98	0.70	0.79
支付的各项税费	4.40	3.30	-24.40	-17.71	18.63	16.44	19.45	14.74	-0.13	-0.09	-69.44	-45.90
支付其他与经营活动有关的现金	11.65	12.56	-20.64	-19.78	72.18	86.23	-5.63	-3.61	65.00	43.25	-59.96	-27.85
经营活动现金流出小计	51.89	7.73	-65.00	-8.98	289.95	44.04	219.53	23.15	229.11	19.62	147.08	10.53
经营活动产生的现金流量净额	234.69	111.61	-363.64	-81.72	89.66	110.24	110.64	64.70	31.74	11.27	-226.73	-72.35
二、投资活动产生的现金流量												
收回投资收到的现金	2.90	43.94	21.92	230.77	2.62	8.33	33.07	97.15	-35.80	-53.34	63.90	204.08
取得投资收益收到的现金	0.40	89.35	1.80	212.76	-1.13	-42.55	4.27	281.00	-1.53	-26.33	-1.22	-28.46
处置固定资产、无形资产和其他长期资产收回的现金净额	-0.01	-50.58	0.26	2,113.24	-0.24	-86.95	0.03	77.55	0.03	52.56	-0.03	-31.02
收到的其他与投资活动有关的现金	-5.18	-78.30	-1.37	-95.47	4.37	6,719.15	22.09	498.41	22.26	83.91	-5.55	-11.39
投资活动现金流入小计	-1.89	-13.81	22.61	191.76	5.62	16.34	59.46	148.55	-15.03	-15.11	57.10	67.61
购建固定资产、无形资产和其他长期资产支付的现金	11.07	62.30	3.92	13.60	-8.52	-26.00	14.13	58.26	8.76	22.82	-1.85	-3.92
投资支付的现金	5.02	21.55	-13.36	-47.17	109.23	729.97	30.58	24.62	-82.85	-53.53	-36.32	-50.49

续表

项目	2015 年		2016 年		2017 年		2018 年		2019 年		2020 年	
	增加额/亿元	变动率/%	增加额/亿元	变动率/%	增加额/亿元	变动率/%	增加额/亿元	变动率/%	增加额/亿元	变动率/%	增加额/亿元	变动率/%
支付其他与投资活动有关的现金	0.51	40.98	177.39	10,119.80	334.98	186.99	−399.62	−77.73	−44.09	−38.51	−14.98	−21.28
投资活动现金流出小计	16.60	39.23	167.95	285.02	435.69	192.04	−354.91	−53.57	−118.19	−38.42	−53.15	−28.05
投资活动产生的现金流量净额	−18.49	64.57	−145.33	308.36	−430.07	223.45	414.37	−66.56	103.15	−49.55	110.24	−104.99
三、筹资活动产生的现金流量												
吸收投资收到的现金	0.00	0.00	0.00	0.00	0.90	0.00	−0.90	−100.00	3.27	0.00	−3.12	−95.51
取得借款收到的现金	−2.80	−2.70	22.85	22.64	92.28	74.52	60.24	27.87	−63.66	−23.04	163.32	76.79
收到的其他与筹资活动有关的现金	10.22	433.69	8.53	67.84	−19.50	−92.41	−1.55	−96.81	−0.05	−100.00	0.00	0.00
筹资活动现金流入小计	7.42	6.99	31.39	27.64	73.68	50.84	57.78	26.43	−60.44	−21.87	160.19	74.18
偿还债务所支付的现金	17.12	21.94	15.42	16.21	19.55	17.68	112.18	86.23	34.31	14.16	18.18	6.57
分配股利、利润或偿付利息支付的现金	48.49	103.70	−3.45	−3.62	19.41	21.15	−102.58	−92.24	122.96	1,425.00	10.77	8.18
支付的其他与筹资活动有关的现金	0.00	0.00	0.10	0.00	−0.10	−100.00	0.35	0.00	−0.35	−100.00	150.15	0.00
筹资活动现金流出小计	65.61	52.59	12.07	6.34	38.86	19.19	9.95	4.12	156.92	62.45	179.09	43.88
筹资活动产生的现金流量净额	−58.19	312.11	19.31	−25.14	34.82	−60.54	47.83	−210.77	−217.36	−864.64	−18.90	9.83
四、汇率变动对现金及现金等价物的影响	18.42	5,326.98	22.18	118.22	−58.93	−143.91	16.02	−89.08	4.00	−203.77	−5.76	−282.76
五、现金及现金等价物净增加额	176.43	108.01	−467.48	−137.58	−364.51	285.44	588.86	−119.63	−78.46	−81.19	−141.15	−776.25
加：期初现金及现金等价物余额	142.47	48.69	338.59	77.82	−60.44	−7.81	−499.62	−70.05	74.13	34.70	−24.00	−8.34
六、期末现金及现金等价物余额	318.90	69.94	−128.89	−16.63	−424.95	−65.79	89.24	40.38	−4.34	−1.40	−165.14	−53.98

根据表 4-29 可知以下内容。

（1）格力电器的经营活动产生的现金流量变化幅度较大，2015—2020 年的变动率分别为111.61%、−81.72%、110.24%、64.70%、11.27%、−72.35%。经营活动产生的现金流量变化无明显规律，2016 年及 2020 年甚至出现了较大幅度的降低，这说明企业自身的"造血功能"逐步减弱。企业经营活动产生的现金流量减少的主要原因有两个：①经营活动现金流入的增长幅度小于现金流出的增长幅度；②销售商品、提供劳务收到的现金大幅降低导致经营活动现金流入减少，说明企业经营活动产生的现金流量的质量不佳。

（2）投资活动产生的现金流量总体呈现先上升后下降的趋势，2015—2020 年的变动率分别为64.57%、308.36%、223.45%、−66.56%、−49.55%、−104.99%，2015—2020 年投资活动现金流入变化幅度较大，分别为−13.81%、191.76%、16.34%、148.55%、−15.11%、67.61%，2016 年投资活动现金流入的增加主要是"收回投资收到的现金"及"处置固定资产、无形资产和其他长期资产收回的现金净额"引起的。2015—2020 年投资活动现金流出同样呈现先上升后下降的趋势，变动率分别为 39.23%、285.02%、192.04%、−53.57%、−38.42%、−28.05%。结合报表附注发现，企业后三年投资活动现金流出的减少主要是由于投资支付的现金在逐年减少。

（3）筹资活动产生的现金流量总体呈下降趋势，而且在 2018 年及 2019 年下降的幅度很大，2015—2020 年的变动率分别为 312.11%、−25.14%、−60.54%、−210.77%、−864.64%、9.83%。2015—2020 年筹资活动现金流入的变动率分别为 6.99%、27.64%、50.84%、26.43%、−21.87%、74.18%，2017 年筹资活动现金流入增加的主要原因是企业取得借款收到的现金增加。2015—2020 年筹资活动现金流出的变动率分别为 52.59%、6.34%、19.19%、4.12%、62.45%、43.88%，2019 年筹资活动现金流出增加的主要原因是分配股利、利润或偿付利息支付的现金增加。

六、现金流量表的结构分析

现金流量表的结构分析是指通过对同一时期现金流量表中不同项目间的比较，分析企业现金流入的主要来源和现金流出的方向，并评价对企业的影响。现金流量表的结构分析包括现金流入结构分析和现金流出结构分析。进行结构分析需要计算结构百分比，即以某一特定项目的相关数据作为基数，计算其各组成部分的相关数据占该项目总体的比重。

1. 现金流入结构分析

现金流入结构分为总流入结构和内部流入结构。总流入结构反映企业经营活动现金流入、投资活动现金流入和筹资活动现金流入分别占总现金流入的比重。内部流入结构反映的是经营活动、投资活动和筹资活动等各项业务活动现金流入中具体项目的占比情况。现金流入结构分析可以明确企业的现金究竟来自何方，若想增加现金流入应在哪些方面采取措施。

一般而言，企业在生产经营正常、投资和筹资规模不变的情况下，现金流入越多，则企业生产经营能力越强。如果经营活动现金流入占总现金流入的比重较大，可以反映出企业经营状况良好，收现能力强且坏账风险小，现金流入结构较为合理；反之，则表明企业经营状况欠佳。如果企业的现金流入主要是由收回投资产生的，甚至是由处置固定资产、无形资产和其他长期资产引起的，则反映出企业生产经营能力衰退，维持现状和发展出现问题。如果筹资活动现金流入占总现金流入的比重较大，则意味着企业拥有广阔的融资渠道，拥有获得足够的资金扩大生产经营规模的潜力。格力电器 2015—2020 年现金流入结构分析表如表 4-30 所示。

表 4-30　　　　　　格力电器 2015—2020 年现金流入结构分析

项目	2015 年		2016 年		2017 年		2018 年		2019 年		2020 年	
	总流入结构	内部流入结构	总流入结构	内部流入结构	总流入结构	内部流入结构	总流入结构	内部流入结构	总流入结构	内部流入结构	总流入结构	内部流入结构
一、经营活动产生的现金流量												
销售商品、提供劳务收到的现金	85.74%	94.93%	76.05%	94.49%	78.08%	96.13%	73.97%	93.15%	82.75%	97.28%	72.56%	95.60%
收到的税费返还	0.96%	1.06%	1.24%	1.54%	1.20%	1.48%	1.29%	1.63%	0.92%	1.08%	1.16%	1.52%
收到其他与经营活动有关的现金	3.62%	4.01%	3.20%	3.97%	1.94%	2.39%	4.15%	5.22%	1.39%	1.63%	2.19%	2.88%
经营活动现金流入小计	90.31%	100.00%	80.49%	100.00%	81.23%	100.00%	79.41%	100.00%	85.06%	100.00%	75.90%	100.00%

续表

项目	2015 年		2016 年		2017 年		2018 年		2019 年		2020 年	
	总流入结构	内部流入结构	总流入结构	内部流入结构	总流入结构	内部流入结构	总流入结构	内部流入结构	总流入结构	内部流入结构	总流入结构	内部流入结构
二、投资活动产生的现金流量												
收回投资收到的现金	0.73%	80.56%	3.42%	91.33%	2.47%	85.04%	3.68%	67.45%	1.56%	37.07%	4.43%	67.26%
取得投资收益收到的现金	0.07%	7.18%	0.29%	7.69%	0.11%	3.80%	0.32%	5.82%	0.21%	5.05%	0.14%	2.16%
处置固定资产、无形资产和其他长期资产收回的现金净额	0.00	0.10%	0.03%	0.79%	0.00%	0.09%	0.00	0.06%	0.00	0.11%	0.00	0.05%
收到其他与投资活动有关的现金	0.11%	12.16%	0.01%	0.19%	0.32%	11.07%	1.45%	26.66%	2.43%	57.76%	2.01%	30.54%
投资活动现金流入小计	0.91%	100.00%	3.74%	100.00%	2.90%	100.00%	5.45%	100.00%	4.20%	100.00%	6.59%	100.00%
三、筹资活动产生的现金流量												
吸收投资收到的现金	0.00	0.00	0.00	0.00	0.07%	0.41%	0.00	0.00	0.16%	1.51%	0.01%	0.04%
取得借款收到的现金	7.80%	88.93%	13.47%	85.44%	15.68%	98.85%	15.14%	99.98%	10.58%	98.49%	17.50%	99.96%
收到其他与筹资活动有关的现金	0.97%	11.07%	2.30%	14.56%	0.12%	0.73%	0.00	0.02%	0.00	0.00	0.00	0.00
筹资活动现金流入小计	8.78%	100.00%	15.77%	100.00%	15.86%	100.00%	15.14%	100.00%	10.74%	100.00%	17.51%	100.00%
合计	100.00%		100.00%		100.00%		100.00%		100.00%		100.00%	

根据表 4-30 可知，格力电器现金流入总体上以经营活动现金流入为主，2015—2020 年的经营活动现金流入占比分别为 90.31%、80.49%、81.23%、79.41%、85.06%、75.90%，投资活动现金流入和筹资活动现金流入占比相对较低。这一方面反映了企业经营活动的强大，另一方面也反映了企业在对外投资活动中获得的收益占总现金流入的比重相对较小。从各活动内部流入结构看，90%以上的经营活动现金流入都来自"销售商品、提供劳务收到的现金"，反映了经营活动现金流入的稳定可靠；对于投资活动现金流入，除了 2019 年外，绝大部分都来自"收回投资收到的现金"，说明企业对外减少了投资活动；筹资活动现金流入主要来自"取得借款收到的现金"，这说明企业外部资金来源主要为向外借款。

2. 现金流出结构分析

现金流出结构分为总流出结构和内部流出结构。总流出结构反映企业经营活动现金流出、投资活动现金流出和筹资活动现金流出分别在总现金流出中所占的比重。内部流出结构反映的是经营活动、投资活动和筹资活动等各项业务活动现金流出中具体项目的占比情况。现金流出结构可以表明企业的现金究竟流向何方，若想削减开支应从哪些方面入手等。

一般而言，经营活动现金流出占总现金流出比重较大的企业，其生产经营状况正常，现金流出结构较为合理。在企业正常的运行中，其经营活动现金流出结构应当具有一定的稳定性，各期变化不会太大，若出现较大的变动，则需进一步寻找原因，如将经营活动现金流出中占绝大部分的购买商品、接受劳务支付的现金与利润表中主营业务成本进行比较。投资活动和筹资活动现金流出结构的稳定性一般较差。就投资活动来说，可能发生大规模一次性现金流出，这一般由购建固定资产、无形资产和其他长期资产引起，也可能是由对外投资引起的。这时的现金流出意味着企业未来可能有更大的现金流入。筹资活动现金流出主要为偿还到期债务和分配股利、利润或偿付利息。债务的偿还意味着企业财务风险会变小。

格力电器 2015—2020 年现金流出结构分析如表 4-31 所示。

表 4-31　　　　　　　　　　格力电器 2015—2020 年现金流出结构分析

项目	2015 年		2016 年		2017 年		2018 年		2019 年		2020 年	
	总流出结构	内部流出结构	总流出结构	内部流出结构	总流出结构	内部流出结构	总流出结构	内部流出结构	总流出结构	内部流出结构	总流出结构	内部流出结构
一、经营活动产生的现金流量												
购买商品、接受劳务支付的现金	43.73%	58.81%	37.21%	61.48%	31.51%	61.54%	45.20%	66.83%	47.23%	67.44%	53.71%	78.88%
支付给职工以及为职工支付的现金	5.75%	7.73%	5.20%	8.59%	4.15%	8.10%	4.97%	7.34%	4.43%	6.32%	3.93%	5.76%
支付的各项税费	14.16%	19.04%	10.42%	17.21%	7.12%	13.92%	8.77%	12.97%	7.58%	10.83%	3.61%	5.30%
支付其他与经营活动有关的现金	10.73%	14.43%	7.70%	12.71%	8.42%	16.44%	8.70%	12.87%	10.79%	15.41%	6.85%	10.06%
经营活动现金流出小计	74.37%	100.00%	60.53%	100.00%	51.20%	100.00%	67.63%	100.00%	70.04%	100.00%	68.09%	100.00%
二、投资活动产生的现金流量												
购建固定资产、无形资产和其他长期资产支付的现金	2.97%	48.95%	3.01%	14.44%	1.31%	3.66%	2.22%	12.47%	2.36%	24.88%	2.00%	33.22%
投资支付的现金	2.91%	48.07%	1.38%	6.60%	6.71%	18.75%	8.96%	50.31%	3.61%	37.96%	1.57%	26.12%
支付其他与投资活动有关的现金	0.18%	2.97%	16.47%	78.96%	27.76%	77.60%	6.63%	37.22%	3.53%	37.16%	2.44%	40.66%
投资活动现金流出小计	6.06%	100.00%	20.86%	100.00%	35.77%	100.00%	17.82%	100.00%	9.50%	100.00%	6.01%	100.00%
三、筹资活动产生的现金流量												
偿还债务支付的现金	9.78%	49.97%	10.16%	54.60%	7.02%	53.91%	14.03%	96.43%	13.87%	67.76%	13.00%	50.19%
分配股利、利润或偿付利息支付的现金	9.79%	50.03%	8.44%	45.35%	6.00%	46.09%	0.50%	3.43%	6.60%	32.24%	6.28%	24.24%
支付其他与筹资活动有关的现金	0.00	0.00	0.01%	0.05%	0.00	0.00	0.02%	0.14%	0.00	0.00	6.62%	25.57%
筹资活动现金流出小计	19.57%	100.00%	18.61%	100.00%	13.03%	100.00%	14.55%	100.00%	20.46%	100.00%	25.90%	100.00%
合计	100.00%		100.00%		100.00%		100.00%		100.00%		100.00%	

根据表 4-31 可知，格力电器现金流出总体上以经营活动现金流出为主，2015—2020 年的经营活动现金流出占比分别为 74.37%、60.53%、51.20%、67.63%、70.04%、68.09%，投资活动现金流出和筹资活动现金流出占比都相对较低。这样的总流出结构与企业目前的整体发展是匹配的，适应企业所处生命周期阶段的要求。从各活动内部流出结构看，经营活动现金流出中，大部分用于"购买商品，接受劳务支付的现金"，其次是用于"支付的各项税费"及"支付其他与经营活动有关的现金"，这反映该企业主体经营活动现金流出比例较高；投资活动现金流出结构则不太稳定，除 2015 年及 2020 年以外，80%左右用于"投资支付的现金"和"支付其他与投资活动有关的现金"，反映企业正处于投资扩张期；筹资活动现金流出大部分用于"偿还债务支付的现金"和"分配股利、利润或偿付利息支付的现金"，这意味着企业财务风险较低但偿债压力较大。

拓展阅读

现金流量表列报的常见问题和处理

课后思考题

1. 资产变动原因的分析思路是什么？
2. 如何从资产角度分析资产负债表的变动情况和原因？
3. 资产负债表结构变动情况的分析思路是什么？
4. 应收账款质量分析的思路和内容是什么？
5. 利润表分析的目的及内容是什么？
6. 质量较好的现金流量应当具有什么特征？
7. 现金流量表分析的目的及内容是什么？

实战演练

1. 根据第三章中介绍的青岛啤酒相关资料，结合表 4-32 所示的 2021 年资产负债表（资产部分简表）完成以下要求。

表 4-32　　　　　　青岛啤酒 2021 年资产负债表（资产部分简表）　　　　单位：亿元

项目	年末余额	年初余额
货币资金	145.98	184.67
交易性金融资产	27.78	18.89
应收票据	0.00	0.05
应收账款	1.25	1.20
预付款项	2.28	2.40
其他应收款	6.75	0.74
存货	34.93	32.81
其他流动资产	70.62	5.52
流动资产合计	289.59	246.28
长期股权投资	3.66	3.74
其他非流动金融资产	0.01	0.01

续表

项目	年末余额	年初余额
投资性房地产	0.26	0.27
固定资产	101.49	103.03
在建工程	7.62	3.40
使用权资产	1.68	1.68
无形资产	24.81	25.04
商誉	13.07	13.07
长期待摊费用	1.27	0.86
递延所得税资产	21.31	17.18
其他非流动资产	0.87	0.58
非流动资产合计	176.05	168.86
资产总计	465.64	415.14

要求：

（1）运用水平分析法分析资产负债表资产的变动情况并做出评价。

（2）运用结构分析法分析资产负债表资产结构变动情况并做出评价。

2. 根据表 4-33 所示的青岛啤酒利润表（简表）和表 4-34 所示的现金流量表（简表），完成以下要求。

表 4-33　　　　　　　　　　利润表（简表）　　　　　　　　　单位：亿元

项目	2020 年	2021 年
一、营业收入	277.60	301.67
减：营业成本	180.00	191.00
税金及附加	22.19	23.19
研发费用	0.21	0.31
销售费用	35.73	41.00
管理费用	16.78	16.93
财务费用	−4.71	−2.43
加：投资收益	0.25	1.86
公允价值变动收益	0.55	2.53
其他收益	5.17	5.56
资产处理收益	0.05	4.82
二、营业利润	33.42	46.44
加：营业外收入	0.14	0.33
减：营业外支出	0.25	0.87
三、利润总额	33.31	45.9
减：所得税费用	9.13	12.23
四、净利润	24.18	33.67

表 4-34　　　　　　　　　　　　　　现金流量表（简表）　　　　　　　　　　　　　单位：亿元

项目		2020 年	2021 年
经营活动	现金流入	340.00	369.67
	现金流出	290.46	309.24
	现金流量净额	49.54	60.43
投资活动	现金流入	29.46	144.97
	现金流出	44.34	247.47
	现金流量净额	−14.88	−102.5
筹资活动	现金流入	10.02	2.58
	现金流出	13.58	18.71
	现金流量净额	−3.56	−16.13
现金及现金等价物净增加额		31.10	−58.20

要求：

（1）编制利润表水平分析表，并进行分析评价。

（2）编制利润表结构分析表，并进行分析评价。

（3）编制现金流量表水平分析表，并进行分析评价。

（4）编制现金流量表结构分析表，并进行分析评价。

（5）对青岛啤酒现金流量的质量进行分析评价。

知识目标

1. 了解盈利能力的基本含义；
2. 熟悉企业盈利能力分析的内容；
3. 掌握资产盈利能力分析的内容及指标；
4. 掌握经营盈利能力分析的内容及指标；
5. 掌握现金流量与盈利质量分析的内容及指标；
6. 掌握上市公司盈利能力分析的指标。

能力目标

1. 能够运用因素分析法分析净资产收益率的影响因素；
2. 能够通过盈利能力指标分析上市公司的盈利能力。

素养目标

1. 培养多维度数据分析意识；
2. 树立正确的义利观，增强社会责任意识和使命感。

引导案例

燕塘乳业盈利能力分析[①]

广东燕塘乳业股份有限公司（以下简称"燕塘乳业"）是广东本地一家规模较大的乳品生产公司，2014 年在深圳证券交易所上市，公司主要负责研发、生产和销售乳制品，产品包括巴氏杀菌奶、超高温灭菌奶、酸奶、花式奶、乳酸菌饮料和冰激凌等。作为区域性乳制品的龙头企业，为了响应国家振兴乳业的相关政策及公司的长远发展，燕塘乳业近几年的经营状况也出现相应的变化，比如建设新的牧场、加强奶制品的质量管理等。

燕塘乳业 2016 年和 2017 年的营业利润率变化不大，都在 11.5%左右，而 2018 年的营业利润率大幅度下降，只有 5.22%，说明公司依靠经营获得收益的能力下降，主要原因在于燕塘乳业 2018 年建设的新厂处于运营磨合期，管理费用上升，导致当年的营业利润减少，最终使得营

---

① 资料来源：中国知网。

业利润率下降。乳品行业营业利润率的平均水平为 26%，而燕塘乳业 2016—2018 年的营业利润率一直没有超过 12%，说明燕塘乳业依靠经营获取收益的能力不足，与行业平均水平差距较大，有待提高。

2017 年燕塘乳业的成本费用利润率较 2016 年有小幅度上升，而在 2018 年燕塘乳业的成本费用利润率则大幅下降，说明该公司对成本费用的控制能力有所下降。乳品行业成本费用利润率的平均水平为 9%，而燕塘乳业 2018 年的成本费用利润率为 3.68%，说明燕塘乳业的成本费用利润率和行业平均水平相比存在一定的差距；但是在 2019 年和 2020 年燕塘乳业的成本费用利润率又有所提高，说明燕塘乳业开始重视成本控制。在 2016 年和 2017 年，燕塘乳业的总资产净利率都接近 10%，而 2018 年其总资产净利率骤降至 3.41%，2019 年和 2020 年该指标虽然有所回升，但也不高，说明燕塘乳业的盈利能力还有一定的提升空间。

燕塘乳业 2017 年的净资产收益率相对于 2016 年有小幅度上涨，而 2018 年的净资产收益率却大幅度下降，说明公司能为所有者带来的收益减少，对所有者来说是一种损失，主要原因在于 2018 年净利润大幅减少。乳品行业净资产收益率的平均水平为 11.3%，2018 年和 2020 年燕塘乳业的净资产收益率都低于行业平均水平，说明燕塘乳业能为所有者带来的收益较少。

思考： 盈利能力是评价企业实力的重要依据，应该如何对企业的盈利能力进行全面、深入、综合的分析？行业平均盈利状况对企业的盈利能力分析有怎样的参考作用？

第一节 企业盈利能力分析的目的与内容

一、企业盈利能力分析的目的

企业的盈利能力，也称获利能力，是指企业为资金提供者创造利润的能力。盈利能力的大小是一个相对概念，是通过将利润与一定的资源投入或者一定的收入相比较而获得的。保持最大的盈利能力是企业财务工作的目标，也是企业实现持续健康发展的根本保证。

盈利能力指标是企业综合性的财务指标。一方面，企业经营业绩可以通过盈利能力指标反映出来；另一方面，企业的盈利能力与营运能力和偿债能力紧密相关，增强营运能力和偿债能力，会大大增强企业的盈利能力。所以，无论是企业管理人员、投资人（股东）还是债权人，都非常关心企业的盈利能力，并重视对利润、利润率及其变动趋势的分析和预测。以下为不同主体进行企业盈利能力分析的目的。

1. 企业管理人员

盈利能力是企业重要的业绩衡量标准，盈利能力分析是发现问题、优化管理的突破口。企业管理人员进行盈利能力分析的目的主要表现在两个方面。

一方面，反映和评价工作业绩。企业管理人员的根本任务，就是通过自己的努力使企业赚取更多的利润。各项收益数据反映了企业的盈利能力，也反映了企业管理人员的工作业绩。将企业的盈利能力指标与标准水平、上期水平、同行业平均水平、其他企业水平进行比较，可以评价企业管理人员的工作业绩。

另一方面，发现经营管理中存在的主要问题。企业各环节经营管理的综合情况，会通过盈利能力反映出来。通过对盈利能力的深入分析，企业管理人员可以发现经营管理中的重大问题，进而采取措施，以改善经营管理，提高盈利水平。

2. 投资人（股东）

投资人（股东）投资的直接目的就是获得更多的投资回报，而投资回报反映了投资效果，投资效果取决于企业的盈利水平。投资人（股东）通过分析判断企业的盈利能力来预测企业未来的收益或投资风险，并以此作为投资决策的重要依据。

3. 债权人

利润是企业偿债的重要资金来源，特别是对长期债务而言。企业举债时，债权人会审查企业的偿债能力，而偿债能力取决于企业的盈利能力。通过分析企业的盈利能力，债权人可以更好地把握企业的偿债能力，以维护其债权的安全、有效。

二、企业盈利能力分析的内容

盈利能力分析是企业财务分析的重点，营运能力分析、偿债能力分析的根本目的是通过分析及时发现经营管理中存在的问题，提高营运能力和偿债能力，最终提高盈利能力，促进企业持续稳定地发展。企业盈利能力分析主要是指对利润率进行分析。利润额受不同企业资本规模和资产规模的影响较大，无法体现投入产出的关系，往往不具有可比性；也不能反映资金的使用效率和资产的管理效率，不能正确反映企业的盈利能力和盈利水平。因此，盈利能力分析既要分析利润额，也要分析利润率。

由于企业性质和经营方式的不同，反映企业利润的指标会有所差异；由于财务分析的目的不同，反映利润率的指标也会有所区别。按照经营方式的不同，我们可从以下几方面对企业的盈利能力进行分析。

1. 资产盈利能力分析

资产经营是在产品经营的基础上，围绕资产的配置、重组和使用进行资产的战略性经营管理。资产经营的基本内涵是合理配置与使用资产，以一定的资产投入，取得尽可能多的收益。资产盈利能力分析的主要指标包括总资产报酬率和净资产收益率等。

2. 经营盈利能力分析

经营盈利能力分析主要是指商品经营盈利能力分析。商品经营指商业企业通过一定的购销形式和流转环节将商品从生产领域转移到消费领域的经济活动。商品经营盈利能力分析主要利用利润表资料进行，常用指标包括销售毛利率、营业利润率、营业净利率和成本利润率等。

3. 现金流量与盈利质量分析

盈利质量分析涉及资产负债表、利润表和现金流量表，是个非常复杂的过程。本章仅从现金流量表的角度分析盈利质量，主要指标包括盈利现金比率、净收益营运指数、现金营运指数等。

4. 上市公司盈利能力分析

上市公司盈利能力分析主要包括上市公司盈利能力结构分析、上市公司盈利质量分析、上市公司会计失真问题分析、上市公司盈利能力综合分析等。本章主要对上市公司盈利能力的相关指标进行分析，常用指标包括每股收益、股利支付率、市盈率及市净率等。

第二节　资产盈利能力分析

资产盈利能力是指企业利用经济资源获取利润的能力。反映企业资产盈利能力的指标主要有总资产报酬率、总资产净利率和净资产收益率。

一、总资产报酬率

总资产报酬率也称总资产收益率，是指企业息税前利润与平均总资产之间的比率。它是反映企业资产综合利用效果的指标。运用资产负债表和利润表的资料，可以计算总资产报酬率。其计算公式如下：

$$总资产报酬率=\frac{息税前利润}{平均总资产}\times100\%$$

$$=\frac{净利润+所得税+利息支出}{平均总资产}\times100\%$$

$$平均总资产=\frac{期初资产总额+期末资产总额}{2}$$

其中，利息支出是指企业在生产经营过程中实际支出的借款利息和债券利息，包括计入财务费用的利息费用和资本化的利息。

总资产报酬率反映了企业全部资产的获利水平。一般情况下，总资产报酬率越高，说明企业资产运用效果越好，也就意味着企业资产盈利能力越强。评价总资产报酬率时，需要与企业前期、同行业其他企业的这一指标进行比较，并进一步找出影响该指标的不利因素，以提高总资产报酬率。

为了深入分析总资产报酬率，明确企业管理的重点和方向，可以对总资产报酬率的计算公式进行如下分解：

$$总资产报酬率=\frac{息税前利润}{平均总资产}\times100\%$$

$$=\frac{营业收入}{平均总资产}\times\frac{息税前利润}{营业收入}\times100\%$$

$$=总资产周转率\times息税前利润率$$

由此可见，影响总资产报酬率的因素主要有两个。一个是总资产周转率，总资产周转率作为反映企业资产营运能力的指标，可用于说明企业资产的运营效率，是企业资产运营效果的直接体现。而且，总资产周转率与资产结构密切相关，资产结构直接影响企业的盈利能力。另一个是息税前利润率，该指标反映了企业产品的盈利能力，产品盈利能力越强，息税前利润率就越高。

格力电器2015—2020年总资产报酬率分析如表5-1所示。

表5-1　　　　　　　　格力电器2015—2020年总资产报酬率分析

项目	2015年	2016年	2017年	2018年	2019年	2020年
营业收入/亿元	977.45	1,083.03	1,482.86	1,981.23	1,981.53	1,681.99
利润总额/亿元	149.09	185.31	266.17	312.74	293.53	263.09
利息支出/亿元	-19.29	-48.46	4.31	-9.48	-24.27	-19.38
息税前利润/亿元	129.80	136.85	270.48	303.26	269.26	243.71
平均总资产/亿元	1,589.64	1,720.34	1,986.69	2,331.01	2,671.03	2,810.95

项目	2015 年	2016 年	2017 年	2018 年	2019 年	2020 年
总资产周转率/次	0.61	0.63	0.75	0.85	0.74	0.60
息税前利润率	13.28%	12.64%	18.24%	15.31%	13.59%	14.49%
总资产报酬率	8.17%	7.96%	13.61%	13.01%	10.08%	8.67%

以 2019 年和 2020 年为例，具体分析如下。

（1）分析对象：总资产报酬率的变化=8.67%-10.08%=-1.41%。

（2）因素分析如下。

总资产周转率变动的影响=（0.60-0.74）×13.59%=-1.90%

息税前利润率变动的影响=（14.49%-13.59%）×0.60=0.54%

总的影响=-1.90%+0.54%=-1.36%

（注：-1.36%与-1.41%的误差是四舍五入产生的，此类问题余同，不再单独解释）

分析结果表明，格力电器 2020 年总资产报酬率比 2019 年降低了 1.41 个百分点，是总资产周转率和息税前利润率两者变动综合影响的结果。前者使总资产报酬率降低 1.90 个百分点，后者使总资产报酬率上升 0.54 个百分点。

二、总资产净利率

总资产净利率是总资产收益率的另一种表现形式，是指企业在一定时期内的净利润和平均总资产的比率，是评价企业资产综合利用效果、企业资产盈利能力和经济效益的重要指标。其计算公式如下：

$$总资产净利率=\frac{净利润}{平均总资产}×100\%$$

$$=\frac{净利润}{营业收入}×\frac{营业收入}{平均总资产}×100\%$$

$$=营业净利率×总资产周转率$$

由此可见，影响总资产净利率的因素主要有营业净利率和总资产周转率。提高营业净利率的根本途径是增加营业收入、降低成本费用，而增加营业收入同时可以提高总资产周转率。总资产净利率越高，表明企业资产运营效率越高。

三、净资产收益率

净资产收益率是企业的净利润与平均净资产之间的比率。其计算公式如下：

$$净资产收益率=\frac{净利润}{平均净资产}×100\%$$

上式中，净利润是企业当期税后利润；净资产是企业资产减负债后的余额，对于平均净资产，一般取期初净资产与期末净资产的简单平均值。

净资产收益率是反映盈利能力的核心指标。因为企业的根本目标是所有者权益或股东价值最大化，而净资产收益率既可以直接反映资本的增值能力，又可以反映企业股东价值的大小。净资产收益率越高，反映企业的盈利能力越强。该指标通用性强，适用范围广，不受行业和地区限制。将企业净资产收益率与行业平均水平相比较，可以反映企业盈利能力在同行业中所处的地位，以及与同类企业的差异。

格力电器 2015—2020 年净资产收益率与行业平均值比较如图 5-1 所示。

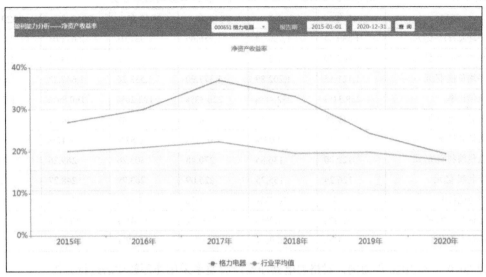

图 5-1　格力电器 2015—2020 年净资产收益率与行业平均值比较

根据图 5-1 可知，格力电器 2015—2020 年的净资产收益率均高于行业平均值，其净资产收益率在 2015—2017 年呈上升趋势，在 2017—2020 年呈下降趋势，说明其资本经营效率下降，企业为股东创造价值的速度有所放缓。

影响净资产收益率的因素主要有总资产报酬率、负债利息率、资本结构和所得税税率等。

1．总资产报酬率

净资产是企业全部资产的一部分，因此，净资产收益率必然受到企业总资产报酬率的影响。在负债利息率和资本结构等条件一定的情况下，总资产报酬率越高，净资产收益率就越高。

2．负债利息率

负债利息率之所以影响净资产收益率，是因为在资本结构一定的情况下，当总资产报酬率高于负债利息率时，负债利息率的变动将对净资产收益率产生有利的影响；反之，在总资产报酬率低于负债利息率时，负债利息率的变动将对净资产收益率产生不利影响。

3．资本结构

当总资产报酬率高于负债利息率时，提高负债比率，可以获得财务杠杆收益，使净资产收益率提高；反之，当总资产报酬率低于负债利息率时，提高负债比率，将使净资产收益率降低。

4．所得税税率

由于净资产收益率的分子是净利润，即税后利润，因此，所得税税率的变动必然引起净资产收益率的变动。通常，所得税税率越高，净资产收益率越低；所得税税率下降，净资产收益率将上升。

综合以上因素，净资产收益率的计算公式可以转换为：

净资产收益率=[总资产报酬率+（总资产报酬率−负债利息率）×负债比率]×（1−所得税税率）×100%

$$其中：负债比率=\frac{平均负债}{平均净资产}×100\%$$

格力电器 2015—2020 年净资产收益率影响因素分析如表 5-2 所示。

表 5-2　　　　　　格力电器 2015—2020 年净资产收益率影响因素分析

项目	2015 年	2016 年	2017 年	2018 年	2019 年	2020 年
平均总资产/亿元	1,589.64	1,720.34	1,986.69	2,331.01	2,671.03	2,810.95
平均净资产/亿元	468.49	517.45	608.79	797.75	1,023.81	1,144.64
平均负债/亿元	1,121.15	1,202.89	1,377.90	1,533.26	1,647.22	1,666.31
负债比率	239.31%	232.46%	226.33%	192.20%	160.89%	145.58%
利息支出/亿元	-19.29	-48.46	4.31	-9.48	-24.27	-19.38
负债利息率	-1.72%	-4.03%	0.31%	-0.62%	-1.47%	-1.16%
息税前利润/亿元	129.80	136.85	270.48	303.26	269.26	243.71
净利润/亿元	126.24	155.25	225.09	263.79	248.27	222.79
所得税税率	15.33%	16.22%	15.44%	15.65%	15.42%	15.32%
总资产报酬率	8.71%	7.96%	13.61%	13.01%	10.08%	8.67%
净资产收益率	26.95%	30.00%	36.97%	33.07%	24.24%	19.46%

以 2019 年和 2020 年为例，对格力电器净资产收益率采用连环替代法进行分析。

（1）分析对象：净资产收益率的变化=19.46%-24.24%=-4.78%

（2）连环替代分析如下。

2019 年净资产收益率=[10.08%+（10.08%+1.47%）×160.89%]×（1-15.42%）×100%=24.24%

第一次替代（总资产报酬率）：

[8.67%+（8.67%+1.47%）×160.89%]×（1-15.42%）×100%=21.13%

第二次替代（负债利息率）：

[8.67%+（8.67%+1.16%）×160.89%]×（1-15.42%）×100%=20.71%

第三次替代（负债比率）：

[8.67%+（8.67%+1.16%）×145.58%]×（1-15.42%）×100%=19.44%

第四次替代（所得税税率）：

[8.67%+（8.67%+1.16%）×145.58%]×（1-15.32%）×100%=19.46%

总资产报酬率变动的影响=21.13%-24.24%=-3.11%

负债利息率变动的影响=20.71%-21.13%=-0.42%

负债比率变动的影响=19.44%-20.71%=-1.27%

所得税税率变动的影响：19.46%-19.44%=0.02%

总的影响：-3.11%-0.42%-1.27%+0.02%=-4.78%

格力电器 2020 年净资产收益率比 2019 年降低 4.78%。具体原因是，总资产报酬率降低使其降低 3.11 个百分点；负债利息率上升使其下降 0.42 个百分点；负债比率变动使其降低 1.27 个百分点；所得税税率降低使其上升 0.02 个百分点。这几项因素变动使净资产收益率降低了 4.78 个百分点。

第三节　经营盈利能力分析

经营盈利能力分析是通过分析企业在生产经营过程中的收入、耗费与利润之间的关系，来研究评价企业的获利能力。其衡量指标主要包含两个方面，收入利润率和成本利润率。

一、收入利润率的计算与分析

反映收入利润率的指标主要有销售毛利率、营业利润率、营业净利率、息税前利润率等。不同的指标，其内涵不同，揭示的收入与利润之间的关系不同，在分析评价中的作用也不相同。

1. 销售毛利率

销售毛利即营业毛利，是营业收入与营业成本之间的差额，它可以在一定程度上反映企业生产环节的效率。

销售毛利率，也称营业收入毛利率，是指企业一定期间的营业毛利与营业收入之间的比率。其计算公式如下：

$$销售毛利率 = \frac{营业收入 - 营业成本}{营业收入} \times 100\%$$

$$= \frac{营业毛利}{营业收入} \times 100\%$$

其中，营业收入是指企业主营业务收入和其他业务收入之和扣除销售折扣、销售折让及销售退回后的余额，反映了企业实际销售取得的收入。计算时，通常直接使用利润表中的营业收入。

销售毛利率越高，企业及产品的盈利能力就越强，企业及产品抗冲击能力也就越强；而销售毛利率越低，则企业及产品的盈利能力和抗冲击能力越低。企业销售毛利率过低不可能形成较大的盈利空间。指标对比可以揭示企业在定价政策、成本控制等方面的优劣势和在行业中的竞争力。

2. 营业利润率

营业利润率也称销售利润率，是指企业一定期间的营业利润与营业收入之间的比率。该指标具体表明单位营业收入带来多少利润，反映了企业经营活动本身的获利能力。其计算公式如下：

$$营业利润率 = \frac{营业利润}{营业收入} \times 100\%$$

3. 营业净利率

营业净利率也称销售净利率，是企业实现的净利润与营业收入之间的比率，反映企业单位营业收入所带来的净利润。其计算公式如下：

$$营业净利率 = \frac{净利润}{营业收入} \times 100\%$$

营业净利率主要受到营业收入和净利润的影响。营业成本、税金及附加、期间费用、资产减值损失、投资收益、营业外收入、营业外支出及所得税费用等都会影响净利润，从而影响营业净利率，因此较高的销售毛利不一定形成较高的销售净利。

4. 息税前利润率

息税前利润率是指息税前利润与营业收入之间的比率，其计算公式如下：

$$息税前利润率 = \frac{息税前利润}{营业收入} \times 100\%$$

上述指标都是正指标，指标数值越高越好。财务分析者进行分析时应根据分析目的与要求，确定适当的标准值，如行业平均值、全国平均值、企业目标值等。

格力电器2015—2020年收入利润率相关指标和趋势分析分别如表5-3和图5-2所示。

表 5-3　　　　　　　　格力电器 2015—2020 年收入利润率相关指标分析

项目	2015 年	2016 年	2017 年	2018 年	2019 年	2020 年
营业收入/亿元	977.45	1,083.03	1,482.86	1,981.23	1,981.53	1,681.99
投资收益/亿元	0.97	-22.21	3.97	1.07	-2.27	7.13
营业外收入/亿元	14.04	10.96	5.11	3.18	3.46	2.87
总收入/亿元	992.46	1,071.78	1,491.94	1,985.48	1,982.72	1,691.99
营业成本/亿元	660.17	728.86	995.63	1,382.34	1,434.99	1,242.29
营业利润/亿元	135.16	174.56	261.27	309.97	296.05	260.44
利润总额/亿元	149.09	185.31	266.17	312.74	293.53	263.09
净利润/亿元	126.24	155.25	255.09	263.79	248.27	222.79
利息支出/亿元	-19.29	-48.46	4.31	-9.48	-24.27	-19.38
息税前利润/亿元	129.80	136.85	270.48	303.26	269.26	243.71
营业利润率	13.83%	16.12%	17.62%	15.65%	14.94%	15.48%
销售毛利率	32.46%	32.70%	32.86%	30.23%	27.58%	26.14%
总收入利润率	15.02%	17.29%	17.84%	15.75%	14.80%	15.55%
营业净利率	12.92%	14.33%	17.20%	13.31%	12.53%	13.25%
息税前利润率	13.28%	12.64%	18.24%	15.31%	13.59%	14.49%

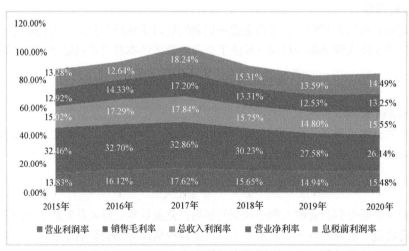

图 5-2　格力电器 2015—2020 年收入利润率相关指标趋势分析

　　根据表 5-3 和图 5-2 可知，格力电器的销售毛利率、营业利润率和营业净利率均保持相对稳定的态势，销售毛利率显著高于营业利润率和营业净利率，说明格力电器期间费用和税金及附加占营业收入的比重较小，企业利润比较稳定。

二、成本利润率的计算与分析

　　反映成本利润率的指标有很多，主要有营业成本利润率、营业成本费用利润率、全部成本费用利润率等。

1. 营业成本利润率

营业成本利润率是指企业营业利润与营业成本之间的比率。其计算公式如下：

$$营业成本利润率 = \frac{营业利润}{营业成本} \times 100\%$$

拓展阅读

营业外收入与营业外支出项目对利润的影响

2. 营业成本费用利润率

营业成本费用利润率是指营业利润与营业成本费用总额的比率。营业成本费用总额包括营业成本及期间费用等。期间费用包括销售费用、管理费用、财务费用等。其计算公式如下：

$$营业成本费用利润率 = \frac{营业利润}{营业成本 + 期间费用} \times 100\%$$

3. 全部成本费用利润率

全部成本费用利润率指标可分为全部成本费用总利润率和全部成本费用净利润率两种形式。其计算公式如下：

$$全部成本费用总利润率 = \frac{利润总额}{营业成本费用总额 + 营业外支出} \times 100\%$$

$$全部成本费用净利润率 = \frac{净利润}{营业成本费用总额 + 营业外支出} \times 100\%$$

以上各种成本利润率指标均反映企业的投入产出水平，即所得与所费的比率，体现了增加利润是以降低成本及费用为基础的。这些指标的数值越高，表明耗费单位成本及费用取得的利润越多，投入的产出效果越好；这些指标的数值越低，则说明耗费单位成本及费用实现的利润越少，投入的产出效果越差。所以，成本利润率是综合反映企业成本效益的重要指标。

成本利润率是正指标，即指标数值越高越好。在分析评价时，可将各指标实际值与标准值进行对比。标准值可根据分析的目的与管理要求确定。

格力电器2015—2020年成本利润率相关指标和趋势分析分别如表5-4和图5-3所示。

表5-4　　　　　　　　格力电器2015—2020年成本利润率相关指标分析

项目	2015 年	2016 年	2017 年	2018 年	2019 年	2020 年
营业成本/亿元	660.17	728.86	995.63	1,382.34	1,434.99	1,242.29
营业成本费用总额/亿元	854.82	914.36	1,245.02	1,695.43	1,714.55	1,464.22
营业外支出/亿元	0.11	0.21	0.21	0.41	5.98	0.22
营业利润/亿元	135.16	174.56	261.27	309.97	296.05	260.44
利润总额/亿元	149.09	185.31	266.17	312.74	293.53	263.09
净利润/亿元	126.24	155.25	255.09	263.79	248.27	222.79
营业成本利润率	20.47%	23.95%	26.24%	22.42%	20.63%	20.96%
营业成本费用利润率	15.81%	19.09%	20.99%	18.28%	17.27%	17.79%
全部成本费用总利润率	17.44%	20.26%	21.38%	18.44%	17.06%	17.97%
全部成本费用净利润率	14.77%	16.98%	18.08%	15.56%	14.43%	15.21%

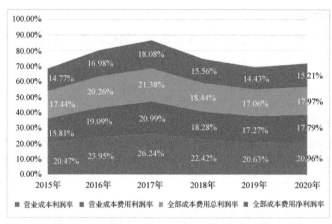

图 5-3　格力电器 2015—2020 年成本利润率相关指标趋势分析

根据表 5-4 和图 5-3 可知，格力电器 2015—2020 年的营业成本费用利润率平均值约为 18%。这说明企业每 100 元的成本费用能够实现约 18 元的营业利润，企业的获利能力有限，在市场份额既定的情况下，要想改善企业的获利能力，应该采取措施降低其成本费用，尤其应注意营业成本和销售费用的管控。

第四节　现金流量与盈利质量分析

盈利质量是指报告盈利与企业业绩之间的相关性。如果盈利如实反映企业的业绩，则认为盈利质量好；如果盈利不能很好地反映企业业绩，则认为盈利质量差。影响盈利质量的因素有很多，大体可以分为以下三个方面。

（1）会计政策的选择。管理层在选择可接受的会计政策时，有一定的自由决定能力，可以采取稳健的会计政策，也可以采取乐观的会计政策。通常认为，采取稳健的会计政策的收益质量比采取乐观的会计政策的收益质量高，采取稳健的会计政策会降低高估收益的可能性。

（2）会计政策的运用。在选定会计政策之后，对如何运用该会计政策，管理层仍然有一定的自由决定能力。例如，在选定提取资产减值准备的政策之后，对提取多大比例和多少数额，管理层仍有自由决定能力。管理层在广告费、修理费、研发费等酌量性费用的发生时间上有一定的自由决定能力。利用这种自由决定能力，管理层可以操纵报告盈利的水平。这种操纵使报告盈利与实际业绩的相关性减弱，降低了盈利质量。

（3）盈利与经营风险的关系。经营风险与环境有关，也与管理层的管理战略有关。经营风险大，盈利不稳定，盈利质量相对较低。影响经营风险的因素包括经营周期、收益水平对外部环境变化的敏感程度、盈利的稳定性、盈利的可变性、盈利来源的构成等。

一、盈利现金比率

盈利现金比率是指企业一定时期经营活动产生的现金净流量与净利润之间的比率，表明每 1 元净利润中经营活动产生的现金净流入。其计算公式如下：

$$盈利现金比率 = \frac{经营现金净流量}{净利润} \times 100\%$$

一般情况下，净利润越多，经营现金净流量越大，盈利质量越好。但有时也可能出现净利润越多，经营现金净流量越小的情况，此时企业的盈利质量较差。

格力电器 2015—2020 年盈利现金比率和趋势分析分别如表 5-5 和图 5-4 所示。

表 5-5　　　　　　　　　　格力电器 2015—2020 年盈利现金比率

项目	2015 年	2016 年	2017 年	2018 年	2019 年	2020 年
经营现金净流量/亿元	443.78	148.60	163.59	269.41	278.94	192.39
净利润/亿元	126.24	155.25	225.09	263.79	248.27	222.79
盈利现金比率	351.54%	95.72%	72.68%	102.13%	112.35%	86.35%

根据表 5-5 和图 5-4 可知，格力电器 2015—2017 年的盈利现金比率呈显著下降趋势，从 351.54%下降到 72.68%，下降幅度达到 79.33%，说明企业的盈利质量下降明显。2018—2019 年，盈利现金比率有所回升，但 2020 年再次下降。

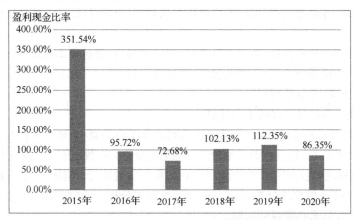

图 5-4　格力电器 2015—2020 年盈利现金比率趋势分析

使用盈利现金比率指标时要注意其缺陷。首先，投资收益并不反映在经营活动产生的现金流量中，所以投资类上市公司由于投资收益占利润比重过大，其盈利现金比率不理想。其次，即使不考虑投资收益的影响，资产规模引起的折旧差异，也会使该指标计算出现差异。如同行业盈利情况相近的企业，折旧多的企业盈利现金比率较高，而盈利能力相当、资产规模较小的企业盈利现金比率较低。

二、净收益营运指数

净收益营运指数是指经营净收益与净收益之间的比率。其计算公式如下：

$$净收益营运指数 = \frac{经营净收益}{净收益}$$

$$= \frac{净收益 - 非经营净收益}{净收益}$$

其中，非经营净收益是指企业发生的与经营业务无直接关系，以及虽与经营业务相关，但由于其性质、金额或发生频率，影响了真实、公允地反映企业正常盈利能力的具体数据。

进行企业净收益营运指数的历史比较和行业比较，可以评价企业的收益质量，判断企业的发展是否进入良性循环。

三、现金营运指数

现金营运指数是指经营现金净流量与经营现金毛流量的比率，其计算公式如下：

$$现金营运指数=\frac{经营现金净流量}{经营现金毛流量}$$

其中：

经营现金毛流量=经营活动税后净收益+折旧与摊销

经营现金净流量=经营活动税后净收益+折旧与摊销-营运资本增加

这里的"经营现金净流量"与现金流量表中的"经营活动产生的现金流量净额"有区别，后者包括全部所得税，而不仅限于经营活动的所得税。

经营活动产生的现金流量净额=净利润-非经营税前利润+折旧与摊销-营运资本增加

=经营税前利润+非经营税前利润-（经营所得税+非经营所得税）-非经营税前利润+折旧与摊销-营运资本增加

=经营税前利润-经营所得税-非经营所得税+折旧与摊销-营运资本增加

=经营净利润-非经营所得税+折旧与摊销-营运资本增加

=经营现金净流量-非经营所得税

因此，经营现金净流量可以按下式计算：

经营现金净流量=经营活动产生的现金流量净额+非经营所得税

现金营运指数大于 1，说明收益质量较高。如果现金营运指数小于 1，说明营运资金增加了，反映企业为取得同样的收益占用了更多的营运资金，取得收益的代价增加了，企业的营运业绩较差。

无论是净收益营运指数的分析还是现金营运指数的分析，通常都需要使用连续若干年的数据，仅仅靠一年的数据未必能说明问题。

第五节　上市公司盈利能力分析

由上市公司本身的特点所决定，其盈利能力除了可以通过一般企业盈利能力指标分析外，还可通过一些特殊指标进行分析，特别是一些与企业股票价格或市场价值相关的指标，如每股收益、股利支付率、市盈率、市净率等。

一、每股收益

每股收益是净利润扣除优先股股利后的余额与发行在外的普通股加权平均数之比。它反映了发行在外的每股普通股所能分摊的净收益或需承担的净损失，是衡量上市公司盈利能力和普通股股东获利水平及投资风险、预测企业成长潜力的一项重要财务指标。每股收益指标既可以用于企业之间的比较，以评价企业相对的盈利能力；也可以用于企业不同时期的比较，以了解企业盈利能力的变化趋势；还可以用于盈利预测，以掌握企业的发展潜力。

每股收益包括基本每股收益和稀释每股收益。基本每股收益仅考虑当期实际发行在外的普通股，而计算稀释每股收益主要是为了避免存在稀释性潜在普通股时每股收益的虚增可能带来的信息误导，以提供可比性更强、更有用的盈利信息。

1. 基本每股收益

基本每股收益是归属于普通股股东的当期净利润与当期实际发行在外的普通股加权平均数之

间的比率。其计算公式如下：

$$基本每股收益 = \frac{净利润 - 优先股股利}{发行在外的普通股加权平均数}$$

计算基本每股收益时，分子是归属于普通股股东的当期净利润，发生亏损的企业，基本每股收益以负数列示。以合并财务报表为基础计算的基本每股收益，分子应是归属于母公司普通股股东的当期合并净利润，即扣除少数股东权益后的余额。

计算基本每股收益时，分母是当期实际发行在外的普通股加权平均数，即期初发行在外的普通股股数根据当期新发行或回购的普通股股数与相应时间权数的乘积进行调整后的股数。应注意的是，上市公司库存股不属于发行在外的普通股，且无权参加利润分配，在计算时应扣除。

发行在外的普通股加权平均数=期初发行在外的普通股股数+当期新发行的普通股股数×已发行时间/报告期时间-当期回购普通股股数×已回购时间/报告期时间

其中，已发行时间/报告期时间和已回购时间/报告期时间一般按天计算。在不影响计算结果的情况下，也可按月计算。

2. 稀释每股收益

稀释每股收益是以基本每股收益为基础，假设上市公司所有发行在外的稀释性潜在普通股均已转换成普通股，从而分别调整归属于普通股股东的净利润和发行在外的普通股加权平均数而计算的每股收益。其计算公式如下：

稀释每股收益=（归属于普通股股东的净利润+优先股股利）/（发行在外的普通股权加权平均数+假定可转换优先股已转换为普通股而增加的普通股加权平均数）

格力电器 2015—2020 年每股收益及每股收益趋势分析分别如表5-6和图5-5所示。

表 5-6 　　　　　　　格力电器 2015—2020 年每股收益 　　　　　　　单位：元

项目	2015 年	2016 年	2017 年	2018 年	2019 年	2020 年
每股收益	2.08	2.56	3.72	4.36	4.11	3.71

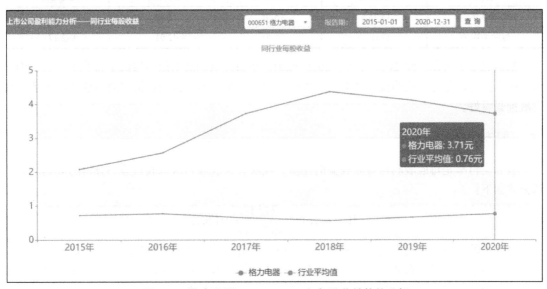

图 5-5　格力电器 2015—2020 年每股收益趋势分析

根据表 5-6 和图 5-5 可知，格力电器每股收益呈现先上升后下降的趋势，但是下降幅度较小，说明格力电器的盈利能力有明显提高，股票价值有所提升。

二、市盈率

市盈率又称每股价格与收益比率，是普通股的市场价格与每股收益之间的比率，即普通股每股市价相当于每股收益的倍数。它可用来判断企业股票与其他企业股票相比的潜在价值。其计算公式如下：

$$市盈率 = \frac{每股市价}{每股收益}$$

市盈率指标反映投资者对上市公司每股收益愿意支付的价格，可以用来估计股票的投资报酬和风险。市盈率越高，表明投资者对上市公司每股收益愿意支付的价格越高，说明投资者对该公司的发展前景看好；反之，市盈率越低，表明投资者对上市公司每股收益愿意支付的价格越低，意味着投资者对公司的发展前景不看好。市盈率的变动趋势可在一定程度上反映企业盈利能力的稳定性及潜在的发展能力。所以，一些成长性较好的高科技公司的股票市盈率往往较高，而一些传统行业公司的股票市盈率一般较低。同时，该指标还反映投资者所承担的风险：市盈率越高，投资者承担的风险越大；反之，投资者承担的风险越小。投资者选择投资目标时，可比较多个公司的市盈率，并结合其所属行业的经营前景进行分析。

一般情况下，发展前景较好的企业具有较高的市盈率，发展前景不佳的企业，这个指标一般较低。但是，当总资产报酬率很低或为负数时，每股收益可能为零或负数，在这一特殊情况下，仅仅利用这一指标来分析企业的盈利能力，常常会错误地估计企业的发展前景，所以还必须结合其他指标综合考虑。

格力电器 2015—2018 年市盈率与行业平均值比较如表 5-7 所示。

表 5-7　　　　格力电器 2015—2018 年市盈率与行业平均值比较

项目	2015 年	2016 年	2017 年	2018 年
格力电器	13.15	15.95	18.42	24.09
行业平均值	52.63	9.41	642.91	152.17

根据表 5-7 可知，除 2016 年外，2015—2018 年格力电器的市盈率均低于行业平均值，但其市盈率呈上升的趋势，表明投资者对该上市公司每股收益愿意支付的价格趋高，说明投资者对其发展前景看好。

三、股利支付率

股利支付率是每股股利与每股收益的比值，反映普通股股东从每股收益中分得的股利。其计算公式如下：

$$股利支付率 = \frac{每股股利}{每股收益} \times 100\%$$

公式中的每股股利是指实际发放给普通股股东的股利总额与流通股数的比值。股利支付率，一方面反映了普通股股东的获利水平，股利支付率越高，普通股股东获得的收益越多；另一方面反映了企业的股利政策，企业往往综合考虑其盈利水平、成长性、外部的投资机会、股东的市场反应等因素制定股利政策，而股利支付率是企业综合权衡这些因素的结果。

为了进一步分析股利支付率变动的原因，可将上式进行分解：

$$股利支付率 = \frac{每股股利}{每股收益} \times 100\%$$

$$= \frac{每股市价}{每股收益} \times \frac{每股股利}{每股市价} \times 100\%$$

$$= 市盈率 \times 股利报酬率$$

其中，股利报酬率，又称股利与市价比率，是每股股利与每股市场价格之比。

从公式可以看出，股利支付率主要取决于市盈率和股利报酬率。一般来说，长期投资者比较注重市盈率，而短期投资者比较注重股利报酬率。在市盈率一定的情况下，股利报酬率越高，则股利支付率越高。

四、市净率

市净率是每股市价与每股净资产之间的比率。其计算公式如下：

$$市净率 = \frac{每股市价}{每股净资产}$$

其中，$$每股净资产 = \frac{年末股东权益}{年末普通股股数}$$

市净率反映投资者对上市公司每股净资产（账面价值）愿意支付的价格。一般来讲，市净率越高，说明投资者对每股净资产愿意支付的价格越高，意味着企业资产质量越好，股票投资的风险越小；反之，市净率越低，说明投资者对每股资产愿意支付的价格越低，意味着企业资产质量越差，股票投资的风险越大。通常，优质企业的市净率往往偏高。

课后思考题

1. 企业管理者进行盈利能力分析的主要目的是什么？
2. 影响净资产收益率的因素有哪些？
3. 为什么说净资产收益率是反映企业盈利能力的核心指标？
4. 上市公司盈利能力指标与一般企业的盈利能力指标有何区别？
5. 什么是销售毛利率？销售毛利率与营业净利率之间有何关系？
6. 市盈率和市净率两个指标的作用是什么？

实战演练

根据前述青岛啤酒资料，结合青岛啤酒 2016—2021 年的年报资料，汇总整理相关财务数据如表 5-8 至表 5-10 所示。

表 5-8　　　　　　青岛啤酒 2016—2021 年经营成果　　　　　　单位：亿元

项目	2016 年	2017 年	2018 年	2019 年	2020 年	2021 年
营业收入	261.06	262.77	265.75	279.84	277.60	301.67
营业成本	152.65	156.22	165.56	170.80	180.00	190.91
税金及附加	22.31	23.25	23.27	23.13	22.19	23.19

续表

项目	2016 年	2017 年	2018 年	2019 年	2020 年	2021 年
销售费用	60.29	57.69	48.69	51.04	35.73	40.97
管理费用	13.41	12.44	13.86	18.81	16.78	16.93
财务费用	-2.57	-3.70	-4.97	-4.84	-4.71	-2.43
营业利润	16.40	19.92	23.78	26.98	33.42	46.44
利润总额	21.23	21.05	23.80	27.27	33.31	45.90
所得税费用	10.18	7.23	8.19	7.98	9.13	12.23
净利润	11.05	13.82	15.61	19.29	24.18	33.67

表 5-9 　　　　　　　青岛啤酒 2016—2021 年资产负债表（简表）　　　　　　单位：亿元

项目	2016 年	2017 年	2018 年	2019 年	2020 年	2021 年
资产总计	300.77	309.75	340.75	373.12	415.14	465.64
负债合计	131.98	132.00	153.85	173.99	201.46	227.69
股东权益合计	168.79	177.75	186.90	199.13	213.68	237.94

表 5-10 　　　　　　　　青岛啤酒 2016—2021 年每股收益　　　　　　　　单位：元

项目	2016 年	2017 年	2018 年	2019 年	2020 年	2021 年
每股收益	0.772	0.935	1.053	1.371	1.629	2.328

要求：

（1）计算分析青岛啤酒 2016—2021 年的资产盈利能力。

（2）计算分析青岛啤酒 2016—2021 年的收入利润率。

（3）计算分析青岛啤酒 2016—2021 年的成本利润率。

（4）根据青岛啤酒每股收益指标评价其盈利能力在 2016—2021 年的变化情况。

第六章

企业营运能力分析

东阿阿胶去库存初见曙光[①]

东阿阿胶成立于 1993 年 5 月 28 日，主要从事阿胶及阿胶系列产品的研发、生产和销售。1996 年 7 月 29 日，东阿阿胶上市。2017 年 6 月 30 日，东阿阿胶以 70.70 元/股收盘，股价突破前高。

自古以来，阿胶一直被誉为补气血的良品。2018 年 2 月 18 日，有言论称阿胶的主要成分并不是一种优质蛋白质。这将东阿阿胶推向风口浪尖。在消费市场上，购买阿胶的消费者变成"笑话"；在资本市场上，投资者苦笑自己花真金白银为驴皮买了单。

此后，东阿阿胶不断传出利空消息。2019 年，东阿阿胶销量大减，库存积压，业绩严重下滑，质疑声此起彼伏。2019 年 7 月 14 日，东阿阿胶发布公告称"企业半年度净利润为 1.81 亿～2.16 亿元，同比下滑 75%～79%"，这让其在公告发布的第二天蒸发近 40 亿元的市值。

来自同花顺的数据显示，自 2018 年 2 月 22 日至 2019 年 7 月 15 日，东阿阿胶股价从约 61

---

① 资料来源：根据公开网络资料整理而成。

元/股跌至约 34 元/股。东阿阿胶的市场表现同样累及母公司华润医药，其股价一度缩水四分之一。

东阿阿胶开始了长达 3 年的去库存之路，清理渠道库存，控制发货，通过数字化营销手段促进销售。2020 年年报显示，东阿阿胶实现营业收入 34.09 亿元，同比增长 14.79%；实现净利润 4,328.93 万元，同比大幅上涨 109.52%；一季度，东阿阿胶尚亏损 0.83 亿元，但二季度亏损迅速降至 15 万元。进入 2020 年下半年，东阿阿胶单季净利润均维持在 6,000 万元左右，同时经营性活动产生的现金流量净额持续改善，四季度已超过 7 亿元。

东阿阿胶持续以消费者为中心，推进数字化转型，提升消费者体验，并从购物地点、信息传递方式、移动互联网、自媒体等渠道，加强与终端消费者之间的互动，去库存初见成效。

思考： 东阿阿胶是如何盘活存量资产的？盘活存量资产是如何影响企业盈利目标的？

第一节 企业营运能力分析的目的与内容

一、企业营运能力分析的目的

企业的营运能力，是指企业使用资产支撑经营活动的效率。效率越高，意味着企业支撑同样规模的经营活动使用的资产越少，或是同样多的资产可以支撑更大规模的经营活动。这种能力通常用各项资产的周转率来描述。

从另一个角度讲，企业取得收入的过程，在企业内部表现为资金形态的不断转换，即从现金变成存货，存货出售形成应收账款，应收账款最终收回从而获得更多现金，然后再次循环往复，不断实现营业收入。在这个过程中，每一个环节的资产如果能够尽快转化到下一个环节，则会大大缩短从投资到获利的时间，使得企业在相同的时间内多次创造营业收入，从而提高企业获得利润的效率。在实现营业收入的过程中，一种资金从现有形态转化到下一种形态所用的时间称为资金的周转期。

进行企业营运能力分析的主要目的如下。

1. 评价企业资产的流动性

企业资产的两大基本特征是收益性和流动性。企业要想获取预期的收益，就必须使资产处于不断流动之中。当企业的资产处于静止状态时，就谈不上获取收益。资产的流动性越强，企业获得预期收益的可能性就越大。资产的流动性是企业营运能力的基本表现，对企业营运能力进行分析，可以正确评价企业资产的流动情况。

2. 评价企业资产的利用效率

提高企业资产流动性的目的在于提高企业的经济效益，企业的目标是利润最大化。企业资产运营的实质就是以尽可能少的资产占用，在尽可能短的时间，生产出尽可能多的产品，实现尽可能多的销售收入。

3. 挖掘企业资产利用的潜力

企业营运能力受多种因素共同影响，对企业营运能力进行分析，可以了解企业不同资产的价值贡献程度、资产利用方面存在的问题，从而提高企业资产运营效率。

二、企业营运能力分析的内容

企业的资产分为流动资产和固定资产。理论上说，营运能力指标数据可以是营业收入与所有营运资产项目和类别比较的结果，然而依据重要性和成本效益原则，我们通常只考虑重要的营运资产项目和类别。企业营运能力分析具体包括流动资产营运能力分析、非流动资产营运能力分析和总资产营运能力分析三部分。

三、企业营运能力分析的一般指标

反映营运能力的指标主要包括周转期和周转率两种。周转期，即每种资产或负债从发生到收回或支付的天数；周转率是一年内资产或负债循环往复的次数，也称为周转次数。

周转期和周转率的构建都采用一定期间内实现的业务量与资产金额对比的方式，即使用效率=流量指标/存量指标。计算时，通常使用一年的业务量计算周转率和周转期；选取的资产金额则是该资产年初金额和年末金额的平均值。如果企业的经营具有明显的季节性，使用资产年初金额和年末金额的平均值显然无法代表企业全年实际的资金占用情况。因此，对于这种季节性差异显著的企业，可将季度报表中的资金额进行平均。本章中的营运能力分析以普通企业为主，不考虑具有明显季节性差异的企业。资产周转率和资产周转期的具体计算公式如下：

$$资产周转率（次数）=\frac{计算期资产周转额}{计算期资产平均占用额}$$

$$资产周转期（天数）=\frac{计算期天数}{资产周转率（次数）}$$

资产周转次数和资产周转天数从两个不同的方向表示资产的周转速度。资产周转次数表示在一定时期内完成从资产投入到资产收回的循环次数，而资产周转天数则表示完成一个从资产投入到资产收回的循环需要多长时间。资产周转次数和资产周转天数呈反方向变动，在一定时期内，资产周转次数越多，资产周转天数就越少，资产周转速度就越快，营运效率就越高；反之，资产周转次数越少，资产周转天数就越多，资产周转速度就越慢，营运效率就越低。

实务中，一般采用资产周转天数来表示资产的运营效率。这是因为企业为提高生产技术水平、改善生产组织等而使资产周转速度加快时，明显表现为资产占用时间缩短，资产周转天数可以直观地反映出资产周转对生产技术和生产组织的依存关系。采用资产周转天数可以消除期限长短对周转速度的影响，使不同计算期间的资产周转速度能够直接进行比较。

第二节　流动资产营运能力分析

流动资产周转速度直接影响固定资产周转速度。企业的流动资产主要包括现金、应收账款、存货等。因此对流动资产管理效果进行分析主要是分析现金、应收账款和存货的周转能力。

一、现金周转速度分析

反映现金周转速度的指标主要是现金周转期（天数）。现金周转期是指现金从投入生产经营开始到最终转化为现金的这段时间。企业的现金周转期越短，表明企业现金资产的周转速度越快，使用效率越高；现金周转期越长，说明企业现金资产的使用效率越低。其计算公式为：

现金周转期=存货周转期+应收账款周转期−应付账款周转期

值得注意的是，当现金周转期等于零时，意味着除了周转所需的现金外，企业的其他流动资金需求都可以由应付账款来支持；该指标小于零时，则表明企业没有为经营活动垫支资金，企业的营运资金主要依靠应付账款。现金周转期缩短，说明企业经营环节资金占用减少，资金来源增加，资金趋于充裕；现金周转期延长，则说明企业经营环节资金占用增加，第三方资金占用减少，资金趋于紧张。

二、应收账款周转速度分析

反映应收账款周转速度的指标有应收账款周转率和应收账款周转天数。

1. 应收账款周转率

应收账款周转率是指企业一定时期营业收入与应收账款平均余额的比率，用以反映企业应收账款的周转速度。其计算公式如下：

$$应收账款周转率 = \frac{营业收入}{应收账款平均余额}$$

式中，

$$应收账款平均余额 = \frac{期初应收账款 + 期末应收账款}{2}$$

应收账款周转率是反映企业应收账款变现速度与管理效率的指标。虽然该指标存在一定缺陷，但是，一般而言，应收账款周转率越高，周转次数越多，则应收账款收回的速度越快，企业应收账款的运用效率越高，在其他条件不变的情况下，流动资产的质量越高，短期偿债能力就越强。同时，企业保持较高的应收账款周转率可以有效地减少应收账款的坏账损失，从而增强企业流动资产的获利能力。反之，较低的应收账款周转率则表明企业应收账款管理效率较低，企业需要加强应收账款的管理和催收工作。根据对应收账款周转率的具体分析，企业还可以评价客户的信用程度及企业信用政策的合理性。

在计算应收账款周转率时，应注意以下几个问题。

（1）营业收入的赊销比例问题。应收账款是指企业赊销商品而产生的债权资产，理论上，为使分子、分母口径一致，分子应该使用赊销收入净额。赊销收入净额是指营业收入扣除现销收入、销售退回、销售折扣和折让后的余额。但是这些财务数据作为商业秘密一般不对外公布，外部分析者很难取得赊销收入净额的相关资料，因此一般用营业收入来代替。

（2）应收账款年末余额的可靠性问题。应收账款是特定时点的存量资产，容易受季节性、偶然性和人为因素的影响。在将应收账款周转率用于业绩评价时，应使用多个时点的平均数，以减少这些因素的影响。

（3）应收账款的坏账准备问题。公开财务报表上列示的是应收账款的净额，即应收账款总额扣除坏账准备后的余额，但营业收入并不会因计提坏账准备而减少。其结果是，提取的坏账准备越多，应收账款周转次数越多，这种增加并不能说明企业管理效率的提高。因此，使用应收账款总额作为计算基础更加准确。

（4）应收票据等问题。企业的应收票据、应收账款、应收账款融资等共同组成了企业的营业收入，因此将其他应收项目也纳入周转率的计算更加合理。

（5）由于资产负债表中的数据是时点数，仅从某一时期或者某一时点上很难看清应收账款的发展规律。可以通过将连续若干年的应收账款周转率与本期应收账款周转率相对比，进行趋势分析，准确判断和评价应收账款的周转速度。

（6）其他因素。应收账款的管理是事前、事中和事后综合协调的过程。分析应收账款时应该综合考虑信用政策、收账政策等因素的变化情况。

2. 应收账款周转天数

应收账款周转天数也称为应收账款平均收账期，是指企业从产品销售出去开始到收回应收账款所用的天数。其计算公式如下：

$$应收账款周转天数 = \frac{365}{应收账款周转率} = 应收账款平均余额 \times \frac{365}{营业收入}$$

应收账款周转天数越少，说明企业应收账款变现的速度越快，企业资金被外单位占用的时间就短，应收账款管理工作的效率就越高。分析应收账款周转天数有利于改善企业的管理工作。

企业生产经营的季节性原因、企业大量使用分期付款或现金销售方式、企业年末销售量大幅度增加或者年初销售量大幅度下降等，都会对应收账款周转率和应收账款周转天数产生影响。投资者在分析这两个指标时，应结合企业历史数据及行业均值，综合对企业情况进行评价。

格力电器 2015—2020 年应收账款周转率及其趋势分析分别如表 6-1 和图 6-1 所示。

表 6-1　　　　　　　　　格力电器 2015—2020 年应收账款周转率分析

项目	2015 年	2016 年	2017 年	2018 年	2019 年	2020 年
营业收入/亿元	977.45	1,083.03	1,482.86	1,981.23	1,981.53	1,681.99
应收账款平均余额/亿元	27.70	29.20	43.88	67.57	81.06	86.26
应收账款周转率/次	35.28	37.09	33.80	29.32	24.44	19.50
应收账款周转率行业平均值/次	12.67	12.09	12.74	12.48	12.46	11.23

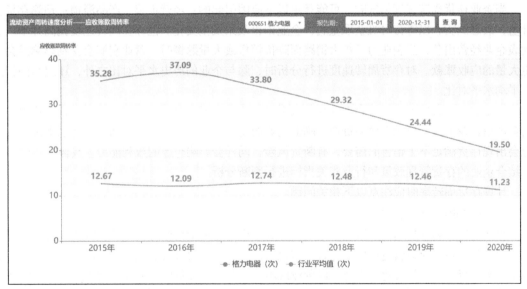

图 6-1　格力电器 2015—2020 年应收账款周转率趋势分析

由表 6-1 和图 6-1 可知，2015—2020 年格力电器的应收账款周转率远远高于行业平均值，2015 年格力电器的应收账款周转率为 35.28 次，而行业平均周转率只有 12.67 次，格力电器应收账款周转速度接近行业平均值的三倍。按照一年 360 天计算，格力电器 2015 年的应收账款周转天数接近 10 天，应收账款管理效率极高。2018—2020 年格力电器应收账款周转率呈下降趋势，但是整体来看，应收账款周转速度仍然快于行业平均值。

三、存货周转速度分析

在大多数企业的流动资产中，存货所占的比重较大，存货的流动性将直接影响企业的流动比率，因此，企业应特别重视对存货的分析。

企业存货的周转速度可以使用存货周转率和存货周转天数来进行分析。存货周转率是指企业在一定会计期间内的营业成本与存货平均余额之间的比率，存货周转天数是指企业存货周转一次所需要的时间。这两个指标是衡量和评价企业购入存货、投入生产、销售收回等各环节管理状况的综合性指标。其计算公式为：

$$存货周转率（次数）=\frac{营业成本}{存货平均余额}$$

$$存货周转天数=\frac{365}{存货周转率}=存货平均余额×\frac{365}{营业成本}$$

公式中的营业成本来自利润表，存货平均余额来自资产负债表中的期初存货与期末存货的平均数。存货周转率的高低反映企业存货管理水平的高低，一般情况下，存货周转率越高，说明企业存货转为现金、应收账款等的速度越快，存货的变现能力越强；反之，存货周转率越低，存货周转速度越慢，则存货的变现能力越差。

存货周转速度分析的目的是从不同的角度和环节找出存货管理中的问题，在保证生产经营连续性的同时，使存货尽可能少地占用经营资金，提高资金的使用效率和企业管理水平，增强企业的短期偿债能力。

当企业存货周转速度偏低时，可能是由以下原因引起的：经营不善、产品滞销；预测存货将升值，故意囤货，以等待时机获取重利；企业销售政策发生变化。但存货周转速度偏高并不一定代表企业经营出色，当企业为了扩大销路而降价销售或大量赊销时，营业利润会受到影响或会产生大量的应收账款。对存货周转速度进行分析时，除与企业的历史水平对比之外，还应与同行业的平均水平对比。

在正常经营条件下，保持合理的存货水平对企业盈利能力有重要影响。一方面，存货水平过高会占用企业资金，形成低效率资产，降低企业的盈利水平；另一方面，如果存货水平过低，可能会出现存货满足不了销售的需要，有断货风险，同样会影响企业的盈利能力。具体分析时，必须结合企业的存货管理政策和行业相关指标进行判断分析。

计算存货周转率时应注意以下相关问题。

1. 业务量指标的选取

存货周转率和存货周转天数通常采用营业成本作为业务量指标，而不采用营业收入作为指标。这是因为存货在企业运营过程中最终直接转化为营业成本，通过营业成本的收回，存货完成了从物质形态到货币形态的转化，因此，以营业成本为基础计算存货周转率和存货周转天数更能反映存货管理的水平。同时，分析者还应注意根据分析目的选取业务量指标。如果是为了判断企业短期偿债能力，应该采用营业收入；如果是为了评估存货的管理业绩，应当使用营业成本。如果营业收入与营业成本之间能保持固定的比例关系，使用营业收入代替营业成本也是允许的。

2. 存货平均余额的选取

存货平均余额代表企业对存货的投资额，即企业存货占用的资金量，存货占用的资金量是包含计提的存货跌价准备的。计算存货平均余额时，应使用计提存货跌价准备以前的账面余额，使分子、分母口径更为一致。但是，如果企业存货跌价准备的金额不大或者计提比例没有明显改变，也可以简化为以存货净额为基础计算。

3. 计算期间的选取

存货周转率和存货周转天数使用的期间通常为会计年度，假设每年为 365 天。为方便计算比较，通常使用企业公开的年度报告数据。但是如果分析者分析的对象是有季节性差异的企业，并且分析者关注企业在同一季度内的管理效率问题，则可使用季度报表。

4. 库存周期

企业在生产过程中，面临经济周期、生产周期、消费周期等各种不确定因素，因此存货的库存周期也具有一定的持续性和不稳定性。库存周期可以粗略地分为以下几个阶段。

（1）被动减少库存阶段。通常是市场需求增加而导致企业被动减少库存，比如煤炭作为传统能源，在能源危机下需求暴增。

（2）主动增加库存阶段。在这一阶段，企业可能看到市场价格有上涨趋势，为了逐利而加大生产。比如 2022 年猪周期后半程，猪肉价格居高不下，养猪户和猪企大量增加繁育、供给量。

（3）被动增加库存阶段。被动增加库存一般出现在签了长期供销合同的企业之间，市场需求可能不足，但合约限制了企业必须生产或购买产品的数量，导致库存增加。

（4）主动减少库存阶段。

5. 存货类型差异

存货周转率是针对企业所有存货而言的，在能够获得相关数据的情况下，还可以对不同类别的存货分别进行分析。例如，对工业企业，存货按照性质分为原材料存货、在产品存货和产成品存货。企业存货的周转从投入货币资金购入生产经营所需要的原材料开始，然后原材料投入生产环节加工形成在产品，在产品完工入库形成产成品，产成品销售形成货币资金流入。因此，可以用原材料周转率、在产品周转率和产成品周转率来反映存货在各个周转阶段的资金占用情况。其计算公式分别为：

$$原材料周转率=\frac{耗用原材料成本}{原材料平均余额}$$

$$在产品周转率=\frac{当期生产成本}{在产品平均余额}$$

$$产成品周转率=\frac{营业成本}{产成品平均余额}$$

对工业企业而言，各阶段存货周转额并不相同，因而用营业成本代替所有存货的周转额并不十分准确。这样分阶段计算的存货周转率比笼统计算的存货周转率更加准确，也便于企业对各阶段的责任单位进行考核。因此，各阶段的存货周转天数之和并不等于总的存货周转天数，总的存货周转天数和原材料周转天数在产品周转天数、产成品周转天数的关系可以表示为：

$$存货周转天数=\frac{(原材料平均余额+在产品平均余额+产成品平均余额)\times计算期天数}{营业成本}$$

$$=原材料周转天数\times\frac{耗用原材料成本}{营业成本}+在产品周转天数\times\frac{当期生产成本}{营业成本}+产成品周转天数$$

依据格力电器 2015—2020 年的财务数据（见表 6-2 和图 6-2），其存货周转情况分析如下。

表 6-2 和图 6-2 表明，格力电器的存货周转天数在 2015—2019 年相对比较稳定，2020 年出现大幅度增加主要是由于营业成本的下降和存货平均余额的提高。2020 年格力电器的存货周转天数（75.29 天）高于行业平均值（64.95 天），企业需要提升市场份额，加大产品的销售，减少产品库存。

表 6-2　　　　　　　　　　　格力电器 2015—2020 年存货周转天数分析

项目	2015 年	2016 年	2017 年	2018 年	2019 年	2020 年
存货平均余额/亿元	90.37	92.49	127.97	182.90	220.48	259.82
营业成本/亿元	660.17	728.86	995.63	1,382.34	1,434.99	1,242.29
存货周转天数/天	49.28	45.68	46.27	47.63	55.31	75.29
存货周转天数行业平均值/天	54.18	52.57	54.17	58.55	61.04	64.95

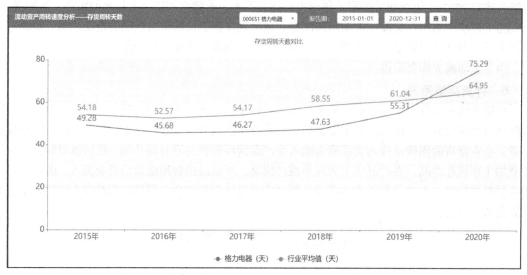

图 6-2　格力电器 2015—2020 年存货周转天数趋势分析

四、流动资产周转速度分析

企业资产的流转影响企业的获利能力，流动资产的营运速度将直接影响企业的获利状况，可以说，流动资产营运能力是企业营运能力的核心。流动资产整体周转速度可以使用流动资产周转率和流动资产周转天数来反映。

流动资产周转率是指企业一定时期内的营业收入与流动资产平均余额的比率，即流动资产在一定时期内（通常为一年）周转的次数，它以产品实现销售为标志。表现产品销售实现的指标有营业收入和营业成本。如果使用营业成本这一指标作为流动资产周转率的计算基础，则流动资产周转率反映企业垫支资金的周转速度；如果使用营业收入这一指标作为流动资产周转率的计算基础，流动资产周转率既能反映流动资产的周转速度，又能反映流动资产利用的效率。企业内部财务分析视具体分析目的的不同，可以使用营业收入或者营业

成本作为计算基础，外部财务分析者一般采用营业收入。其计算公式如下：

$$流动资产周转率=\frac{营业收入}{流动资产平均余额}$$

其中，$流动资产平均余额=\frac{期初流动资产+期末流动资产}{2}$

流动资产周转天数反映流动资产周转一次所需要的时间，其计算公式为：

$$流动资产周转天数=\frac{365}{流动资产周转率}$$

流动资产周转率越高，流动资产周转天数越少，说明企业相同的流动资产完成的周转次数越多，企业流动资产的经营利用效果越好。企业流动资产周转率越高，则能用越少的流动资产取得相同的营业收入，企业盈利能力越高。一般情况下，应收账款和存货占据流动资产的绝大部分，它们的周转情况直接决定了流动资产周转情况。

企业要实现流动资产周转率的良性循环，需要努力扩大营业收入，尽力加快流动资产的周转。企业对流动资产周转的影响因素进行深入的分析，有助于企业采用具体措施提高流动资产周转速度，进而提高企业盈利能力。

流动资产周转率可以分解为流动资产垫支周转率和成本收入率两个指标。

$$
\begin{aligned}
流动资产周转率&=\frac{营业收入}{流动资产}\\
&=\frac{营业成本}{流动资产}\times\frac{营业收入}{营业成本}\\
&=流动资产垫支周转率\times成本收入率
\end{aligned}
$$

流动资产垫支周转率从成本角度考察投入生产领域的资源运作效率，产出越大，效率越高。成本收入率则考察企业生产的产品能否在市场上实现销售并创造足够多的利润。二者实质上是企业盈利能力的衡量指标。企业只有生产适销对路的产品，并尽可能降低成本，才有可能实现最大的利润。

格力电器2015—2020年流动资产周转率分析如表6-3所示，流动资产周转率变动因素分析如表6-4所示。

表6-3　　　　　　　　格力电器2015—2020年流动资产周转率分析

项目	2015年	2016年	2017年	2018年	2019年	2020年
营业收入/亿元	977.45	1,083.03	1,482.86	1,981.23	1,981.53	1,681.99
流动资产平均余额/亿元	1,205.46	1,319.30	1,572.23	1,856.23	2,065.37	2,134.99
其中：存货平均余额/亿元	90.37	92.49	127.97	182.90	220.48	259.82
营业成本/亿元	660.17	728.86	995.63	1,382.34	1,434.99	1,242.29
流动资产周转率/次	0.81	0.82	0.94	1.07	0.96	0.79
成本收入率	1.48	1.49	1.49	1.43	1.38	1.35
流动资产周转率行业平均值/次	1.30	1.33	1.45	1.43	1.37	1.24

表 6-4　　　　　　　　格力电器 2015—2020 年流动资产周转率变动因素分析　　　　　　单位：次

项目	2015 年	2016 年	2017 年	2018 年	2019 年	2020 年
流动资产周转率变动	−0.41	0.01	0.12	0.13	−0.11	−0.17
流动资产垫支周转率影响	−0.37	0.00	0.12	0.16	−0.07	−0.15
成本收入率影响	−0.04	0.01	0.00	−0.04	−0.03	−0.02

由图 6-3 可知，格力电器 2015—2020 年的流动资产周转率较为稳定，但是格力电器属于传统家电行业，与行业平均值相比尚有提高流动资产周转率的空间。进一步分析发现，影响企业流动资产周转率的因素具体有流动资产垫支周转率和成本收入率，以 2019 年为例，2019 年流动资产周转率下降了 0.11 次，主要是在流动资产垫支周转率下降的影响下下降了 0.07 次，在成本收入率下降的影响下下降了 0.03 次，因此企业减少流动资产垫支的同时，更重要的是向成本要效益，需要控制营业成本的相对增加速度。

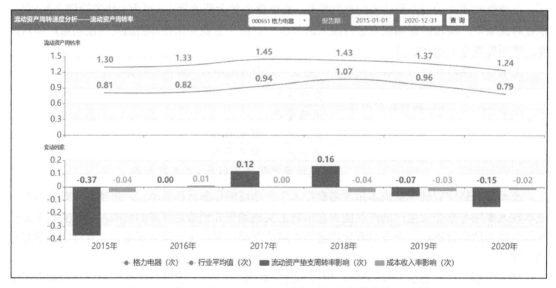

图 6-3　格力电器 2015—2020 年流动资产周转率趋势分析

第三节　非流动资产营运能力分析

一、固定资产周转率

固定资产周转率（Fixed Assets Turnover），也叫固定资产收入率，是衡量固定资产使用效率的指标。通常而言，固定资产周转率越高，说明企业固定资产的利用效率越高，企业的闲置资产越少；固定资产周转率过低，可能是企业的销售情况较差，也可能意味着企业存在利用低效甚至闲置的固定资产。其计算公式如下：

$$固定资产周转率（次数）= \frac{营业收入}{固定资产平均净值}$$

　　由于企业的固定资产价值是以成本、费用的方式转移到产品之中的，这种价值转移与收回的对应关系很难量化，因此按照企业固定资产投资的获利目的，分子一般采用营业收入。分母可采用资产负债表上的固定资产净额或者固定资产净值。但是要注意，如果企业固定资产减值准备金额较大，以固定资产净额为基础计算的固定资产周转率会较高，而固定资产减值准备的计提本身并不能提高固定资产的利用效率，它是固定资产投资的损失。这时为更准确地反映固定资产的使用效率，应该使用报表中的固定资产净值。

　　分析固定资产周转率指标时要注意以下问题。

1. 关注行业特点

　　固定资产周转率在很大程度上与企业所处行业资产特点有关。资本密集型行业通常有大量的固定资产，因此固定资产周转率较低；而劳动密集型行业通常具有较高的固定资产周转速度。分析固定资产周转率时应该结合企业具体的经营特点，如房地产开发企业的经营特点决定了其不需要太多的固定资产投入，因此房地产开发企业的固定资产周转率通常较高。

2. 关注行业周期的影响

　　固定资产的投资具有不可逆性，对企业的战略影响非常大。行业周期非常明显的企业，在行业周期的不同阶段，其固定资产周转率会表现出较大的差异。当行业周期处于上行阶段时，固定资产周转因营业收入的快速增长而加快，固定资产周转率提高；反之，当行业周期处于下行阶段时，产销量急剧下滑，固定资产的周转因营业收入的快速下滑而放缓，固定资产周转率降低。技术更新带来的固定资产频繁且大幅度的更新，也会带来固定资产周转速度的下降。这种固定资产周转率的大幅度变化，会给企业和投资者带来较高的风险。

3. 关注宏观经济形势的影响

　　企业的固定资产一般都采用历史成本计量，在固定资产和销售状况都没有发生变化的情况下，通货膨胀因素可能导致物价上涨而引起营业收入增加，从而使固定资产周转率提高，但固定资产的实际运营效率并未改变。

4. 关注大额投资的影响

　　企业在经营扩张阶段，往往一次性进行大规模的固定资产投资，如建立新的生产线等。这种大规模的固定资产投资形成了巨大的产能，但是短期内并不能转化为营业收入，此时固定资产周转率往往较低，分析时不能因此得出企业固定资产管理不善的结论。如果经过较长一段时期，固定资产周转率一直保持较低的水平，则说明企业资产规模的扩大并没有带来相应收入的增加，企业投资存在失误。

5. 关注折旧政策的影响

　　固定资产折旧计提的方法有年限平均法和加速折旧法。累计折旧在一定程度上受到折旧计提方法的影响。如果对比的两家公司采用的折旧计提方法存在较大差异，很可能得出违背实际情况的结论。如两家航空公司对某机型飞机设定的折旧年限分别是 10 年和 25 年。该机型飞机的经济使用寿命是 15 年，价格约为 5 亿元，在不考虑其他因素的情况下，按照 10 年计提折旧，该飞机每年应计提 5,000 万元的折旧；按照 25 年计提折旧，则每年计提 2,000 万元的折旧。累计折旧的增加会减少固定资产净值，使得固定资产周转率中的分母减少。在营业收入不变的前提下，折旧计提金额增加会加快固定资产周转率，因此，固定资产周转速度加快并不能直接说明企业资产管理效率提高。

6. 关注固定资产取得方式的影响

固定资产的不同取得方式会对固定资产周转率的计算产生影响。如果一家企业的厂房或设备是通过经营租赁取得的，而另外一家同行业企业却通过购入取得固定资产，那么对这两家企业的固定资产周转率进行比较就会得到误导信息。在这种情况下，可以寻找一家与被分析企业资产结构类似的企业进行对比，或者对企业的历史数据进行分析。

格力电器 2015—2020 年固定资产周转率分析如表 6-5 所示。

表 6-5　　　　　　　　格力电器 2015—2020 年固定资产周转率分析

项目	2015 年	2016 年	2017 年	2018 年	2019 年	2020 年
营业收入/亿元	977.45	1,083.03	1,482.86	1,981.23	1,981.53	1,681.99
固定资产平均净值/亿元	151.86	165.57	175.75	179.27	187.54	190.56
固定资产周转率/次	643.65	654.12	843.73	1,105.17	1,056.59	882.66
固定资产周转率行业平均值/次	669.73	688.68	844.42	924.26	914.08	876.37

根据表 6-5，从格力电器自身来看，除 2020 年外，固定资产周转率稳中有增，即固定资产的小幅增加伴随着营业收入的大幅增加，说明企业固定资产的利用效率增加。从行业平均值来看，格力电器固定资产周转率从略低于行业平均值到高于行业平均值，反映出企业可能深挖了固定资产的产能，提高了固定资产的利用效率。

二、固定资产产值率

固定资产是企业的主要生产资料，固定资产的利用效率可以通过所生产的产品表现出来。固定资产产值率是指一定时期内总产值与固定资产平均总值之间的比率。该指标越高，说明企业固定资产的投入产出效率越高，企业运营状况越好。其计算公式如下：

$$固定资产产值率 = \frac{总产值}{固定资产平均总值} \times 100\%$$

式中，总产值一般按照不变价格来计算，即可以理解为企业在一定时期内生产的按照价值计算的全部产品。公式中的分母是采用固定资产原值还是采用固定资产净值，有两种观点。一种观点主张用固定资产原值计算，理由是：固定资产生产能力并非随着其价值的逐步转移而相应降低，比如，一种设备在其全新时期和半新时期往往具有同样的生产能力；再则，用原值便于对企业不同时间或对不同企业进行比较，如果采用净值计算则失去可比性。另一种观点主张采用固定资产净值计算，理由是：固定资产原值并非一直全部被企业占用，只有采用净值计算，才能真正反映一定时期内企业实际占用的固定资产。实际上，单纯地采用哪一种计价标准都难免偏颇，为了从生产能力、资金占用两个方面来考核企业的固定资产利用水平，应同时采用原值和净值两种计价标准。

格力电器 2015—2020 年固定资产产值率及其趋势分析分别如表 6-6 和图 6-4 所示。

表 6-6　　　　　　　　格力电器 2015—2020 年固定资产产值率分析

项目	2015 年	2016 年	2017 年	2018 年	2019 年	2020 年
总产值/亿元	−305.31	195.8	565.52	698.48	241.15	−20.74
固定资产平均总值/亿元	151.86	165.57	175.75	179.27	187.54	190.56
固定资产产值率	−201.05%	118.27%	321.78%	389.62%	128.59%	−10.88%

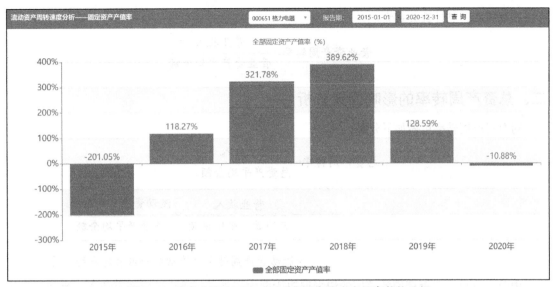

图 6-4 格力电器 2015—2020 年固定资产产值率趋势分析

根据表 6-6 和图 6-4，格力电器固定资产产值率出现先升后降的趋势，进一步分析数据发现，格力电器 2016—2019 年固定资产平均总值变化并不大，而总产值的较大波动引起了固定资产产值率的较大波动。2017 年格力电器总产值达到 565.52 亿元，而 2020 年为-20.74 亿元，其深层次的原因可以通过进一步结合年报等公开数据资料进行分析。

第四节　总资产营运能力分析

总资产营运能力分析是对企业全部资产使用效率的总体评价，往往使用总资产周转率指标来分析。

一、总资产周转率

总资产周转率是指企业一定时期内的营业收入与总资产平均余额的比率。其计算公式为：

$$总资产周转率 = \frac{营业收入}{总资产平均余额}$$

总资产周转率指的是企业的全部资产在一定时期内完成周转的次数。该指标反映每一元资产赚取收入的能力，体现了企业经营期间全部资产从投入到产出的流转速度。总资产周转率越高，表明企业总资产周转速度越快，销售能力越强，资产利用效率越高。分析该指标时，应关注总资产与营业收入的匹配性。

总资产周转率是衡量企业资产管理效率的重要指标，它计算简单、易于操作。但是，总资产周转率计算公式中分子和分母口径缺乏一致性。分子是营业收入，指企业从事营业活动所取得的收入净额；分母是企业各项资产的总和，包括交易性金融资产、投资性房地产、长期股权投资、固定资产等。长期股权投资等给企业带来的效益表现为投资收益，不能形成营业收入。因此，当企业金融资产占比较高时，该指标会失去可比性。可行的办法是把分母中的总资产修改为经营资产，简化计算方法为总资产减去对外投资总额，从而得到一个新的反映资产周转率的指标——营业资产周转率，其计算公式为：

$$营业资产周转率=\frac{营业收入}{营业资产平均余额}$$

二、总资产周转率的影响因素分析

对总资产周转率可做如下分解：

$$总资产周转率=\frac{营业收入}{总资产平均余额}$$

$$=\frac{营业收入}{流动资产平均余额}\times\frac{流动资产平均余额}{总资产平均余额}$$

$$=流动资产周转率\times流动资产占总资产的比重$$

由公式可见，总资产周转速度的快慢取决于两大因素。一是流动资产周转率。流动资产的周转速度往往快于其他资产的周转速度，加快流动资产周转就会使总资产周转速度加快；反之，流动资产周转速度下降会使总资产周转速度减慢。二是流动资产占总资产的比重，由于流动资产的周转速度快于其他资产的周转速度，所以企业流动资产所占比重越大，总资产的周转速度就越快。

格力电器 2015—2020 年总资产周转率分析如表 6-7 所示，总资产周转率变动因素分析如表 6-8 所示，总资产周转率趋势分析如图 6-5 所示。

表 6-7　　　　　　格力电器 2015—2020 年总资产周转率分析

项目	2015 年	2016 年	2017 年	2018 年	2019 年	2020 年
营业收入/亿元	977.45	1,083.03	1,482.86	1,981.23	1,981.53	1,681.99
总资产平均余额/亿元	1,589.64	1,720.34	1,986.69	2,331.01	2,671.03	2,810.95
流动资产平均余额/亿元	1,205.46	1,319.30	1,572.23	1,856.23	2,065.37	2,134.99
总资产周转率/次	0.61	0.63	0.75	0.85	0.74	0.60
流动资产周转率/次	0.81	0.82	0.94	1.07	0.96	0.79
流动资产占总资产的比重	0.76	0.77	0.79	0.80	0.77	0.76
总资产周转率行业平均值/次	0.93	0.92	0.99	0.99	0.94	0.85

表 6-8　　　　　格力电器 2015—2020 年总资产周转率变动因素分析　　　　　单位：次

项目	2015 年	2016 年	2017 年	2018 年	2019 年	2020 年
总资产周转率变动	−0.33	0.02	0.11	0.11	−0.12	−0.14
流动资产周转率影响	−0.32	0.01	0.09	0.10	−0.09	−0.13
流动资产占总资产的比重影响	−0.01	0.01	0.02	0.01	−0.03	−0.01

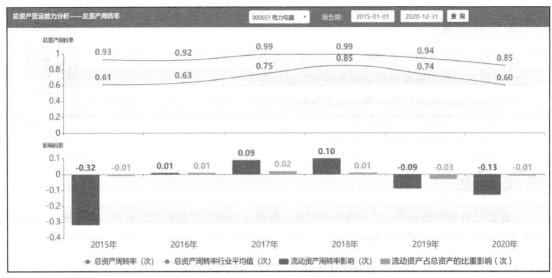

图 6-5 格力电器 2015—2020 年总资产周转率趋势分析

根据表 6-7、表 6-8 和图 6-5，2015—2020 年格力电器的总资产周转率总体低于行业平均值，说明格力电器可以加强总资产管理，提高总资产利用效率。影响总资产周转率的直接因素是营业收入和总资产平均余额，格力电器 2020 年营业收入的下降和投资的惯性增加导致该年度总资产周转速度出现较大幅度的下降。使用因素分析法发现影响总资产周转率的因素主要有流动资产周转率和流动资产占总资产的比重（即资产结构），而 2020 年格力电器的资产结构与 2019 年相差不大，主要是流动资产周转率下降造成了总资产周转率的下降。根据前面的分析可知，该企业流动资产周转速度下降主要是存货周转速度下降导致的，受外部宏观经济环境的影响，这种变化也在合理范围之内。

三、总资产周转率与企业盈利能力

1. 资产占用与营业收入关系分析

流动资产、固定资产、总资产的周转率都是营业收入与相关资产的比值，反映了资产增长和营业收入增长的相对速度。从静态对比分析可以看出，不同行业的资产周转率往往也不同，动态对比分析则可以反映固定资产、流动资产和总资产与营业收入的关系。

2. 总资产周转与总资产盈利性相关分析

企业资产盈利能力，既取决于企业资产经营的盈利能力，又受到企业资产营运能力的影响，因此营运速度加快能够提高企业的获利水平。具体可以用公式表示为：

拓展阅读

资产结构与盈利能力
分析举例

$$总资产报酬率 = \frac{息税前利润}{平均总资产} \times 100\%$$

$$= \frac{营业收入}{平均总资产} \times \frac{息税前利润}{营业收入} \times 100\%$$

$$= 总资产周转率 \times 息税前利润率 \times 100\%$$

课后思考题

1. 分析应收账款周转率指标时要考虑哪些因素？
2. 为什么存货周转率会影响企业的短期偿债能力？
3. 影响企业流动资产周转率的因素有哪些？
4. 如何评价固定资产的周转速度？
5. 提高总资产周转率的措施有哪些？

拓展阅读

搞好统筹扩大内需和
深化供给侧结构性
改革

实战演练

根据前述青岛啤酒资料，结合网中网财务大数据平台的数字化驾驶舱资料，青岛啤酒 2016—2021 年营运能力指标如表 6-9 所示。

表 6-9   青岛啤酒 2016—2021 年营运能力指标

项目	2016 年	2017 年	2018 年	2019 年	2020 年	2021 年
青岛啤酒总资产周转天数	403.89	418.21	440.60	459.19	511.13	525.54
啤酒行业资产周转天数	482.78	511.15	534.53	538.66	523.59	532.39
青岛啤酒流动资产周转率/次	2.13	1.97	1.67	1.44	1.22	1.13
啤酒行业流动资产周转率/次	1.90	1.64	1.39	1.32	1.29	1.20
青岛啤酒应收账款周转率/次	178.93	157.04	152.68	143.26	158.03	241.25
啤酒行业应收账款周转率/次	74.91	82.23	91.43	87.93	105.15	127.64
青岛啤酒应收账款周转天数	2.01	2.29	2.36	2.51	2.28	1.49
啤酒行业应收账款周转天数	4.81	4.38	3.94	4.09	3.42	2.82

要求：

（1）分析评价青岛啤酒的总资产周转率。

（2）分析评价青岛啤酒的流动资产周转率。

（3）分析评价青岛啤酒的应收账款管理效率。

第七章

企业偿债能力分析

知识目标

1. 掌握偿债能力的基本内容及影响因素；
2. 掌握反映短期偿债能力的指标体系；
3. 掌握反映长期偿债能力的指标体系。

能力目标

1. 能运用短期偿债能力指标对企业偿债能力进行分析；
2. 能运用长期偿债能力指标对企业偿债能力进行分析；
3. 能依托企业偿债能力指标分析，抓住企业偿债能力的关键影响因素。

素养目标

主动思考提升企业偿债能力的途径，服务于地方区域经济。

引导案例

华晨集团为何从高歌猛进走到破产重整①

华晨汽车集团控股有限公司（以下简称"华晨集团"）于 2002 年 9 月 16 日正式成立，为国有控股有限责任公司，注册资金 8 亿元，实际控制人为辽宁省国资委。

华晨集团有完善的产业布局，"华晨中华""华颂""华晨金杯"为公司的三大自主品牌，还拥有合资品牌"华晨宝马""华晨雷诺"等。华晨集团的前身可追溯到 1949 年，其历史久远，进行过多次改革。

华晨集团作为国内规模排名靠前的汽车生产企业，最终走向破产重整，既有自身实力欠佳的原因，也受到偿债意愿不足因素的影响。华晨集团合并财务报表表现看似尚可，但其盈利状况、产销情况以及研发投入等多方面主要依赖子公司华晨宝马，自主品牌经营持续恶化，利润不断下滑。

同时华晨集团债务规模大，以短期债务为主，结构不够合理，且债务主要集中在本部，资

---

① 资料来源：根据经济百刊百家号资料整理而成。

产受限比例较高、流动性不足等也使得其面临偿债风险。此外，华晨集团相继出现转让宝马股权、转移核心资产、诉讼缠身等诸多负面事件，导致市场对其信心下滑，最终积重难返，发生债券违约。

从具体盈利情况来看，2020年上半年华晨集团营业收入总计约为847.30亿元，根据2020年半年度报告可知，母公司营业收入仅为7.60亿元，绝大部分营业收入来源于华晨宝马。

2020年上半年，华晨集团扣除非经常性损益后所得到的利润为49.5亿元，而归属母公司股东利润亏损1.96亿元。即使上半年汽车行业受到严重冲击，华晨宝马依然高歌猛进，为华晨集团贡献的未经审核纯利为43.83亿元，比2019年同期的35.52亿元增长23.40%。

华晨集团自主品牌经营整体欠佳，2019年华晨集团自主品牌乘用车产量为17.82万辆，较上年同期下降19.66%；2020年1—3月自主品牌乘用车产量仅为2.33万辆，较上年同期大幅下降74%；2020年1—6月，"华晨中华"与"华晨雷诺"的销量分别仅为4,937辆、6,845辆。

一般情况下资产负债率保持在45%~65%较为合理，资产负债率越高，企业中的债务资金越多，财务风险越大。在2017年至2020年6月，华晨集团整体资产负债率均高于68%，处于行业较高水平，财务杠杆过大。截至2020年上半年，华晨集团母公司资产和负债规模分别为459.38亿元和523.77亿元，资产负债率高达114.02%，资不抵债，出现资金链断裂的情况。

思考：如何利用资产负债数据分析出影响偿债能力的关键所在？

第一节　企业偿债能力分析的目的和内容

一、企业偿债能力分析的目的

偿债能力是指企业偿还本身所欠债务的能力，反映对现金的保障程度。企业的负债按照偿还期限的长短，可以分为流动负债和非流动负债两大类。反映企业偿还流动负债能力的指标为短期偿债能力，反映企业偿还非流动负债能力的指标为长期偿债能力。

偿债能力是企业股东、管理者、债权人及商品和劳务供应商等都十分关心的重要问题，不同的分析主体，其分析目的有差异。

首先，股东更关注企业的盈利能力。若企业拥有宽松的财务环境和较强的偿债能力，则有助于企业盈利能力的提高。按照盈利能力的内容，当企业的资产报酬率高于负债利息率时，举债经营能够通过财务杠杆效应给股东带来更高的收益。然而，债务是一把双刃剑，在给股东增加财富的同时也带来风险。当企业经营面临极大的不确定性时，如果不能按期偿还债务，则会面临破产偿债的风险，使管理者丧失继续经营管理企业的资格，影响股东利益的实现。

其次，管理者进行偿债能力分析的目的是确保生产经营的正常进行。企业的管理者要实现企业的经营目标，必须确保生产经营各环节的顺利进行，而各环节顺利进行的关键在于资金周转与循环的顺畅。企业偿债能力直接影响生产经营各环节的资金循环与周转。一旦出现不能偿债的情况，生产经营各环节的资金循环与周转就会中断，企业经营的持续性就会受到影响。因此，企业管理者通过财务分析能及时发现经营过程中存在的问题，并采取措施加以解决，确保生产经营的顺利进行。

再次，债权人关心企业的偿债能力，目的在于做出正确的借贷决策，保证资金安全。及时收回本金并取得利息是债权人借贷要考虑的主要因素。债权人愿意借钱给企业的基本前提就是企业能够如期还借款本金并且支付约定利息。任何债权人都不愿意将资金借给一个偿债能力很差的企业。因此，债权人在进行借贷决策时，必须深入分析企业的财务状况，特别是偿债能力状况。

最后，商品和劳务供应商主要是赊销商品或劳务给企业的单位或个人。商品和劳务供应商关心的是能否尽快安全地收回资金。因此，他们必须判断企业能否及时支付商品和劳务的价款。从这个角度来说，他们对偿债能力的关注与债权人类似。

企业的偿债能力，对企业股东、管理者、债权人和供应商等都非常重要。任何一家想要维持正常的生产经营活动的企业，手中必须有足够的现金或者能随时变现的流动资产，以支付各种到期负债和各种费用。企业偿债能力分析目的如下。

1. 了解企业的财务状况

财务状况分析主要是针对企业目前资产、负债和所有者权益的各个方面进行分析评价，具体分析企业资产结构、债务结构、变现能力、偿债能力、资本保值增值能力和现金流量等。偿债能力是反映企业财务状况和经营能力的重要指标。从静态方面来看，偿债能力是企业资产清偿企业债务的能力；动态方面来看，是企业资产和经营过程创造的收益偿还债务的能力。企业有无现金支付能力和偿债能力是企业是否健康发展的标志。企业外部债权人如银行等尤其需要分析企业的财务资料，了解企业的偿债能力，判断企业的财务状况。

2. 揭示企业所承担的财务风险程度

财务风险是指企业负债融资给企业带来的破产偿债的风险。因此，财务风险与企业的负债规模直接相关。由于企业负债融资必须按期还本付息，任何企业只要通过借债筹集资金，就承担了相应的责任或义务，无论企业经营好坏、盈利还是亏损，其还本付息的义务必须履行。企业负债规模越大，财务风险相对越高；企业负债规模越小，财务风险相对越低。

3. 预测企业融资前景

企业生产经营所需要的资金，通常从不同的融资渠道和通过不同的融资方式取得。若企业偿债能力较强，说明企业财务状况好、信誉好，债权人愿意提供资金帮助企业发展；相反，若企业偿债能力较弱，则未来融资空间较小，愿意给企业提供资金的债权人有限，企业为了获得经营发展所需要的资金，不得不以更高的负债利息率获取资金，进一步增大了企业财务风险。

4. 为企业各种理财活动提供参考

企业的理财活动集中体现在筹资、投资和资金分配三个方面。企业在什么时候取得资金、其数额是多少取决于生产经营活动的需要，这当然也包括偿债资金的安排。如果企业的偿债能力不强，特别是近期内有需要偿付的债务时，就必须及早筹措资金，以便在债务到期时能够偿付，以维护企业信誉。如果企业的偿债能力较强，则可能表明企业有充裕的资金或其他能随时变现的资产，在这种情况下，企业就可以利用暂时闲置的资金进行其他投资活动，以提高资产的利用效率。

二、企业偿债能力分析的内容

1. 短期偿债能力分析

首先要明确影响短期偿债能力的因素，在此基础上，通过对短期偿债能力的主要指标和辅助指标的分析，了解企业短期偿债能力的高低和短期偿债能力的变化情况，揭示企业的财务状况和风险程度。

偿还短期债务需要动用短期或立即可以变现的资产。因此，往往通过考察企业流动资产与短期债务的比率来分析企业的短期偿债能力。一般涉及的指标有营运资本、流动比率、速动比率、现金比率等。

2. 长期偿债能力分析

要结合长期负债的特点，在明确影响长期偿债能力因素的基础上，通过对反映企业长期偿债能力指标的分析，了解企业长期偿债能力的高低及其变动情况，揭示企业整体财务状况和债务负担及偿债能力的保障程度。

一般主要通过考察资产负债率、产权比率分析企业的长期偿债能力。除此之外，由于长期债务的利息经过较长时间的积累，也会构成沉重的财务负担，因此，有必要通过利息保障倍数考察长期债务利息偿还的安全程度。

第二节　企业短期偿债能力分析

一、影响短期偿债能力的因素

企业主要通过流动资产的变现来偿还到期的短期债务。短期偿债能力对企业的生产经营活动和财务状况都有重要影响。即便一个企业拥有良好的营运能力和较强的盈利能力，也会因为较弱的偿债能力而资金周转困难，从而影响正常的生产经营，弱化企业的盈利能力和营运能力，严重时会出现破产偿债的风险，即企业虽然盈利但无法按期偿还债务而导致"黑字破产"。短期偿债能力不足还会影响企业的声誉，造成企业信誉下降，导致银行信用评级降低，带来不可估量的预计损失。

由于短期偿债能力直接影响企业的营运能力和盈利能力，因此对短期偿债能力的分析和研究十分重要。了解影响短期偿债能力的因素，对分析企业短期偿债能力的变动情况、变动原因及促进企业短期偿债能力的提高是十分有用的。

一般而言，影响短期偿债能力的因素可以分为企业内部因素和企业外部因素。企业内部因素是指企业资产结构、流动负债的结构、融资能力、经营现金流量水平等。企业外部因素是指与企业所处经济环境相关的因素，如宏观经济形势、证券市场发育与完善程度、银行的信贷政策等。下面具体说明影响企业短期偿债能力的常见因素。

（一）企业内部因素

影响企业短期偿债能力的内部因素如下。

1. 资产结构

资产结构，尤其是流动资产结构对企业短期偿债能力有重要影响。在企业的资产结构中，流动资产主要由货币资金、应收账款、预付款项、交易性金融资产、存货等组成。流动资产按其流动性可分为速动资产和存货两部分。速动资产的变现能力强，如货币资金可直接用于各种支付；短期投资可立即转化为现金。而在流动资产中存货的流动性较差，变现时间较长，有些存货出于品种、质量等原因可能无法变现。如果存货在流动资产中所占比重过大，势必会降低企业的短期偿债能力。因此，财务分析者应该具体分析不同的流动资产项目对短期偿债能力的影响。

2. 流动负债的结构

流动负债一般由短期借款、应付账款、预收款项、应交税费以及其他应付款等组成。不同形态的流动负债，其偿还方式、偿还的紧迫性各不相同，要求的短期偿债能力因此也不同。例如，针对短期银行借款，企业需要立即动用货币资金偿还，而若是清偿预收款项，企业只需准备足够的、符合合同要求的存货即可。此外，流动负债的偿还期限是否集中，也会直接影响企业的偿债能力。分析时不仅仅要看反映偿债能力的指标，还要根据各种因素考察企业的实际偿债能力。

3. 融资能力

仅仅靠各种偿债能力指标并不足以判断企业的实际偿债能力。有些企业各种偿债能力指标表现都比较好，但是却不能按期偿付到期债务；而有些企业因为有较强的融资能力，如与银行等金融机构保持良好的关系，随时能够筹集到大量的资金，即使各种偿债能力指标表现不好，却总能按期偿付债务和支付利息。可见，企业融资能力的强弱直接影响企业的偿债能力。

4. 经营现金流量水平

经营现金流量水平在评价企业获取现金能力方面尤为关键。企业虽然可以通过变卖资产或者借债来维持现金水平或弥补现金的不足，但是这些都是暂时性的。企业的大部分短期债务是用经营活动产生的现金偿还的，因此，经营现金流量水平直接影响企业的短期偿债能力。如果没有足够的经营现金流量，即使是盈利的企业也可能无法偿还到期债务而导致财务危机甚至破产。例如，海尔公司在内部有一个原则："没有现金流支持的利润就不算利润，没有利润支持的销售额就不算销售额。"

（二）企业外部因素

影响企业短期偿债能力的外部因素如下。

1. 宏观经济形势

宏观经济形势是影响企业短期偿债能力的重要外部因素，包括国内外经济、金融形势，经济周期等。当一国经济持续稳定增长时，社会的有效需求也会随之稳定增长，产品畅销。由于市场条件良好，企业的产品和存货可以较容易地通过销售转化为现金，因此企业的短期偿债能力较强。如果国民经济进入滞胀的发展阶段，可能会出现国民购买力不足，产品积压，企业资金周转不灵，企业间货款相互拖欠，企业的短期偿债能力将深受影响。

2. 证券市场发育与完善程度

交易性金融资产是企业流动资产的一部分，交易性金融资产在短期偿债能力分析中是被视为等量现金的。交易性金融资产的变现时间及变现价值和证券市场发育与完善程度密切相关。如果证券市场发达，企业可以随时将手中的有价证券转换为现金；如果证券市场不发达，企业转让有价证券就会遇到困难，甚至不得不以低价转让有价证券。证券市场发育与完善程度会对企业的短期偿债能力产生影响，特别是企业把投资有价证券作为现金持有量的调整手段时，证券市场发育与完善程度对短期偿债能力的影响就更大。

3. 银行的信贷政策

信贷政策是中央银行根据国家宏观经济政策、产业政策、区域经济发展政策和投资政策，并衔接财政政策、利用外资政策等制定的指导金融机构贷款投向的政策。我国目前的信贷政策大致包含四方面内容。一是与货币信贷总量扩张有关的政策，其影响货币乘数和货币流动性。比如，规定汽车和住房消费信贷的首付款比例、证券质押贷款比例等。二是配合国家产业政策，通过贷款贴息等多种手段，引导信贷资金向国家政策需要鼓励和扶持的地区及行业流动，以扶持这些地区和行业的经济发展。三是限制性的信贷政策，通过窗口指导或引导商业银行通过调整授信额度、调整信贷风险评级和风险溢价等方式，限制信贷资金向某些产业、行业及地区过度投放，体现了扶优限劣原则。当企业面临的是宽松的信贷政策时，短期偿债能力就会增强。四是制定信贷法律法规，引导、规范和促进金融创新，防范信贷风险。

4. 其他因素

除以上主要因素外，还有企业的财务管理水平、母公司与子公司之间的资金调度、数据信息的处理技术等都会影响企业短期偿债能力。有些因素对企业短期偿债能力的影响往往难以通过数量指标来表达，分析时必须结合各有关因素进行综合判断。

拓展阅读

辽宁省出台进一步稳经济 27 项举措

二、短期偿债能力指标计算与分析

企业短期偿债能力的高低，通常可运用一系列反映短期偿债能力的指标来确定。从短期偿债能力的含义及影响因素可知，企业短期偿债能力的分析，可以从静态和动态两个角度进行。从静态角度来看，反映企业短期偿债能力的指标是建立在对流动资产和流动负债的关系的分析之上的，主要有营运资本、流动比率、速动比率、现金比率等。从动态角度来看，反映企业短期偿债能力的指标是建立在现金流量表和对经营现金流量的分析基础上的，用于衡量企业按期归还到期债务的能力，主要有现金流量比率、近期支付能力系数等。

（一）营运资本

1. 营运资本的计算与分析

营运资本（Working Capital）是指流动资产超过流动负债的部分，表示企业的流动资产在偿还全部流动负债后还有多少剩余，其计算公式如下：

营运资本=流动资产-流动负债

=（总资产-非流动资产）-（总资产-股东权益-非流动负债）

=（股东权益+非流动负债）-非流动资产

=长期资本-长期资产

其中，长期资本=股东权益+非流动负债

营运资本是偿还流动负债的"缓冲垫"，营运资本越多则偿债就越有保障。营运资本是用于计算企业短期偿债能力的绝对值指标。企业能否按时足额偿还短期债务，要看企业的负债规模，以及有多少可以用于变现偿债的流动资产。当流动资产大于流动负债时，营运资本为正，说明营运资本出现溢余。此时，与营运资本对应的流动资产是以一定数额的长期负债或所有者权益作为资金来源的，说明企业采取的是稳健的财务结构，企业到期不能偿债的风险很小。当流动资产小于流动负债时，营运资本为负，说明营运资本出现短缺。此时，企业部分非流动资产以流动负债作为资金来源，企业到期不能偿债的风险很大，企业采用的是激进的财务结构。对营运资本指标进行分析，可以从静态上评价企业当期的偿债能力，也可以结合企业规模等因素评价企业不同时期的偿债能力变动情况。

根据格力电器的相关财务报表数据，格力电器 2019 年、2020 年流动资产分别为 2,133.64 亿元、2,136.33 亿元，2019 年和 2020 年流动负债分别为 1,695.68 亿元、1,584.79 亿元，则 2019 年和 2020 年营运资本分别为 437.96 亿元、551.54 亿元，格力电器 2020 年营运资本相对于 2019 年营运资本有一定增长，出现更多盈余，确保了格力电器的偿债能力。格力电器 2015—2020 年营运资本趋势分析如图 7-1 所示。

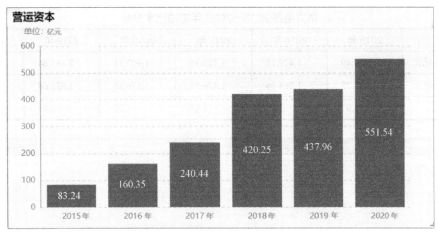

图 7-1 格力电器 2015—2020 年营运资本趋势分析

2. 营运资本标杆

营运资本标杆用以指导企业保持的营运资本的数量,即企业应该保持多少营运资本较为合适。衡量营运资本的合理性没有一个统一的标准。

(1)分析主体不同,观点也会不同。债权人希望营运资本越多越好,这样可以减少贷款风险。但是对企业来说,过多地持有营运资本,虽然改善了流动性,却降低了企业资产的盈利性,流动负债过少,也说明企业利用无息负债扩大经营规模的能力较差。

(2)不同行业的营运资本规模有很大差别。一般来说,零售业的营运资本较多,因为其除了流动资产以外没有其他可以用来偿债的资产。而餐饮业营运资本通常较少,有时甚至是负数,因为其营业收入可以偿还其流动负债。制造业一般有正的营运资本,但不同企业数额差别较大。

(3)营运资本的数额大小与企业的规模相关,即便同一行业中的不同企业之间,营运资本也缺乏可比性。如假设 A、B 两家企业的流动资产分别为 200 万元和 1,000 万元,流动负债分别为 100 万元和 900 万元,则 A、B 两家企业的营运资本都为 100 万元,但是两家企业的偿债能力有显著差异。

(二)流动比率

1. 流动比率的计算与分析

流动比率(Current Ratio)是流动资产与流动负债之间的比率,表示每一元的流动负债有多少流动资产作为偿还保证。流动比率是一个相对数指标,与营运资本相比,流动比率更能反映出流动资产对流动负债的保障程度,并可以在不同企业之间相互比较。其计算公式如下:

$$流动比率 = \frac{流动资产}{流动负债}$$

流动比率是衡量企业短期偿债能力基本、通用的指标,它可以揭示企业用流动资产抵补流动负债的程度,可以反映一个企业所拥有的营运资本与短期负债之间的关系,可以使指标使用者了解营运资本是否充足,并据以判断企业抵抗经营中发生意外风险的能力。

格力电器 2015—2020 年流动比率分析如表 7-1 所示,流动比率趋势分析如图 7-2 所示。

表 7-1　　　　　　　　　　　格力电器 2015—2020 年流动比率分析

项目	2015 年	2016 年	2017 年	2018 年	2019 年	2020 年
流动资产/亿元	1,209.49	1,429.11	1,715.35	1,997.11	2,133.64	2,136.33
流动负债/亿元	1,126.25	1,268.76	1,474.91	1,576.86	1,695.68	1,584.79
流动比率	1.07	1.13	1.16	1.27	1.26	1.35

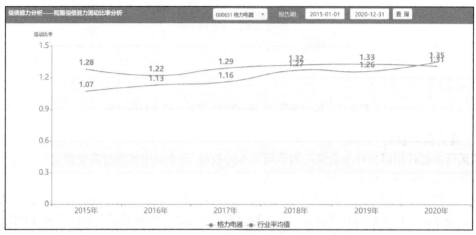

图 7-2　格力电器 2015—2020 年流动比率趋势分析

由表 7-1 和图 7-2 可知，2015—2017 年格力电器流动比率从 1.07 一直平缓上升，在 2018 年有所突破，超过了 1.25，但仍低于行业平均水平，直到 2020 年流动比率达到 1.35 才突破行业平均水平，说明格力电器在稳健财务政策下，不断增强其短期偿债能力。根据前面对格力电器营运资本的分析，格力电器在 2015—2020 年中营运资本一直逐年上涨，站在企业自身的角度不免会产生营运资本闲置的质疑，但结合流动比率的分析，格力电器的资产流动性也仅仅是接近行业平均水平的，由此可见，进行短期偿债能力分析要对各指标进行综合考量。

2. 流动比率分析中注意事项

运用流动比率分析企业的短期偿债能力时，应注意以下几点。

（1）短期偿债能力与企业规模无关。短期偿债能力取决于流动资产与流动负债的关系，而与企业的规模无关。如果仅以流动比率作为短期偿债能力的评价标准，企业规模大，流动资产多，并不表示企业的短期偿债能力强；相反，企业规模小，流动资产少也不等于企业的短期偿债能力弱。从根本上影响企业短期偿债能力的是流动资产与流动负债之间的匹配关系，即流动比率的变动。

（2）对企业短期偿债能力的判断必须结合所在行业的平均标准。通常认为流动比率的国际经验值为 2，但这并不是绝对标准。不同行业因其资产、负债占用情况不同，流动比率的差别会很大，有些行业的流动比率达到 1 即可以认为企业的短期偿债能力很强，而有些行业即便流动比率超过 2 也不能说明短期偿债能力很强。如商业企业销售商品通常可以收回现金，其应收账款和存货所占比重较小，而负债中可能应付账款所占比重较大，则造成企业流动比率很低，但这并不能说明企业短期偿债能力不强。而工业企业有较多的存货，其应收账款往往也占据重要地位，所以流动资产规模较大，流动比率较高，但是这并不能说明其短期偿债能力很强。

（3）资产周转效率与流动比率的关系。在财务分析中，经常将资产周转效率作为衡量企业资产营运能力和管理效率的重要指标，即资产的周转速度越快，说明企业对资产的营运能力就越强，效率也越高。同时资产周转效率与短期偿债能力之间具有正向的线性关系，即资产周转速度越快，表明资产的变现能力越强，对到期债务的支付能力也越强。

（4）资产质量与流动比率的关系。资产质量问题主要表现为存货的可变现性和应收账款的可变现性及潜在损失风险。一般来说，资产变现能力越强，变现价值的确定程度越高，表明资产质量优良，短期偿债能力就较强，此时计算的流动比率较客观可靠；相反，如果资产的变现能力较差，价值变动及风险损失的可能性较大，表明企业资产质量较差，流动比率可能被高估。

（5）人为因素对流动比率的影响。流动比率是根据资产负债表中的数据计算而来的，体现的仅仅是账面上的支付能力，企业管理人员出于某种目的，可能会运用各种方式对账面数据进行调整，使以流动比率表现出来的短期偿债能力与实际短期偿债能力有较大差异。例如，部分企业会以本期期末偿还贷款，下期期初再次举借债务的方式调整流动负债的期末余额，或者以举借长期负债增加流动资产等方式达到掩饰企业真实财务状况的目的。分析时，必须结合流动资产与流动负债的变动情况和变动原因，对企业短期偿债能力的真实性做出判断。

（6）其他因素的影响。除流动资产和流动负债外，还有很多其他因素会影响企业短期偿债能力。如企业可动用的银行存款增加、准备很快变现的长期资产增加、企业的声誉提升等都能增强企业的短期偿债能力。除此之外，还有一些因素的存在会减弱企业的短期偿债能力，如已贴现的商业承兑汇票形成的或有负债、未决诉讼和仲裁形成的或有负债、为其他单位提供债务担保形成的或有负债等。

3. 流动比率指标的优缺点

常用的沃尔比重评分法、杜邦财务分析体系和我国财政部颁发的企业绩效评价规则都使用流动比率作为短期偿债能力的评价指标，这是因为该指标有如下优点。

（1）流动比率可以揭示企业流动资产抵补流动负债的程度，流动比率越大，对流动负债的保障程度就越高，越能保障债权人的权益。

（2）流动比率可以反映一个企业所拥有的营运资本与短期负债之间的关系，可以使指标的使用者了解企业的营运资本是否充足，判断企业抵抗经营中风险的能力，判断企业营运资本是否足以抵偿其损失，而保证按期偿还债务。

（3）流动比率超过1的部分，可以对流动负债的偿还提供一种特殊的保证，能显示出债权人的安全边际。由于交易性金融资产和存货资产等在变现时可能会发生损失，所以流动比率超过1的部分越多，债权人的安全边际就越大，全额收回债权的可靠程度就越高。

（4）流动比率的计算方法简单，资料来源比较可靠，即使企业外部分析者也能容易地计算出企业的流动比率，从而对企业的短期偿债能力做出判断。

流动比率作为被普遍使用的评价短期偿债能力的指标之一，不可避免地存在一些问题，主要表现在以下方面。

（1）流动比率是根据资产负债表上某一时点的数据计算得到的，表示企业在某一特定时点可用资源及需要偿还的债务的存量。其只能静态地反映企业的财务状况，既不能反映企业的历史积累能力，也不能揭示未来的现金流量。因此流动比率只是反映了企业短期内流动资产和流动负债产生的现金流入量与现金流出量的可能途径，而企业的流动负债不一定要全部用流动资产来偿还，流动资产的来源也不一定全部是流动负债。如企业会为了充分利用财务杠杆作用而始终保持一定数额的流动负债并循环往复地使用。这部分流动资金由于长期存在而在性质上相当于长期负债，故不需要有对应的流动资产作为偿债保证。用流动比率这一静态的数据说明动态的过程，这在方法上是不够科学的。

（2）容易受主观影响。企业应收账款规模的大小，受企业销售政策和信用条件的影响，信用条件越宽松，销量越大，应收账款的规模就越大，发生坏账损失的可能性就越大。因此，不同的主观管理方法，会影响应收账款的规模和变现程度，使指标计算的客观性受到损害，容易导致计算结果的误差。

（3）忽略了各项目的实质影响。在流动资产中，并不是所有的项目都具有偿债能力，比如霉烂变质、超储积压的存货，无法收回的应收账款等是无法用来清偿债务的；在流动负债中，并不是所有的项目都需要偿还，企业只需要偿还即将到期的债务即可。因此流动比率反映的短期偿债能力与企业实际短期偿债能力之间有差距。

（4）计算不够全面。由于货币计量的影响，只有那些能够用货币计量的资产或负债才能够列示到资产负债表上，以此为基础判断企业的短期偿债能力不够全面。

（三）速动比率

1. 速动比率的计算与分析

速动比率（Quick Ratio）又称酸性测试比率，是指企业速动资产与流动负债之间的比率。体现了企业变现能力较强的资产覆盖流动负债的程度。其计算公式如下：

$$速动比率=\frac{速动资产}{流动负债}$$

其中，速动资产是指几乎可以立即用来偿债的资产。关于速动资产的范围目前理论界并没有统一的标准，本书认为速动资产是指流动资产扣除变现能力较差且变现价值不确定的存货、待摊费用、预付账款等之后的余额。速动资产一般包括货币资金、交易性金融资产、应收票据、应收账款、应收股利、其他应收款、一年内到期的非流动资产等。相对于流动比率来说，速动比率能够更加客观准确地反映流动负债偿还的安全性，代表了企业直接的短期偿债能力。

计算速动资产之所以要排除存货和预付款项等预付费用，主要原因包括以下几点。

（1）在流动资产中，存货的变现速度最慢。

（2）出于某种原因，存货中可能包含已损失报废但还未处理的不能变现的存货。

（3）部分存货可能已经抵押给了债权人。

（4）存货的可变现净值与账面价值之间的差额可能会较大。

（5）存货是企业正常生产经营所必需的物资，启用存货偿债，有可能会影响企业的生产经营。

（6）待摊费用和预付款项等属于不容易变现的资产，尤其是待摊费用，因此计算时一般予以扣除。

速动资产的另一种简单表达方式是流动资产减存货，本书中所用的速动资产采用该法计算。通常认为正常的速动比率为1，速动比率低于1被认为企业短期偿债能力偏低。短期债权人希望该比率越高越好，但若站在企业的角度来看，速动比率高说明企业债务偿还的安全性强，但企业会因现金和应收账款的过多占用而增加机会成本。分析速动比率还要考虑行业特征。行业不同，这一比率存在较大差异。例如，采用大量现金销售的商店，几乎没有应收账款，速动比率低于1是很正常的；相反，一些应收账款较多的企业，速动比率可能大于1。

格力电器2015—2020年速动比率分析如表7-2所示，速动比率趋势分析如图7-3所示。

表 7-2　　　　　　　　　　　格力电器 2015—2020 年速动比率分析

项目	2015 年	2016 年	2017 年	2018 年	2019 年	2020 年
流动资产/亿元	1,209.49	1,429.11	1,715.35	1,997.11	2,133.64	2,136.33
存货/亿元	94.74	90.25	165.68	200.12	240.85	278.80
速动资产/亿元	1,114.75	1,338.86	1,549.66	1,796.99	1,892.79	1,857.53
流动负债/亿元	1,126.25	1,268.76	1,474.91	1,576.86	1,695.68	1,584.79
速动比率	0.99	1.06	1.05	1.14	1.12	1.17

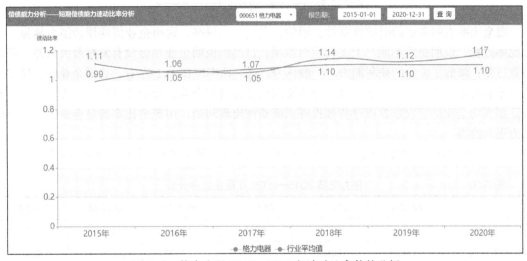

图 7-3　格力电器 2015—2020 年速动比率趋势分析

由表 7-2 和图 7-3 可知，2015 年格力电器速动比率低于 1，同时也低于行业平均水平，表明短期偿债能力较弱；之后速动比率呈总体上升趋势，都高于 1，2016 年和 2017 年格力电器速动比率接近行业平均水平，但 2017 年存货的大幅度增加使当年流动资产比 2016 年多，使当年速动比率低于行业平均水平；从 2018 年开始，格力电器的速动比率逐渐超过行业平均水平，到 2020 年速动比率已达到 1.17，显示了格力电器短期偿债能力不断增强。

2. 速动比率分析中应注意的问题

速动比率作为流动比率的辅助指标，清除了存货等变现能力较差的流动资产项目的影响，可以部分弥补流动比率的缺陷。但是，运用该指标进行短期偿债能力分析时，要注意以下问题。

（1）速动资产中包含的应收账款，其流动性也不是很好，这也使速动资产反映的短期偿债能力受到质疑。因此，对速动比率，必须结合应收账款的账期进行分析。应收账款存在到期无法正常收回的可能性，当有些应收账款超过回收期一定期限后，其发生坏账的可能性就非常大。换言之，按全部应收账款计算的速动比率会高估企业的短期偿债能力。为此，应该结合应收账款周转率等信息分析应收账款的质量，将可能形成坏账的应收账款从速动资产中剔除，对速动比率做出科学调整。

（2）与流动比率一样，速动比率作为衡量企业短期偿债能力的指标，也存在一定的局限性。首先，它是一个静态指标，即在某一时点用于偿还流动负债的速动资产并不能说明未来现金流量的多少。其次，判断速动比率的标准不能绝对化，需要考虑企业的行业特征、战略意图、资产特点以及利益相关者分析定位的差异。如全部生产过程统一外包的企业，其速动比率往往较低。最后，要特别注意管理层人为调整数据的因素。

（四）现金比率

现金比率是指现金类资产与流动负债之间的比率，反映企业现金类资产的直接支付能力。现金比率分析是从保守的角度对企业短期偿债能力进行的分析。这里的现金类资产主要是指货币资金、交易性金融资产等。其是流动性最强、可直接用于偿还债务的资产。现金比率表明每1元流动负债有多少现金类资产作为偿还的保障。其计算公式如下：

$$现金比率 = \frac{货币资金 + 交易性金融资产}{流动负债}$$

现金比率表明企业即时的流动性。通常，现金比率越高，说明企业短期偿债能力越强。现金比率过低，说明企业不能马上支付应付款项；过高则说明企业现金没有发挥最大效益，现金闲置过多，降低了企业的获利能力。一般认为，这一比率应在0.2左右，这样企业的直接支付能力不会有太大的问题。对于存货、应收账款周转很慢的企业，现金比率较为重要。此外，若有证据表明企业的应收账款或存货被抵押或流动性出现问题，用现金比率衡量企业的短期偿债能力更为恰当。

格力电器2015—2020年现金比率分析如表7-3所示，现金比率趋势分析如图7-4所示。

表7-3　　　　　　　　　　格力电器2015—2020年现金比率分析

项目	2015年	2016年	2017年	2018年	2019年	2020年
货币资金/亿元	888.20	956.13	996.10	1,130.79	1,254.01	1,364.13
流动负债/亿元	1,126.25	1,268.76	1,474.91	1,576.86	1,695.68	1,584.79
现金比率	0.79	0.75	0.68	0.72	0.74	0.86

注：由于格力电器的交易性金融资产占比很小，为了便于计算，这里将其忽略不计。

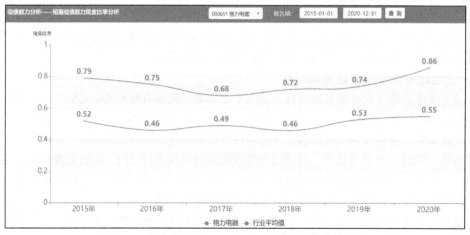

图7-4　格力电器2015—2020年现金比率趋势分析

由表7-3和图7-4可知，行业平均现金比率较高，格力电器在2015—2020年的现金比率一般在0.68以上，基本比同年的行业平均值高出0.2。较高的现金比率保障了格力电器较强的短期支付能力，也在一定程度上限制了现金的效用，降低了企业的盈利能力。

（五）现金流量比率

现金流量比率（Operating Cash Flow Ratio）是指企业一定时期内经营活动现金流量净额与流动负债的比率，用来衡量企业本期经营活动产生的现金流量抵付短期债务的能力。其计算公式如下：

$$现金流量比率=\frac{经营活动现金流量净额}{平均流动负债}$$

其中，经营活动现金流量净额来源于现金流量表中的经营活动产生的现金流量净额；流动负债来源于资产负债表，为使分子分母计算口径一致，本书采用"（上年流动负债+本年流动负债）÷2"的方法来计算平均流动负债。

现金流量比率从现金流入、流出的动态角度考察企业的实际短期偿债能力，由于利润与现金流量的计算基础不同，采用现金流量而不是利润来评价企业短期偿债能力更加谨慎、可信。现金流量比率越高，表明企业经营活动产生的现金净流量越多，越能保障企业按时偿还到期债务，但也不是越高越好。

格力电器 2015—2020 年现金流量比率分析如表 7-4 所示，现金流量比率趋势分析如图 7-5 所示。

表 7-4　　　　　　　　格力电器 2015—2020 年现金流量比率分析

项目	2015 年	2016 年	2017 年	2018 年	2019 年	2020 年
经营活动现金流量净额/亿元	443.78	148.60	163.59	269.41	278.94	192.39
平均流动负债/亿元	1,105.07	1,197.51	1,371.84	1,525.88	1,636.27	1,640.24
现金流量比率	0.40	0.12	0.12	0.18	0.17	0.12

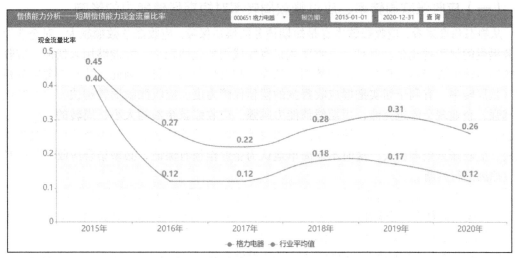

图 7-5　格力电器 2015—2020 年现金流量比率趋势分析

由表 7-4 和图 7-5 可知，格力电器除 2015 年现金流量比率达到 0.4，2016—2020 年，其现金流量比率均低于 0.2，2016 年经营活动产生的净现金流量下降幅度较大，2018 年和 2019 年虽略有回升，但也没达到 2015 年的水平。同时格力电器现金流量比率一直低于行业平均水平，这样的经营状况对企业偿付短期债务的能力是有很大影响的，综合前面的指标分析，发现格力电器连续多年存货量都在增加，这也是经营活动现金流量净额下降的主要原因。

（六）近期支付能力系数

近期支付能力系数是反映企业近期内有无足够的支付能力来偿还到期债务的指标。该指标计算公式如下：

$$近期支付能力系数 = \frac{近期内能够用来支付的资金}{近期内需要支付的各种款项}$$

其中，近期内能够用来支付的资金包括企业现有的货币资金、近期内能取得的营业收入和近期内确有把握收回的各种应收款项等。近期内需要支付的各种款项包括各种到期或逾期应付款项和未付款项，如职工工资、应付货款、各项税金、银行借款等。

该指标应等于或大于1，若小于1，则说明企业近期的支付能力不足，需要采取积极有效措施，从各种渠道筹集资金，以便按期清偿债务和支付各种费用，保证企业经营活动正常进行。

三、企业短期偿债能力的辅助分析

流动比率、速动比率、现金比率等都是以企业某一时点上的流动资产存量和流动负债存量相比较，来反映企业的短期偿债能力，未能考虑各项流动资产和流动负债的流动和周转情况。在流动资产中，货币资金的流动性最强，应收账款账龄各异、可收回情况各异，存货占流动资产的比重最大，周转较慢，构成情况也最为复杂。仅依靠某一个时点的静态指标，很难反映短期偿债能力的动态变化。因此，只有从动态的角度，具体分析应收账款、应付账款、存货的周转速度和流动情况，才能准确掌握企业短期偿债能力的动态变化，弥补流动比率、速动比率、现金比率等指标的不足。应收账款周转率、应付账款周转率、存货周转率从动态的角度为分析短期偿债能力提供了重要参考。

（一）应收账款周转率、应付账款周转率对短期偿债能力的影响

从静态角度来看，应收账款本身是短期债务的偿还保障。应收账款数额越大，对企业短期债务提供的保障越充分。但是，应收账款只有完成周转收回现金，才能够用来偿债。应收账款的周转速度直接影响现金收回的数额，从而影响对债务的支付。因此，从动态角度分析应收账款周转率，有利于切实把握应收账款的偿债保障力度。应收账款周转越快，说明其流动性越强，企业现金流越充沛，短期偿债能力越强。应收账款余额的大小、周转的快慢，除了受企业销售政策影响之外，还受企业的信用政策和收账政策的影响。如果企业信用政策比较宽松，应收账款余额就大，这时不能简单地认为企业偿债有保证，必须结合应收账款的具体产生原因进行判断。

应付账款是企业赊购商品产生的，其余额大小受到企业赊购交易量和频繁程度的影响，而应付账款完成一次周转，意味着企业必须用现金清偿债务。因此，应付账款周转情况决定了企业以现金清偿应付账款的速度，反映了企业偿还应付账款的紧迫性。

应付账款产生于赊购业务，应收账款产生于赊销业务，应付账款与应收账款之间具备内在联系，两者动态匹配，能够准确反映企业的短期偿债能力。

第一，应收账款与应付账款周转率相当。企业收回应收账款获得的现金，恰好可以用来偿还应付账款，不需要动用其他流动资产来偿还。相当的应收账款和应付账款周转率，使静态的短期偿债能力与动态的短期偿债能力基本吻合。

第二，应收账款周转率超过应付账款周转率。从静态角度来看，应收账款周转率增加，导致流动资产占用额减少，会减小对流动负债的保障力度。但是，从动态角度而言，每当企业有应付

账款需要偿还时，总有早先收回的应收账款支持，这对偿付应付账款债务保障更加充分。在这种情况下，以流动比率等指标反映的静态短期偿债能力弱于企业实际的短期偿债能力。

第三，应收账款周转率低于应付账款周转率。由于应收账款周转速度较慢，所需占用的流动资产相对较多，导致以静态指标反映的流动资产对短期债务的偿还能力较强。但是，赊购商品产生的应付款项的偿还，要动用除了应收账款以外的其他流动资产，企业实际偿还流动负债的能力低于静态短期偿债能力。在这种情况下，以流动比率等指标反映的静态短期偿债能力强于企业实际的短期偿债能力。

（二）存货周转率对短期偿债能力的影响

存货周转率是反映企业存货资产利用效率的指标。存货周转率对存货规模有较大影响，在其他条件不变时，存货周转率越高，存货规模越小；反之，存货周转率越低，存货规模越大。当存货规模较大时，企业流动比率也较大，从静态方面反映的短期偿债能力也较强，实际上这很可能是由存货周转率较低引起的假象。结合存货周转率对企业短期偿债能力进行评价时，需要对流动比率指标反映的情况加以修正。在流动比率一定的情况下，如果企业预期存货周转率将提高，则企业短期偿债能力将因此提高；反之，如果企业预期存货周转率将下降，则企业短期偿债能力将出现下降趋势。

四、影响企业短期偿债能力的表外因素

除了财务报表资料中反映的因素会影响企业的短期偿债能力以外，还有一些财务报表资料中没有反映出来的因素，也会影响企业的短期偿债能力，有时甚至影响较大。财务分析者多了解短期偿债能力表外影响因素，有利于做出正确的判断。

（一）增强短期偿债能力的表外因素

1. 可随时动用的银行贷款

银行已同意，企业未办理贷款手续的银行贷款限额，可以随时增加企业的现金，提高企业的短期支付能力。这一信息一般列示在财务报表附注中。

2. 将要变现的非流动资产

由于某种原因，企业可能将一些长期资产很快出售变为现金，增强短期偿债能力。企业出售长期资产，一般情况下都是要经过慎重考虑的，企业应根据短期利益和长期利益的辩证关系，合理判断是否出售长期资产。

3. 较高的企业声誉

如果企业的偿债能力一贯很好，有一定的声誉，在短期偿债方面出现困难时，企业可以通过向债权人融资或通过发行债券和股票等办法解决资金的短缺问题，提高短期偿债能力。这个增强短期偿债能力的因素，取决于企业自身的信誉和所处的筹资环境。

（二）降低短期偿债能力的表外因素

1. 未做记录的或有负债

或有负债是指可能发生的事项而导致的企业债务。根据企业会计准则，企业的或有负债不反映在资产负债表中。企业某些大额的或有负债，如经济案件可能败诉引起的经济赔偿、产品售后可能发生的质量事故赔偿等，一旦变成事实，就会加重企业的债务负担，影响企业的短期偿债能力。财务分析者应在财务报表附注中关注这些信息。

2. 担保责任引起的负债

企业以自己的资产为其他企业提供经济担保，一旦被担保企业不能按约定履行所承担义务时，这一可能的债务就转化为企业的负债，从而影响企业的短期偿债能力。这一信息一般也列示在财务报表附注中。

3. 合同中承诺的付款

经营租赁合同中承诺的付款，建造合同、长期资产购置合同中承诺的分阶段付款，也是一种付款承诺，是企业未来需要偿付的债务。

第三节　企业长期偿债能力分析

一、影响企业长期偿债能力的因素

长期偿债能力是指偿还非流动负债的能力，是企业按期支付长期债务利息和到期偿还长期债务本金的能力。资产或者所有者权益是清偿长期债务的物质保障，盈利能力则是清偿长期债务的经营收益保障。在正常的经营过程中，企业通常不能靠出售资产来偿还债务。企业长期的盈利才是偿付债务本金和利息的稳定、可靠的资金来源。一般来说，影响长期偿债能力的因素如下。

（一）企业的盈利能力

企业的长期负债大多用于非流动资产投资，形成企业的生产经营能力。对于正常经营的企业而言，通常不能以出售资产作为偿债的资金来源，而只能依靠企业的生产经营所得偿债。以出售企业资产偿还非流动负债势必会缩小企业的生产经营规模，这不符合企业举借非流动负债的初衷。企业之所以举借非流动负债，是因为认为这有助于提高企业的盈利能力，企业可以用获得的利润来偿还非流动负债。由于报告利润与企业长期偿债能力密切相关，因而企业的盈利能力就成为决定其长期偿债能力的一个重要因素。一般情况下，企业的盈利能力越强，长期偿债能力就越强；反之，企业盈利能力越弱，则长期偿债能力越弱。

（二）企业的资本结构

企业举借的长期债务，主要用于投资方面。企业进行长期投资，投资的效果就决定了其是否有能力偿还长期负债。企业必须有相应比例的权益资金，不能因为某项投资的效果不佳而损害债权人的利益。另外如果企业将大部分利润都分给投资者，权益资金很少，就会降低偿还长期债务的可靠性。对于债权人而言，将大部分利润作为留存收益留给企业，可以增加投资者对企业的权益比重，增加债务的保障和安全程度。即在总资本中，长期负债比重越小，股东权益资金越多，偿债能力越有保障。

（三）企业经营现金流量

经营现金流量与企业盈利能力密切相关。企业的债务最终要靠现金来偿还，盈利能力是企业偿债能力的重要决定因素，而足够的现金流入量是长期债务本息得以偿还的基础。企业只有具备较强的变现能力、充裕的现金，才能保证其有较强的长期偿债能力。因此，企业的经营现金流量状况是影响企业长期偿债能力的关键因素之一。

（四）其他因素

影响长期偿债能力的其他因素如下。

1. 长期经营租赁

当企业急需某种设备或者资产而又缺乏足够的资金购买时，可以通过租赁的方式解决。企业资产的租赁方式主要有经营租赁和融资租赁两种。融资租赁的设备作为固定资产列示到企业的资产当中，相应的租赁费用作为长期负债处理。经营租赁的资产不包括在固定资产当中，如果该设备被长期占用，则形成一项长期固定的租赁费用。实际上经营租赁是一种长期筹资行为，但是其租赁费用又不能作为长期负债处理。需要偿还的债务和用作偿债保障的资产都出现了特殊情况，若被忽略就会影响企业长期偿债能力。

2. 或有事项

或有事项是指过去的交易或事项形成的，其结果需要由某些未来事项的发生或不发生决定的不确定事项。或有事项分为或有资产和或有负债。或有资产包括专利权被他人侵犯时向他人提出索赔形成的或有资产、诉讼判决时得到补偿形成的或有资产。或有负债包括已贴现商业承兑汇票形成的或有负债，未决诉讼、未决仲裁形成的或有负债，为其他单位提供债务担保形成的或有负债，因资产重组可能产生的安置开支、资产减值、业务活动中断形成的或有负债，环境污染整治等形成的或有负债。

或有事项的特点是现有条件的最终结果具有不确定性，或有事项一旦发生就会影响企业的财务状况，可能给企业带来经济利益，也可能带来经济损失。产生或有资产会提高企业的长期偿债能力，产生或有负债会降低企业的长期偿债能力。因此，在分析企业的财务状况时，必须充分关注或有事项的披露，考虑或有事项的潜在影响。

3. 承诺事项

承诺事项是指企业因具有法律效力的合同或协议的要求而承担义务的事项。企业为了经营的需要会做出一些承诺，如对合资的另一方或者供应商做出的长期购买其产品的承诺、与贷款有关的承诺、售后回购协议中的承诺、"三包"承诺等。这种承诺有时会大量增加企业的潜在负债，但是没有通过资产负债表反映出来。分析企业长期偿债能力时，应该判断承诺变成真实负债的可能性，并做出相应处理。

4. 金融工具

金融工具是指形成一个企业的金融资产，并形成其他单位的金融负债或者权益工具的合同，如债券、股票、基金以及金融衍生工具等。金融工具对长期偿债能力的影响主要体现在以下方面。

（1）金融工具的公允价值与账面价值发生重大差异，但是没有在财务报表或报表附注中揭示。如果金融工具代表的是企业的资产，计价所采用的价格若高于应计的公允价值，则会造成虚增资产；如果金融工具代表的是负债，计价所采用的价格低于应计的公允价值，则会虚减负债。这些都将增大企业发生损失的可能性。

（2）未能对金融工具的风险程度进行恰当披露。风险不同的金融工具对企业未来损益变动的影响程度不同。使用风险大的金融工具，企业发生损失的可能性也会较大。分析时，要考虑资产负债表表外风险的金融工具记录，并分析信贷风险集中的信用项目和金融工具项目等对长期偿债能力的影响。比如针对应付债券，应重点分析企业的信用等级、债券的发行规模、盈利水平等。

二、长期偿债能力指标计算与分析

（一）反映资产规模对长期偿债能力影响的指标

企业资产是偿还企业债务的基本保障。分析研究企业的偿债能力，必须研究企业资产规模与债务规模之间的关系。一般，如果资产规模大于债务规模，企业偿债能力较强；反之，企业偿债能力则较弱。从资产规模角度分析评价企业长期偿债能力的指标主要有资产负债率、股东权益比率和权益乘数、产权比率等。

1. 资产负债率

资产负债率（Debt to Asset Ratio）是负债总额除以资产总额的百分比，也就是负债总额与资产总额的比例关系。资产负债率反映总资产中有多大比例是通过借债筹资形成的，也可以衡量企业在清算时保护债权人利益的程度。资产负债率这个指标反映债权人所提供的资本占全部资本的比例，也被称为举债经营比率。其计算公式如下：

$$资产负债率=\frac{负债总额}{资产总额}\times100\%$$

企业的资本是由负债和所有者权益构成的，因此，正常情况下，资产总额应该大于负债总额，即资产负债率应该小于100%，如果企业的资产负债率大于100%，说明企业资不抵债，有破产清算的风险。一般情况下，资产负债率越低，表明企业长期偿债能力越强。但是如果该比率过低，说明企业对负债的杠杆效应利用过少，不利于实现企业价值和股东财富最大化。合理的资产负债率通常在30%~70%，如果企业资产负债率超过70%，银行往往会拒绝对其贷款。

在对资产负债率进行分析时，应注意以下几点。

（1）在实务中，对资产负债率指标的计算存在争议。有的观点认为，资产负债率既然是衡量企业长期偿债能力的指标，作为其分子的负债只能是长期负债，流动负债不应包括在内，如果不剔除流动负债，就不能恰当地反映企业债务状况。本书采用了国际通用的计算公式，即资产负债率为负债总额与资产总额的比值，原因如下。首先，流动负债是企业外部资金来源的一部分，例如短期借款属于流动负债，并且要在一定的期限内还本付息，但是企业由于经营的需要，往往不断地借新债还旧债，使短期资金被长期占用。其次，从持续经营的角度来说，非流动负债是在转化为流动负债后进行偿还的，与其对应的非流动资产也要通过某种方式转化为流动资产。这种非流动负债向流动负债的转化以及非流动资产向流动资产的转化，说明在计算资产负债率时，不能把流动负债排除在外。最后，资产负债率指标计算公式中的分母包括全部资产，若分子只包含非流动负债，会造成分子、分母计算口径不一致。

（2）考虑行业和企业发展周期差异。处于不同行业、不同地区的企业以及处于不同发展时期的同一企业，对资产负债率的要求是不一样的。如批发和零售贸易业与机械、设备和仪表业的负债水平就明显不同。营业周期短的企业，其资产周转快，变现能力强，使得特定数量的资产在一定期间的获利机会多，这类企业可以适当扩大负债规模维持较高的资产负债率。相反，营业周期长的企业，如房地产企业，资产周转缓慢，变现能力差，获利机会少，资产负债率不宜太高，否则会影响到期债务的清偿。处于不同发展时期的企业，资产负债率也各有特点，当企业处于初创期时，企业的经营风险很高，融资时一般选择低风险的权益资本，此时的资产负债率往往最低；当企业处于成长期时，企业经营风险有所降低，可以进行一定的负债融资；当企业处于成熟期时，经营风险很小，企业开始大量利用负债进行融资，资产负债率开始变高；当企业处于衰退期时，企业逐渐从行业中退出，资金来源主要是借款。因此要结合国家总体经济状况、行业发展趋势、企业所处竞争环境等具体条件对资产负债率进行分析和判断。

（3）资产负债率并不能反映企业全部的偿债风险。首先，即使借款本金相同，偿还期限不同对现金流动的影响便不一样。如贷款200万元，甲企业分4年偿还，而乙企业分8年偿还，则对现金流动的影响就会不同。其次，如果借款是分期等额偿还本息，则随着每年的偿还，未偿还本息逐渐减少，使得资产负债率逐年降低，但是每年偿还的本息保持不变，因此，偿债风险并未减少。最后，该比率可能会因资产评估及会计政策的变更而改变，但这并不意味着企业财务风险发生变化。

（4）无形资产所占比重对资产负债率有效性的影响。无形资产是一项特殊的资产，如果一个企业总资产中无形资产的比重过高，那么资产负债率反映的偿债能力的有效性将大打折扣，如某企业存在按照历史成本计价的早年获得的土地使用权，在分析该企业的资产负债率时，需要进一步分析其无形资产所占的比重和质量，或者直接计算有形资产负债率，其计算公式为：

$$有形资产负债率 = \frac{负债总额}{资产总额 - 无形资产} \times 100\%$$

格力电器2015—2020年资产负债率分析如表7-5所示，资产负债率趋势分析如图7-6所示。

表7-5　　　　　　　　　　　格力电器2015—2020年资产负债率分析

项目	2015年	2016年	2017年	2018年	2019年	2020年
资产总额/亿元	1,616.98	1,823.70	2,149.68	2,512.34	2,829.72	2,792.18
负债总额/亿元	1,131.31	1,274.46	1,481.33	1,585.19	1,709.25	1,623.37
资产负债率	69.96%	69.88%	68.91%	63.10%	60.40%	58.14%

图7-6　格力电器2015—2020年资产负债率趋势分析

由表7-5和图7-6可知，2015—2017年格力电器的资产负债率接近70%，高于行业平均水平，显示了格力电器负债水平超出行业平均水平，长期偿债面临一定的风险；但2018—2020年资产负债率一路下行，到2020年下降至60%以下，同时低于行业平均水平，显示了格力电器在控制资产负债率方面做出了努力，提升了长期偿债能力的保障程度。

2. 股东权益比率和权益乘数

股东权益比率是股东权益总额与资产总额之比，表明企业全部资产中有多少是由投资者投资所形成的。其计算公式如下：

$$股东权益比率=\frac{股东权益总额}{资产总额}\times100\%$$

$$=1-资产负债率$$

股东权益比率是反映企业长期偿债能力保障程度的重要指标，该指标越高，说明企业资产中由投资者投资形成的资产就越多，偿还债务的保障程度就越高。该指标越高，资产负债率越低，企业的财务风险就越小；该指标越低，资产负债率越高，则企业的财务风险越大。债权人全额收回债权的有效保障就是股东投入较多的资金。如假设某企业的资产负债率为50%，则即使企业的全部资产按照一半的价格转换为现金，也能偿还所有的负债；如果企业的资产负债率仅仅为20%，则即使企业资产变现价值下降80%，仍然可以较好地保障债权人利益。当企业处于清算状态时，该指标对长期偿债能力的保障程度就显得尤为重要。

股东权益比率的倒数称为权益乘数，即企业的资产总额是股东权益总额的多少倍。其计算公式如下：

$$权益乘数=\frac{资产总额}{股东权益总额}=\frac{1}{1-资产负债率}$$

权益乘数表示企业的股东权益撬动了多大规模的投资。权益乘数越大，说明企业对负债经营利用得越充分，财务风险越大，债权人受保护程度越低。

权益乘数是对资产负债率的必要补充。运用权益乘数分析企业长期偿债能力时，要注意以下两点。

（1）权益乘数与资产负债率都是用于衡量企业长期偿债能力的，两个指标可以互相补充。资产负债率分析中应注意的问题，在分析权益乘数时也应该注意。

（2）权益乘数与资产负债率是有区别的。其区别主要表现为反映长期偿债能力的侧重点不同。权益乘数侧重于揭示资产总额与股东权益总额的倍数关系，倍数越大，说明企业资产对负债的依赖程度越大。资产负债率侧重于揭示资产总额中有多少是通过负债取得的，说明对债权人权益的保障程度。

3. 产权比率

产权比率，也称债务权益比率，是指负债总额与股东权益总额之比。其计算公式如下：

$$产权比率=\frac{负债总额}{股东权益总额}$$

一般来说，产权比率可反映股东所持股权是否过多（或者是否不够充分）等情况，侧面反映企业借款经营的程度。这一比率是衡量企业长期偿债能力的指标之一。它是反映企业财务结构稳健与否的重要指标。该指标表明由债权人提供的资金和由投资者提供的资金的相对关系，反映企业基本财务结构是否稳定。产权比率越低表明企业自有资本占总资产的比重越大，长期偿债能力越强。反之，当该指标过高时，表明企业过度负债，企业财务风险较高。

运用产权比率衡量企业长期偿债能力时，要注意以下几点。

（1）产权比率是反映债务负担与偿债保障程度相对关系的指标，资产负债率是反映企业债务负担的指标，股东权益比率是反映偿债保障程度的指标。这三个指标都用于衡量企业的长期偿债能力，具有共同的经济意义，可以相互补充。因此，对产权比率的分析可以结合对其他两个指标的分析。

（2）产权比率反映的长期偿债能力是以净资产为物质保障的。但是，净资产中有些项目，如无形资产、递延所得税资产、长期待摊费用等，其价值具有极大的不确定性，且不易形成支付能力，因此，在使用产权比率时，必须结合有形净值债务率指标做进一步分析，其计算公式如下：

$$有形净值债务率=\frac{负债总额}{股东权益总额-无形资产}$$

4. 固定长期适合率

固定长期适合率是指固定资产净值与股东权益总额和非流动负债总额之和的比率。其计算公式为：

$$固定长期适合率=\frac{固定资产净值}{股东权益总额+非流动负债总额}$$

就大多数企业来说，其希望固定资产方面的投资都用权益资金来解决，这样就不会因为固定资产投资回收期长而影响企业短期偿债能力。当企业固定资产规模较大，而权益资金规模较小，难以满足固定资产投资的需要时，可以通过举借长期债务来解决。一般认为，该指标必须小于1。当该指标超过1时，说明企业使用了一部分短期资金进行固定资产投资，而流动资产的投资全部由流动负债来解决，这是一个十分危险的信号。当企业的固定长期适合率小于1时，表明企业有一部分长期资金用于流动资产投资，这可以减轻企业的短期偿债压力。

5. 资产非流动负债率

资产非流动负债率是非流动负债总额与资产总额的比率，反映企业全部资产中有多少是由非流动负债形成的。这是从清算角度计算与分析企业最终清偿能力的保守指标。其计算公式是：

$$资产非流动负债率=\frac{非流动负债总额}{资产总额}\times100\%$$

资产非流动负债率指标越高，说明每1元资产中非流动负债所占比重越大，企业主要依赖长期债务进行融资，长期偿债风险较大。应结合行业情况对该指标进行分析，该指标通常受经济环境变动影响，销售额波动较大的企业倾向于避免高负债，因为偿还固定利息会给企业带来长期偿债方面的压力。比如零售业往往通过举借短期债务进行融资，其资产非流动负债率通常较低。

6. 非流动负债营运资金比率

非流动负债营运资金比率是指营运资本与非流动负债的比率。其计算公式是：

$$非流动负债营运资金比率=\frac{流动资产-流动负债}{非流动负债}$$

通常该指标应大于1，说明企业营运资本可以用于偿还非流动负债。但该指标在一定程度上受企业筹资策略的影响，因为在资产负债率一定的情况下，流动负债与非流动负债的结构因筹资策略不同而不同。

格力电器2015—2020年反映资产规模对格力电器长期偿债能力影响的指标如表7-6所示。

表 7-6　格力电器 2015—2020 年反映资产规模对格力电器长期偿债能力影响的指标

项目	2015 年	2016 年	2017 年	2018 年	2019 年	2020 年
流动资产/亿元	1,209.49	1,429.11	1,715.35	1,997.11	2,133.64	2,136.33
资产总额/亿元	1,616.98	1,823.70	2,149.68	2,512.34	2,829.72	2,792.18
流动负债/亿元	1,126.25	1,268.76	1,474.91	1,576.86	1,695.68	1,584.79
负债总额/亿元	1,131.31	1,274.46	1,481.33	1,585.19	1,709.25	1,623.37
资产负债率	69.96%	69.88%	68.91%	63.10%	60.40%	58.14%
股东权益比率	30.04%	30.12%	31.09%	36.90%	39.60%	41.86%
产权比率	2.33	2.32	2.22	1.71	1.53	1.39
固定资产净值/亿元	154.32	176.82	174.67	183.85	191.22	189.91
固定长期适合率	31.45%	31.86%	25.89%	19.65%	16.86%	15.73%
资产非流动负债率	0.31%	0.31%	0.30%	0.33%	0.48%	1.38%
非流动负债营运资金比率	1,644.34%	2,813.96%	3,742.76%	5,043.06%	3,229.30%	1,429.34%

由表 7-6 可知，格力电器非流动负债营运资金比率大大超过 1，并比其他比率都要高很多，显示企业有用营运资本偿还非流动负债的可行性；格力电器在 2015—2020 年股东权益比率、资产非流动负债率总体增加，产权比率、固定长期适合率总体降低，使财务风险逐年下降，格力电器长期偿债能力得到有效保障。

（二）反映盈利能力对债务支出保障程度的指标

分析反映资产规模对长期偿债能力影响的指标，初步了解了债权人权益的保障程度，但是，在上述分析中存在不足之处。首先，上述各项指标所采用的数据均来自资产负债表，而资产负债表只能反映企业某一时点的财务状况。这种分析着重通过判断资本结构的合理性来分析长期偿债能力的保障程度。其次，以资产负债表为基础进行的分析，不能揭示企业经营业绩与偿还债务支出之间的关系。盈利能力是偿债能力的基础和保证。一个长期亏损的企业，要保全其权益资本都很困难，就更难保持正常的长期偿债能力了。而一个长期盈利的企业，有着良好的现金流入，能保证长期偿债能力。反映盈利能力对债务支出保障程度的指标主要有利息保障倍数、债务本息保障倍数和固定费用保障倍数等。

1．利息保障倍数

利息保障倍数（Time Interest Earned Ratio）又称已获利息倍数，是指息税前利润与利息费用的比率，用以衡量企业偿付借款利息的能力。它反映了盈利能力对长期债务偿付的保障程度。其计算公式如下：

$$利息保障倍数=\frac{息税前利润}{利息费用}=\frac{利润总额+利息支出}{利息费用}=\frac{净利润+所得税+利息支出}{利息费用}$$

其中，利息费用是指本期发生的全部利息支出，既包括长期负债的利息费用，也包括短期负债的利息费用；既包括资本化的利息费用，也包括费用化的利息费用。因为利息作为企业对债权人的一项偿付义务，其性质并不会因为企业的会计处理不同而变更，也就是说无论是计入财务费用的利息费用还是包括在长期资产价值中的利息费用，都需要企业到期偿付。利息支出是指费用化的利息费用，一般使用利润表中的财务费用项目的数据进行简化计算。

利息保障倍数越大，利息支付就越有保障，利息支付越有保障，企业信誉越能得到维持和提升，从而有助于企业举借新债。因此，利息保障倍数是衡量长期偿债能力的重要指标之一。如果利息保障倍数小于1，表明企业自身产生的利润不能支持现有的债务规模。利息保障倍数等于1，也是比较危险的，因为息税前利润受经营风险的影响，可能会随着经济形势变化产生很大的波动，而企业每年支付的利息数额却是固定的。利息保障倍数越大，企业拥有的偿还利息的资金就越多。

实际中，运用利息保障倍数评价企业长期偿债能力时，通常需要注意以下几点。

（1）行业特点。利息保障倍数的分析没有绝对的标准，在分析时需要与行业平均水平进行比较。不同行业的利息保障倍数有区别，如美国的食品加工企业利息保障倍数接近10，而工程类企业利息保障倍数只有4。因此，分析利息保障倍数时，应结合行业平均值进行比较。

（2）为考察企业利息保障倍数的稳定性，一般要比较企业连续几年的该项指标，应该选择几年中最低的利息保障倍数作为基本的标准。这是由于无论企业的经营状况好坏，企业都需要按期偿还本息。在盈利高的年份，企业的利息保障倍数可能会很高，而在盈利低的年份，企业可能无力还本付息。采用最低的利息保障倍数作为标准可以衡量企业最低的长期偿债能力。

（3）严格来说，公式中的利润总额不包括非经常性损益以及会计政策变更的累积影响等项目。由于这些项目涉及的损益与企业的正常经营无关，且不属于企业的经常性项目，将它们与利息费用比较虽能够说明二者的联系，却不能借助这种相对关系动态比较说明利润总额的变化规律和未来趋势，缺乏预测价值。而对长期偿债能力而言，揭示预期趋势往往非常关键。但本书为简化计算，直接以利润总额为基础进行相关计算。

（4）公式中的利润总额不应该包括按照权益法核算的长期股权投资所确认的投资收益，因为在权益法下，投资收益是按照权责发生制确认的，所确认的投资收益能否获得相应的现金流入取决于被投资企业的利润分配政策、盈亏状况、现金流量状况以及企业发展对现金的需求等诸多因素，具有高度的不确定性。这表明，无论从短期还是长期看，按照权责发生制确认的投资收益不能代表企业的实际现金流，从而也就不能构成企业的现金支付能力，若将投资收益纳入利润总额中计算，会导致高估企业的长期偿债能力。

（5）利息保障倍数的缺陷。首先，衡量企业长期偿债能力时，既要衡量企业偿付利息的能力，更要衡量企业偿付本金的能力。而利息保障倍数反映的是企业支付利息的能力，只能体现举债经营的基本条件，不能反映企业的债务本金偿还能力。其次，利息和本金需要用现金支付，因此，要结合现金流量利息保障倍数、债务期限、债务本金等分析该指标。

格力电器2015—2020年利息保障倍数分析如表7-7所示，利息保障倍数趋势分析如图7-7所示。

表7-7　　　　　　　　　　格力电器2015—2020年利息保障倍数分析

项目	2015 年	2016 年	2017 年	2018 年	2019 年	2020 年
利润总额/亿元	149.09	185.31	266.17	312.74	293.53	263.09
利息费用/亿元	-19.29	-48.46	4.31	-9.48	-24.27	-19.38
利息保障倍数	-6.73	-2.82	62.72	-31.98	-11.10	-12.58

　　由表 7-7 和图 7-7 可知，格力电器在 2015—2020 年利息费用除 2017 年外均为负值，以致利息保障倍数也为负值，主要由于格力电器利息收入高于利息支出。这种情形下虽利息保障倍数也低于 1，但不表示企业自身产生的利润不能支持现有的债务规模，要结合企业利息收支情况整体考量，同时，还要考虑行业情况。由图 7-7 分析可得，格力电器的利息保障倍数基本保持在行业平均值之上，从这方面来看其长期偿债能力较强。

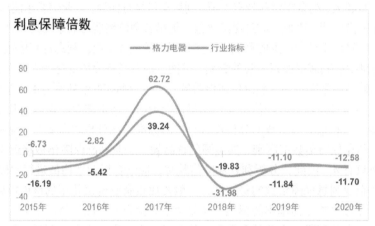

图 7-7　格力电器 2015—2020 年利息保障倍数趋势分析

2．债务本息保障倍数

　　债务本息保障倍数能比利息保障倍数更精确地表达出企业长期偿债能力的保障程度。对债权人来说，如果连本金都不能及时收回，利息的收回更是一种奢望。债权人提供资金给企业，希望在保障本金安全的前提下获取利息收入。因此，企业长期偿债能力不仅仅体现为偿付利息的能力，还体现为偿还本金的能力。在企业正常经营的条件下，企业以经营所赚取的利润来偿还本金。

　　债务本息保障倍数是指企业一定时期息税前利润与还本付息金额的比率，它是反映息税前利润对财务需要的保障程度的比率，其计算公式如下：

$$债务本息保障倍数 = \cfrac{息税前利润}{利息费用 + \cfrac{年度还本额}{1-所得税税率}}$$

　　企业支付利息和偿还本金是有区别的，利息是所得税前列支项目。支付 1 元的利息，只需要减少 1 元的营业收入或者说减少 1 元的利润，偿还本金则需要动用企业的净利润，从而需要更多的利润总额。因此年度还本额应该采用税前额度。

　　一般来说，该指标最低为 1，该指标越高，说明企业长期偿债能力越强。如果该指标低于 1，说明企业长期偿债能力较弱，企业可能会因为还本付息而资金周转困难，支付能力下降，从而影响企业声誉。

3．固定费用保障倍数

　　企业的日常经营活动中，除了按期还本付息之外，有些固定费用必须定期支付，否则企业将会发生财务困难。固定费用是指类似利息费用的固定支出，是企业必需的固定开支。除了债务利息，固定费用通常还包括租金、优先股股利、偿债基金等。该指标是利息保障倍数的演化，能够更全面地衡量企业长期偿债能力。其计算公式如下：

$$固定费用保障倍数=\frac{息税前利润}{固定费用}$$

$$=\frac{息税前利润}{利息费用+租金+\dfrac{优先股股利}{1-所得税税率}+\dfrac{偿债基金}{1-所得税税率}}$$

分析该指标时，需要注意以下方面。

（1）偿债基金是企业为了统筹规划长期债务偿还工作，平衡长期债务的还款压力，以设立基金的形式，在长期债务偿还期内，定期提取一定的资金，形成的一项定期、固定的开支需求。因为其从净利润中列支，所以必须考虑所得税的影响。偿债基金的设立，将临时的还债任务转化为企业日常的还款规划。

（2）租金是企业按照租赁合同的要求必须偿还的，如果不能按期偿还，企业要承担违约责任。应付未付的租金在实质上与利息支出没有区别。

（3）优先股股利尤其是固定的优先股股利，相对于普通股股利而言，具有"债性"。其是无论企业盈利状况如何，都必须支付的固定开支。与债务利息不同，优先股股利是用税后利润支付的，因此要考虑所得税的影响。

（4）固定费用保障倍数指标一般应大于 1，越大越好。可以结合企业生产经营情况、所处行业的平均水平等因素确定具体比较标准。一般而言，该指标包含的固定费用多，是一个更加谨慎的指标。除了企业债权人之外，优先股股东、出租人都会关注此指标。

4. 销售利息比率

销售利息比率是指一定时期的利息费用与营业收入的比率。其计算公式如下：

$$销售利息比率=\frac{利息费用}{营业收入}$$

公式中的利息费用既包括生产经营性利息费用，也包括资本化的利息费用。该指标衡量每 1 元营业收入负担的利息费用，反映企业销售状况对偿付债务利息的保障程度。在企业负债规模基本稳定的情况下，销售状况越好，偿还债务给企业造成的冲击越小。该指标可以分解为资产负债率、负债资金成本率以及总资产周转率三个指标，即：

$$销售利息比率=\frac{负债总额}{总资产}\times\frac{利息费用}{负债总额}\times\frac{总资产}{营业收入}$$
$$=资产负债率\times负债资金成本率\times总资产周转率$$

（三）反映现金流量对长期偿债能力影响的指标

利息保障倍数和固定费用保障倍数等在反映企业长期偿债能力方面是十分有用的，但是，这两个指标有一定缺陷。利润总额是会计数据，决定利润总额的有两个因素，收入和费用。而利润总额并不等价于企业可以动用的现金流量，现金流量的大小受现金流入量和现金流出量的影响。因此，考察长期偿债能力还要计算现金流量利息保障倍数、到期债务本息偿付率和现金债务总额比率。

1. 现金流量利息保障倍数

现金流量利息保障倍数是指企业经营活动产生的现金流量净额（即经营活动现金净流量）与利息费用的比率。该指标反映企业经营活动产生的现金流量净额是利息费用的多少倍，克服了利息保障倍数从收益的角度衡量长期偿债能力的缺陷。该指标反映每 1 元的利息费用有多少倍的经营活动现金净流量作为保障。其计算公式如下：

$$现金流量利息保障倍数=\frac{经营活动产生的现金流量净额}{利息费用}$$

其中，利息费用仍然包括资本化和费用化的利息费用。当息税前利润和经营活动现金净流量变动基本保持一致时，这两个指标对现金流量和利息保障倍数影响的结果是一致或相近的。但是对于处于高速成长期的企业而言，息税前利润和经营活动现金净流量可能存在较大差异，这时，使用现金流量利息保障倍数更加可靠。

格力电器 2015—2020 年现金流量利息保障倍数如表 7-8 所示。

表 7-8　　　　　　　　　格力电器 2015—2020 年现金流量利息保障倍数

项目	2015 年	2016 年	2017 年	2018 年	2019 年	2020 年
经营活动产生的现金流量净额/亿元	443.78	148.60	163.59	269.41	278.94	192.39
利息费用/亿元	-19.29	-48.46	4.31	-9.48	-24.27	-19.38
现金流量利息保障倍数	-23.01	-3.07	37.93	-28.41	-11.49	-9.93

2. 到期债务本息偿付率

到期债务本息偿付率是指企业经营活动产生的现金流量净额与本期到期债务本息之间的比率。该指标用来衡量企业到期本金及利息可由经营活动创造的现金净流量来支付的程度。其计算公式如下：

$$到期债务本息偿付率=\frac{经营活动产生的现金流量净额}{本期到期债务本息}×100\%$$

经营活动产生的现金流量净额是企业稳定、经常性的现金来源，是清偿债务的基本保证。如果这一比率小于 100%，说明企业经营活动产生的现金不足以偿付到期债务和利息支出，企业必须通过其他渠道筹资或者通过出售资产才能清偿债务。这一指标越高，说明企业长期偿债能力越强。

3. 现金债务总额比率

现金债务总额比率是经营活动现金净流量与负债平均余额的比率。该指标旨在衡量企业承担债务的能力，是评估企业中长期偿债能力的重要指标，同时它也是衡量企业破产可能性的可靠指标。这一比率越高，企业承担债务的能力越强，破产的可能性越小。这一比率越低，企业财务灵活性越差，破产的可能性越大。其计算公式如下：

$$现金债务总额比率=\frac{经营活动现金净流量}{负债平均余额}×100\%$$

现金债务总额比率从现金流量角度来反映企业偿付长期负债的能力。现金债务总额比率越高，表明企业经营活动产生的现金净流量越多，越能保障企业偿付长期债务。但是，该指标也不是越高越好，该指标过高表明企业流动资金利用不充分，获利能力不强。

分析时，要将该指标计算结果与企业历史水平比较、与同业比较。这个比率越高，企业承担债务的能力越强。这个比率同时也体现了企业的最大付息能力。比如一公司最大付息能力是 10%，即利息超过 10% 时，此公司将不能按时付息。

格力电器 2015—2020 年现金债务总额比率如表 7-9 所示。

表7-9　　　　　　　　　　　格力电器2015—2020年现金债务总额比率

项目	2015年	2016年	2017年	2018年	2019年	2020年
经营活动现金净流量/亿元	443.78	148.60	163.59	269.41	278.94	192.39
负债平均余额/亿元	1,121.15	1,202.89	1,377.90	1,533.26	1,647.22	1,666.31
现金债务总额比率	39.58%	12.35%	11.87%	17.57%	16.93%	11.55%

三、影响企业长期偿债能力的表外因素

除了用通过利润表、资产负债表、现金流量表中有关项目之间的内在联系计算的各种比率评价和分析企业的长期偿债能力以外，还有一些没有在财务报表中充分披露的因素，也会影响企业的长期偿债能力。

（一）长期租赁

当企业急需某种设备或资产而又缺乏足够的资金时，可以通过租赁方式解决。租赁分为融资租赁和经营租赁。融资租赁是由租赁公司垫付资金购买设备并租给承租方使用，承租方按合同规定支付租金（包括设备买价、利息、手续费等）。一般情况下，在承租方付清最后一笔租金后，设备所有权归承租方所有，融资租赁实际上属于变相地分期付款购买固定资产。因此，在融资租赁形式下，租入的固定资产作为企业自有的固定资产入账，作为企业自有资产进行管理，相应的租赁费用作为长期负债处理。

经营租赁则没有反映在资产负债表中。当企业的经营租赁量比较大、期限比较长或具有经常性时，就形成了一种长期性筹资。这种长期性筹资虽然不包括在长期负债之内，但企业到期必须支付租金，从而会对企业的长期偿债能力产生影响。因此，如果企业经常发生经营租赁业务，应考虑租赁费用对企业长期偿债能力的负面影响。

（二）债务担保

债务担保项目的时间长短不一，有的涉及企业的长期负债，有的涉及企业的流动负债。在分析企业长期偿债能力时，财务分析者应根据有关资料判断担保责任带来的潜在长期负债问题。

（三）或有项目

根据《企业会计准则第13号——或有事项》规定，企业不确认或有负债。但是，或有项目的存在需通过未来不确定事项的发生或者不发生予以证实，一旦未来不确定的事项发生了，必然会影响企业的财务状况。因此，企业不得不对它们予以足够的重视，在评价企业长期偿债能力时也要考虑它们的潜在影响。

拓展阅读

企业偿债能力综合评价模型的构建与拓展

📖 **课后思考题**

1. 影响短期偿债能力的主要因素有哪些？
2. 计算速动比率时，为何要将存货从流动资产中扣除？
3. 影响企业短期偿债能力的表外因素有哪些？
4. 企业资产负债率对企业债权人、股东、管理者有何影响？
5. 企业陷入财务困境是因负债比率过高还是收益率过低？

6. 现金流量利息保障倍数与已获利息倍数在衡量长期偿债能力方面有何区别?

 实战演练

根据前述青岛啤酒资料,结合网中网财务大数据平台的数字化驾驶舱资料,青岛啤酒2016—2021年偿债能力指标对应及行业指标如表7-10所示。

表7-10   青岛啤酒2016—2021年偿债能力指标及对应行业指标

项目	2016年	2017年	2018年	2019年	2020年	2021年
流动比率	1.23	1.35	1.47	1.57	1.59	1.59
行业流动比率	1.32	1.62	1.68	1.71	1.56	1.56
产权比率	0.78	0.74	0.82	0.87	0.94	0.96
行业产权比率	0.60	0.55	0.59	0.60	0.78	0.79
资产负债率	0.44	0.43	0.45	0.47	0.49	0.49
行业资产负债率	0.38	0.35	0.37	0.38	0.44	0.44
已获利息倍数	−1.25	−4.69	−3.79	−4.63	−5.88	−17.42
行业已获利息倍数	−11.01	−4.84	−3.53	−5.32	−7.70	−13.08

要求:

(1)分析评价青岛啤酒2016—2021年短期偿债能力。

(2)分析评价青岛啤酒2016—2021年长期偿债能力。

第八章

企业发展能力分析

知识目标

1. 掌握企业发展能力分析的基本内容；
2. 掌握企业发展能力的影响因素；
3. 掌握各发展能力指标的内涵以及计算分析方法。

能力目标

1. 能评价企业整体发展能力；
2. 能判断企业可持续发展能力水平。

素养目标

1. 坚定国家自信和民族自信；
2. 体会企业发展与国家发展的联系；
3. 感悟可持续发展的重要性。

引导案例

百年青啤栉风沐雨，结构升级乘风破浪[①]

1. 需求供给双轮驱动，高端化成行业主线

（1）2017—2021 年，青岛啤酒的产量逐年下降，复合年均增长率（Compound Annual Growth Rate，CAGR）约为-5%，人均消费量止跌企稳。存量博弈背景下，行业步入转型升级期。

（2）需求端受益于消费升级大趋势与差异化啤酒需求突显；供给端受益于酒企大力研发投入和资源持续向中高端产品倾斜，行业高端转型正当时。预计行业高端、中端、低端产品未来三年销量 CAGR 分别约为 7%、5%、-4%。

（3）行业竞争格局初步形成，寡头化趋势明显，业务规模前五名的公司所占市场份额（CR5）已达 90%，业内竞争趋于理性。酒企持续加码中高端啤酒布局，过去五年行业吨价 CAGR 约为 4%，目前已至 2,800 元/吨～4,300 元/吨，国际啤酒巨头百威亚太均价则在 4,500 元/吨～8,000 元/吨，对比之下国内吨价仍有提升空间，吨价提升将成为行业长期趋势。

---

① 资料来源：西南证券研究报告（2021 年 6 月 18 日）。

2. 品牌、产品、渠道三管齐下，助力青啤高质发展

青啤果断实施战略转型，剑指高端产品。

（1）品牌端：品牌底蕴深厚，四位一体营销卓有成效。青啤广宣费用近三年 CAGR 为 9%，品牌价值长期居行业第一。

（2）产品端：产品矩阵丰富，"青岛+崂山"双品牌覆盖各消费群体；高端化转型提速迅猛，近三年高、中、低端啤酒销量 CAGR 分别为 4.4%、0.2%、-0.9%；高端产品持续放量拉动 2020 年公司主品牌吨价提升至 4,447 元/吨，与百威亚太吨价相近。

（3）渠道端：专注培育优势市场，确立"环山东基地市场圈+沿黄沿海市场战略带"。其中公司在沿黄一带市占率领先，均在 40% 以上；在沿海市场产品结构十分理想，中高端产品占比超过 90%，高端化协同渠道优势使业绩有望实现爆发。

3. 公司业绩将持续高增

（1）产品结构升级："产品+费用+产能"三端发力助力高端产品快速扩容，2020 年高端产品销量仅贡献 23%，大量低端产品亟待升级，"中高端产品高增长+低端产品升级"，业绩弹性将显著增强。

（2）优化低效产能：公司 2018—2021 年以来累计关厂 5 家，未来计划再关闭 5 家低效工厂，大额折旧降低后，驱动业绩弹性增强。

（3）罐化率提升：公司早于同行企业布局罐装产能，2020 年罐装产量已突破 200 万吨，且公司已确立"5 年内罐化率提至 50%"的目标，罐化率提升驱动盈利能力增强。

思考：青岛啤酒是如何实现增长速度高于行业平均水平的？如何实现公司的可持续发展？

第一节　企业发展能力分析的目的和内容

一、企业发展能力分析的目的

企业发展能力是指企业经过一段时间的经营积累后，从内在到外在体现出来的量和质的提升，在一定时期内拥有的向内增值、向外扩张的潜力，揭示企业是否能够由弱变强、能否持续地成长与发展。此能力是非静态的，是企业通过调整可改变的。企业拥有发展能力并运用已有的资源，通过继续生产、经营和管理，能够获得更高的经营效率、更可观的收益、更大的资产规模、更强的核心竞争力和更长久的延续。

传统的财务分析仅仅从静态的角度来分析企业的财务状况和经营成果，强调企业的盈利能力、营运能力和偿债能力，但是这三方面的分析仅仅能揭示企业过去的经营状况，并不代表企业的发展能力。而对于企业的利益相关者而言，他们关注的不仅仅是企业目前的、短期的盈利能力，更关注企业未来的、长期的和可持续的增长能力。对于大股东而言，持有企业的股票不仅是为了满足投机获利需求，更是看中了企业未来的发展潜力，通过长期持有股票获取红利和资本利得。对债权人而言，长期债权必须以企业的盈利能力为保障，而企业持续的盈利能力依赖于持续不断的发展和创新。因此，对企业发展能力的评价不论是对企业来说，还是对企业利益相关者而言都至关重要。

其重要性具体表现在如下方面。

（1）对企业发展能力进行评价，从宏观角度而言，是为了促进国民经济的不断发展；从微观的角度而言，是为了促进企业经营管理者重视企业的持续经营和经济实力的不断增强。

（2）企业能否持续发展对股东、潜在的投资者、经营者以及其他利益相关者至关重要。对于股东而言，可以通过发展能力分析衡量企业创造股东价值的能力，从而为采取下一步战略行动提供依据。对于潜在的投资者而言，可以通过发展能力分析评价企业的成长性，从而选择合适的目标企业做出正确的投资决策。对于经营者而言，可以通过发展能力分析发现影响企业未来发展的关键因素，从而采取正确的经营策略和财务策略促进企业可持续发展。对于债权人而言，可以通过发展能力分析判断企业未来盈利能力，从而做出正确的信贷决策。

二、企业发展能力分析的内容

企业发展能力分析的基本内容包括以下两个方面。

1. 企业发展能力指标分析

企业发展能力指标分析就是运用财务指标对企业的未来增长能力和企业未来的发展趋势加以评估。企业价值增长，依赖于营业收入、利润、资产和股东权益等方面的不断增长。企业发展能力指标分析就是通过计算和分析营业收入增长率、利润增长率、资产增长率、股东权益增长率等指标，衡量企业在营业收入、利润、资产、股东权益等方面的发展能力，并对其发展趋势进行评估。

2. 持续发展策略分析

企业为了实现持续发展，通常需要综合运用销售政策、资产营运政策、融资政策和股利政策。前两者构成了企业的经营战略，后两者构成了企业的财务战略。在财务分析过程中，可借助可持续增长率（Sustainable Growth Rate）这个综合指标衡量企业综合利用这些经济政策所能够获得的预期增长速度。因此，持续发展策略分析主要包括：通过企业的可持续增长率分析影响企业持续发展的因素；分析企业为达到发展战略目标应该选择的战略，包括经营战略分析和财务战略分析。

三、影响企业发展能力的主要因素

企业发展能力的核心是企业价值增长，而影响企业价值增长的因素主要有以下几个。

1. 销售收入

企业发展能力的形成依托于企业不断增长的销售收入。销售收入是企业收入来源之本，也是企业价值增长的根本动力。稳定增长的销售收入，能为企业提供利润，能增加企业的现金流量，进而提升企业的价值。

2. 资产规模

资产是企业取得收入的保障，在总资产收益固定的情况下，资产规模与收入规模之间存在着正相关关系。有些企业的盈利模式是规模制胜，这种模式成功的关键是要启动和开拓市场，不断突破扩张和发展的瓶颈，在渠道和终端上做文章，以生产能力的持续投入、渠道建设的不断强化，实现销售规模的不断扩大，从而实现规模经济，奠定进一步发展的坚实基础。

3. 净资产规模

在企业净资产收益率不变的情况下，企业净资产规模与收入规模之间也存在着正相关关系。净资产规模不断增长，反映新的资本投入，表明所有者对企业的信心，同时为企业负债筹资提供了保障，有利于满足企业进一步发展对资金的需求。

4. 资产使用效率

资产使用效率越高，企业利用有限资源获利的能力越强。提高资产使用效率的关键在于在市场份额较为稳定且很难有更大上升空间的情况下，提升产品品质，不断优化内部组织结构和业务流程，依靠技术开发、经营管理、节能降耗，来实现经济效益的不断提高，巩固竞争优势。

5. 净利润

净利润反映企业一定时期的经营成果，是收入减去费用的差额。在收入一定的情况下，费用与净利润之间存在着反向变动关系。应基于整条价值链对利润、风险、成本进行分配，保证供应链的稳定性，降低产业链的融资成本，从而降低最终产品成本，实现企业持续稳定获得收益。

6. 股利分配

企业所有者可以从两个途径获取投资收益，一是股利收入，二是资本利得。一个企业可能有很强的盈利能力，但如果把企业所有利润转化为股利分配给投资者，那么即使这个企业的相关效益指标很高，也不能说明这个企业的发展能力很强。没有资本积累的企业，其发展前景是有限的。

四、企业发展状态的划分

企业当前的状态是投资者做出投资决策的依据。分析者应当动态地从总体上考察企业的发展前景，企业发展的状态可以划分为以下三种。

1. 平衡发展

平衡发展也可称为稳步发展，主要表现如下。

（1）企业利润增长率高于通货膨胀率。

（2）当年销售利润能够支付管理费用、财务费用，满足流动资金需求，并有剩余用于企业发展投资。

（3）企业资金结构合理，财务费用不超过一定标准。

2. 过快发展

企业过快发展的主要表现如下。

（1）营业额增长很快，存货和应收账款也相应增长，且后两项增长速度比营业额快。

（2）企业营运资金需求增加，但企业没有足够的资金来满足资金需求，从而常常出现现金支付困难。

3. 失控发展

企业失控发展的主要表现如下。

（1）企业市场需求增长很快，企业预期增长势必将持续，因而企业通过借款来支持这种增长。

（2）企业资金结构不合理，营运资金为负。

（3）一旦市场需求减少，因生产能力已经扩大，固定费用支出增加，企业会发生销售困难，难以及时调整结构，发展出现失控。

第二节　企业发展能力指标分析

一、营业收入增长率计算与分析

1. 营业收入增长率的内涵与计算

市场是企业生存和发展的空间，营业收入是企业发展的源泉。企业的销售情况越好，说明其在市场中所占份额越大，实现的营业收入越多，企业的生存和发展空间也就越大。因此，可以用营业收入增长率来反映企业的发展能力。营业收入增长率是指企业本期营业收入增加额与上期营业收入之比。其计算公式如下：

$$营业收入增长率 = \frac{本期营业收入增加额}{上期营业收入} \times 100\%$$

其中，　　　　　　本期营业收入增加额 = 本期营业收入 - 上期营业收入

2. 营业收入增长率的分析

在利用营业收入增长率来分析企业的发展能力时，应该注意以下几个方面。

（1）营业收入增长率是衡量企业经营状况和市场占有能力、预测企业经营业务拓展趋势的重要指标，也是企业扩张增量资本和存量资本的重要前提。不断增加的营业收入，是企业生存的基础和发展的条件。

（2）要判断企业是否具有良好的成长性，必须分析其营业收入增长是否具有效益性。若营业收入的增长依赖于企业资产的快速增长，并且资产增长率高于营业收入增长率，则说明企业营业收入的增长不具有效益性，企业的可持续发展能力不强。企业的营业收入增长率高于资产增长率，说明企业具有良好的成长性。

（3）应结合企业历年的营业水平、市场占有情况、行业未来发展及其他影响企业发展的潜在因素对营业收入增长率进行预测。分析营业收入增长率时，可选择其他类似企业、本企业历史水平或行业平均水平等作为比较标准。

（4）营业收入增长率作为相对量指标，也存在受增长基数影响的问题。如果增长基数（即上年营业收入）特别小，即使本期营业收入出现较小幅度的增长，营业收入增长率也会较高。

（5）必须分析连续多期的营业收入增长率进行综合判断，这是因为营业收入增长率可能会受到一些偶然因素和非正常因素的影响，从而无法反映出企业的实际销售发展能力。要全面、正确地分析、判断一个企业的营业收入增长趋势和增长水平，必须将不同时期的营业收入增长率加以比较和分析。多期营业收入平均增长率的计算公式如下：

$$n期营业收入平均增长率 = \left(\sqrt[n]{\frac{本期营业收入}{n期前营业收入}} - 1 \right) \times 100\%$$

该指标能够反映企业营业收入的增长趋势和稳定程度，体现企业的持续发展态势和市场扩张能力，避免因少数时期业务波动而错误判断企业的发展潜力。实务中，一般选择计算近3—5年的营业收入平均增长率。

（6）通过计算产品收入增长率来分析企业产品结构，进而判断企业整体的成长性。其计算公式如下：

$$产品收入增长率 = \frac{本期产品营业收入增加额}{上期产品营业收入} \times 100\%$$

其中，产品的营业收入可以从利润表的附注中得到。根据产品的生命周期理论，产品的生命周期可以分为诞生、成长、成熟和衰退四个阶段，不同阶段产品的销售特点不同。在诞生阶段，由于产品刚刚研发成功、投入生产，因此该阶段的产品销售规模较小，而且增长比较缓慢，即产品收入增长率较低。在成长阶段，由于产品市场不断拓展，生产规模不断扩大，销量迅速增加，因此该阶段的产品收入增长较快，即产品收入增长率较高。一般来说，如果产品收入增长率超过10%，可说明产品处于成长阶段，将继续保持较好的增长势头，尚未面临产品更新的风险。在成

熟阶段，市场基本饱和，产品销量逐步趋于稳定，销售收入不会出现大规模的增长，即产品收入增长率较上期不会有太大变动。

一般来说，如果产品收入增长率在5%～10%，说明企业产品已经进入成熟期。在衰退期，产品收入增长率较上期变动很小，甚至出现负增长。一般而言，产品收入增长率低于5%时，产品市场开始萎缩，保持市场份额已经很困难，营业利润开始滑坡。如果没有新产品投入市场，企业将很快步入衰退期。根据产品的销售特点，可以判断产品所处的生命周期阶段，从而判断企业的发展前景。

格力电器2015—2020年营业收入增长率分析及其变动趋势分析分别如表8-1和图8-1所示。

表8-1　　　　　　　　　格力电器2015—2020年营业收入增长率分析

项目	2015年	2016年	2017年	2018年	2019年	2020年
营业收入/亿元	977.45	1,083.03	1,482.86	1,981.23	1,981.53	1,681.99
营业收入增加额/亿元	-400.05	105.57	399.84	498.37	0.30	-299.54
营业收入增长率	-29.04%	10.80%	36.92%	33.61%	0.02%	-15.12%
营业收入增长率行业平均值	-8.05%	17.66%	37.41%	14.99%	5.34%	0.49%

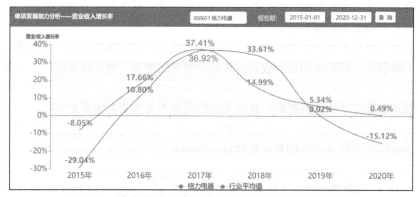

图8-1　格力电器2015—2020年营业收入增长率趋势

从表8-1和图8-1可知，格力电器2015—2017年营业收入增长率处于上升趋势，营业收入逐年增加且增速较快。2015年家电行业处于饱和状态，整体发展放缓，格力电器的销售收入也不容乐观，基于此对格力电器深入了解后，发现格力电器在此之后采取多元化、差异化发展战略，迅速占领市场，收入迅猛增加，至2019年达到峰值，整体趋势符合行业从成长期到成熟期的发展态势。2020年受社会环境和行业竞争激烈影响，格力电器的营业收入增长率呈现负值，受影响程度明显高于行业平均水平，这就需要格力电器深入分析收入结构，挖掘明星产品，提升产品创新能力。

二、利润增长率计算与分析

（一）利润增长率的内涵与计算

由于一个企业的价值主要取决于其盈利及增长能力，所以利润增长率是反映企业发展能力的重要指标。企业的利润可以表现为息税前利润、营业利润、利润总额、净利润等，因此，企业的利润增长率也具有不同的表现形式。在实务中，经常采用的有营业利润增长率和净利润增长率两个指标。

1. 营业利润增长率

营业利润增长率是本期营业利润增加额与上期营业利润之比，其计算公式如下：

$$营业利润增长率=\frac{本期营业利润增加额}{上期营业利润}\times100\%$$

其中，营业利润数据来自利润表中的营业利润项目。营业利润增长率反映与企业密切相关的营业利润增长情况。营业利润增长率为正数，说明企业本期营业利润增加。营业利润增长率越高，说明企业收益增长得越多。营业利润增长率为负数，则说明企业本期营业利润减少，收益降低。

2. 净利润增长率

净利润可衡量企业综合经营业绩，净利润增长是企业成长的基本表现，因此实务中，主要采用净利润增长率分析企业利润创造能力。其计算公式如下：

$$净利润增长率=\frac{本期净利润增加额}{上期净利润}\times100\%$$

其中，净利润数据来自利润表中的净利润项目。

需要说明以下内容。

（1）净利润是指利润总额减所得税费用后的余额，是当年实现的可供出资人（股东）分配的净收益，也称税后利润。它反映一个企业经营的最终成果。净利润多，企业的经营效益就好；净利润少，企业的经营效益就差。净利润增长了，企业所有者权益的增长才有保证，企业的发展才有根基。

（2）净利润的多寡取决于两个因素，一是利润总额，二是所得税费用。企业所得税等于当期应纳税所得额乘以企业所得税税率。我国现行的一般企业所得税税率为25%，符合国家政策规定条件的企业，可享受企业所得税优惠，如高新技术企业所得税税率为15%。

（3）净利润增长率代表企业当期净利润相比上期净利润的增长幅度，指标值越高代表企业盈利能力越强。因为只有净利润不断增长的企业，资本积累才能逐年增加。随着企业资本积累的逐年增加，发展资金增多，企业的经营规模不断扩大，发展后劲不断增强，发展前景将越来越好。

（二）利润增长率分析

在进行利润增长率分析时，要注意以下问题。

1. 关注利润增长的原因

从利润表及现金流量表来看，企业利润增长大概来源于三个方面。一是企业日常经营活动带来利润增长，这种增长往往意味着企业的发展能力具有可持续性。二是投资活动产生的投资收益，往往以公允价值变动收益或投资收益等形式在利润表中反映。对这部分收益带来的利润增长要保持警惕，因为企业可能会通过操纵投资收益操纵利润。三是非经常性收益，是指具有较大的偶然性和意外性的收益，如资产重组收益、债务重组收益、财政补贴等。这些收益会导致净利润增加，但是其并不能代表企业真实的盈利能力，其带来的利润增长也不具有持续性。

2. 营业利润增长与营业收入增长同时分析

分析营业利润增长情况时，应结合企业的营业收入增长情况。如果企业的营业利润增长率高于企业的营业收入增长率，则说明企业正处于成长期，业务不断拓展，企业的盈利能力不断增强；反之，若企业的营业利润增长率低于营业收入增长率，则反映企业营业成本、税金及附加、期间费用等成本费用的增长超过了营业收入的增长，说明企业的商品经营盈利能力有待进一步提高，企业营业利润发展潜力值得怀疑。

3. 趋势分析

为了正确反映企业净利润和营业利润的增长趋势，应将企业连续多年的净利润增长率和营业利润增长率进行对比分析，这样可以排除个别时期偶发因素或者其他特殊情况的影响，从而更加全面、真实地揭示企业净利润和营业利润的增长情况。

影响利润的因素有销售数量、单位产品售价、单位产品制造成本、控制管理费用的能力、控制销售费用的能力等。但是，一味地削减成本并不能带来企业利润的可持续增长，企业要实现持续的发展必须不断地进行技术变革，产品要实现"成熟一代，生产一代，储备一代，开发一代"。

利润增长率的分析揭示了企业未来获利能力的发展趋势，为预测分析以及价值评估提供了有益的参考数据。结合企业实际情况对利润增长率进行适当调整，能够大概地预测企业下一年或者以后多年的利润，从而为判断预计利润表中计算得出的数值的合理性提供依据。由于预计利润表是预计资产负债表和预计现金流量表的基础，因此提高利润预测的准确性对提高整个企业价值评估的准确性至关重要。

格力电器 2015—2020 年净利润增长率及其趋势分别如表 8-2 和图 8-2 所示。

表 8-2　　　　　　　　格力电器 2015—2020 年净利润增长率分析

项目	2015 年	2016 年	2017 年	2018 年	2019 年	2020 年
净利润/亿元	126.24	155.25	225.09	263.79	248.27	222.79
净利润增加额/亿元	−16.29	29.01	69.84	38.70	−15.52	−25.48
净利润增长率	−11.43%	22.98%	44.99%	17.20%	−5.88%	−10.26%
净利润增长率行业平均值	2.16%	22.75%	26.58%	2.22%	16.20%	2.28%

图 8-2　格力电器 2015—2020 年净利润增长率趋势分析

从表 8-2 和图 8-2 得知，在 2015 年家电市场整体业绩下滑时期，格力电器面对需求降低、库存积压的情况选择降价出售，导致净利润呈负增长状态。随后，格力电器转变发展战略，净利润迅速增长，且增速较快，2017 年净利润增长率达到顶峰。2018 年受到原材料价格上升的影响，虽然净利润依然增加，但是净利润增长率明显下滑。2019 年和 2020 年净利润均为负增长，主要是受成本费用增长及社会环境影响。格力电器作为家电行业头部企业净利润增长率波动程度明显比行业平均值的波动更加剧烈。

三、资产增长率计算与分析

资产增长率指标包括总资产增长率和固定资产成新率，下面分别进行介绍。

（一）总资产增长率计算与分析

1. 总资产增长率的内涵与计算

资产代表企业用以取得收入的资源，同时也是企业偿还债务的保证。资产的增长是企业发展的一个重要方面，也是企业实现价值增长的主要手段。从企业的经营实践来看，发展前景好的企业一般能保证资产的稳定增长。分析企业在资产投入方面的增长情况时，可以使用总资产增长率指标。总资产增长率是指企业本期总资产增加额与本期期初总资产之间的比率。其计算公式如下：

$$总资产增长率 = \frac{本期总资产增加额}{本期期初总资产} \times 100\%$$

总资产增长率是用来考核企业资产投入增长幅度的财务指标。它可以衡量企业本期资产规模的扩张情况，评价企业经营规模总量上的扩张程度。总资产增长率为正数，则说明企业本期资产规模增加，总资产增长率越高，则说明资产规模增大幅度越大；总资产增长率为负数，则说明本期资产规模缩减，资产出现负增长。

2. 总资产增长率分析

在对总资产增长率进行具体分析时，应该注意以下几点。

（1）总资产增长率高并不意味着企业资产规模适当。评价一个企业的资产规模是否适当，必须与销售收入增长率、利润增长率等指标结合起来分析。只有在一个企业的销售收入增长率和利润增长率超过总资产增长率的前提下，资产规模的增长才意味着企业资产周转效率的提高，资产规模的增长才能带来更多的经济效益，这样的资产规模增长才是适当的、正常的。

（2）分析企业资产增长的来源。企业的资产增长所需要的资金来源于负债和所有者权益，在其他条件不变的情况下，无论是增加负债规模还是所有者权益规模，都会提高总资产增长率。如果一个企业的资产增长完全依赖于负债的增长，而所有者权益在年度内没有发生变化或者变化不大，则说明企业不具备良好的发展潜力。从企业自身的角度来看，企业资产的增加应该主要取决于企业利润的增加。企业利润的增加是否能带来企业资产的增加，又取决于企业的股利政策。

（3）分析企业资产增长的结构。并不是所有的资产增长都能够带来经济效益的增加，在分析资产增长的同时，应该分析资产增长的结构。如是经营资产的增长还是非经营资产的增长，是流动资产的增长还是非流动资产的增长，是非流动资产中固定资产的增长、无形资产的增长还是其他长期资产的增长等。正确地分析企业资产增长的结构有利于准确地判断企业未来发展的潜力。

（4）对资产规模增长应该进行趋势分析。为全面认识企业资产规模的增长趋势和增长水平，应将企业不同时期的总资产增长率加以比较。因为一个健康的处于成长期的企业，其资产规模应该是不断增长的，如果时增时减，则反映出企业的经营业务并不稳定，同时说明企业不具备良好的发展能力。只有将一个企业不同时期的总资产增长率加以比较，才能正确评价企业资产规模的增长。

另外需要注意的是，资产规模的增长速度将直接影响企业发展中外部资金需要量，从而影响企业的融资方式和融资规模，进一步影响企业的偿债能力、盈利能力和发展能力。资产规模持续稳定增长对企业来说是至关重要的。

格力电器2015—2020年总资产增长率及其变动趋势分别如表8-3和图8-3所示。

表 8-3　　　　　　　　　　　格力电器 2015—2020 年总资产增长率分析

项目	2015 年	2016 年	2017 年	2018 年	2019 年	2020 年
资产总额/亿元	1,616.98	1,823.70	2,149.68	2,512.34	2,829.72	2,792.18
本年资产增加额/亿元	54.67	206.72	325.98	362.66	317.38	−37.54
总资产增长率	3.50%	12.78%	17.87%	16.87%	12.63%	−1.33%
股东权益增加额/亿元	34.35	63.57	119.11	258.80	193.33	48.33
股东权益增加额占总资产增加额的比重	62.83%	30.75%	36.54%	71.36%	60.91%	−128.73%
总资产增长率行业平均值	7.04%	30.37%	25.32%	8.16%	12.31%	10.64%

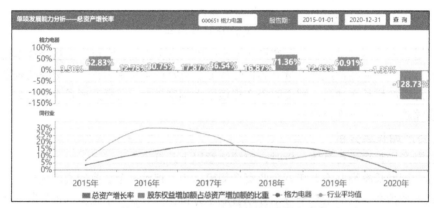

图 8-3　格力电器 2015—2020 年总资产增长率趋势分析

从表 8-3 和图 8-3 可以看出，2015—2020 年格力电器资产整体处于增长态势，其在努力提高资产的增长能力。与行业平均值相比，格力电器总资产增长率表现稳健，格力电器没有一味追求短暂的爆发式增长，而是追求稳定的长期发展。2020 年出现资产减少但股东权益增加的情况，根据格力电器具体年报深入研究，可以发现主要原因是成员单位与上下游企业的业务规模有所缩小，格力电器发放贷款与垫款规模有一定程度的下降。联系第六章提到的总资产周转率可知，格力电器在扩张总资产的同时，应当注意资产的利用效率。

（二）固定资产成新率计算与分析

1. 固定资产成新率的内涵与计算

固定资产成新率是企业当期平均固定资产净值同平均固定资产原值的比率。该指标反映了企业所拥有的固定资产的新旧程度，体现了企业固定资产更新的速度和持续发展的能力。其计算公式为：

$$固定资产成新率 = \frac{平均固定资产净值}{平均固定资产原值} \times 100\%$$

固定资产成新率指标高，表明企业固定资产较新，技术性能较好，可以继续为企业服务较长的时间，企业对扩大再生产的准备较充分，发展前景较好；反之，该指标低，则表明企业固定资产陈旧，技术性能落后，将严重制约企业未来的发展。

2. 固定资产成新率分析

使用固定资产成新率指标评价企业固定资产新旧程度时，要注意以下问题。

（1）剔除应提未提折旧对固定资产的影响。

（2）在进行企业间比较时，应注意不同折旧方法以及固定资产减值准备对固定资产成新率的影响，如加速折旧法下的固定资产成新率要低于直线法下的固定资产成新率。

（3）固定资产成新率受企业生命周期影响较大，处于发展期的企业和处于衰退期的企业其固定资产成新率有明显差异。处于不同生命周期本身就说明了企业具有不同的发展能力，如处于发展期的企业其发展能力会远远高于处于成熟期的企业，分析时必须结合企业生命周期。

拓展阅读

IPO 过程中的固定资产成新率

四、股东权益增长率计算与分析

（一）股东权益增长率的内涵与计算

股东权益增长率又称为净资产增长率或资本积累率，是指企业本期股东权益增加额与本期期初股东权益的比率。其计算公式如下：

$$股东权益增长率=\frac{本期股东权益增加额}{本期期初股东权益}\times100\%$$

股东权益增长率体现了企业资本积累的状况，是衡量企业发展能力的指标，展示了企业的发展潜力，反映了投资者投入资本的保全性和增长性。该指标越高，表明企业的资本积累越多，企业资本保全性越强，应对风险、持续发展的能力越强。该指标若为负值，表明企业资本受到侵蚀，股东权益受到侵害，应予以充分重视。

（二）股东权益增长率分析

由于股东权益变动表反映了股东权益在会计期间发生变化的原因，因此可以结合股东权益变动表对股东权益增长率进行分析。综合而言，股东权益的增加主要来源于经营活动产生的净利润、融资活动产生的股东净支付以及直接计入股东权益的利得和损失。所谓的股东净支付，是指股东对企业当年的新增投资扣除当年向其发放的股利后的余额。因此，股东权益增长率还可以表示为：

$$股东权益增长率=\frac{本期股东权益增加额}{本期期初股东权益}\times100\%$$

$$=\frac{净利润+（股东新增投资-支付给股东的股利）+直接计入股东权益的利得与损失}{本期期初股东权益}\times100\%$$

$$=\frac{净利润+股东净支付+直接计入股东权益的净损益}{本期期初股东权益}\times100\%$$

=净资产收益率+股东净投资率+净损益占股东权益的比率

其中，净资产收益率、股东净投资率和净损益占股东权益的比率都是以本期期初股东权益为分母计算的。净资产收益率反映了企业运用股东投入的资本创造收益的能力，股东净投资率反映了企业利用股东新投资的程度，而净损益占股东权益的比率则反映了直接计入股东权益的利得和损失在股东权益中所占的份额。从公式中可以看出，股东权益增长率受到净资产收益率、股东净投资率和净损益占股东权益的比率三个因素的共同影响。

从根本上来说，股东权益的增长依赖于企业运用股东投入的资本所创造的利润，即公式中的净利润，即净资产收益率是影响股东权益增长率的核心因素。这是因为，首先，利得和损失是非正常经营活动产生的，与企业的正常经营活动无关，不能反映企业经营管理者的管理效率，不能反映企业资产的真实盈利状况。因此，一般情况下，净损益占股东权益的比率应该很低。其次，尽管一个企业在短期内可以通过筹集和投入尽可能多的资本来获得股东权益的增加，并且这种行为在扩大企业规模的同时也有利于经营者，但是这种策略并不符合股东的最佳利益，因为股东投入的资金是有机会成本的，当企业给予的投资回报率达不到股东要求的最低报酬率时，股东可能撤资，导致企业股票市值下跌，从而影响股东净投资率。

为正确判断和预测企业股东权益的发展趋势和发展水平，应将企业不同时期的股东权益增长率加以比较。这是预测企业未来盈利能力、进行价值评估的重要基础。

格力电器 2015—2020 年股东权益增长率及其趋势分别如表 8-4 和图 8-4 所示。

表 8-4　　　　　　　　　格力电器 2015—2020 年股东权益增长率分析

项目	2015 年	2016 年	2017 年	2018 年	2019 年	2020 年
股东权益合计/亿元	485.67	549.24	668.35	927.15	1,120.48	1,168.80
股东权益增加额/亿元	34.35	63.57	119.11	258.80	193.33	48.33
股东权益增长率	7.61%	13.09%	21.69%	38.72%	20.85%	4.31%
股东权益增长率行业平均值	15.98%	18.82%	19.22%	14.24%	15.74%	10.03%

图 8-4　格力电器 2015—2020 年股东权益增长率趋势分析

根据表 8-4 和图 8-4，格力电器 2015—2020 年股东权益逐年上涨，股东权益规模的扩张速度较快。2018 年受原材料价格的影响，格力电器开始减慢其扩张的速度。与行业平均值相比，可以看出格力电器整体发展战略促进资本不断扩张，推动股东权益增长。

第三节　持续发展策略分析

一、企业整体发展能力分析框架

评价企业的发展能力，既要评价其单项指标的发展能力，也要分析企业的整体发展能力。其原因如下。首先，销售收入增长率、利润增长率、总资产增长率和股东权益增长率等指标，只是从收入、利润、总资产和净资产等不同的侧面考察了企业的发展能力，不足以涵盖企业发展能力的全部方面。其次，销售收入增长率、利润增长率、总资产增长率和股东权益增长率之间存在着一定的关系，不能单独分析。因此，在实际运用时，只有把这四种类型的增长率指标相互联系起来进行综合分析，才能正确评价一个企业的整体发展能力。具体分析思路如下。

（1）分别计算销售收入增长率、利润增长率、总资产增长率和股东权益增长率等指标的实际值。

（2）分别将上述增长率指标实际值与以前不同时期增长率数值、同行业平均水平进行比较，分析企业在销售收入、利润、总资产和股东权益方面的发展能力。

（3）分析销售收入增长率、利润增长率、总资产增长率和股东权益增长率等指标之间的关系，判断收入、利润、总资产和股东权益方面增长的效益性以及它们之间的协调性。

（4）根据以上分析结果，判断企业的整体发展能力。一般而言，只有企业销售收入增长率、利润增长率、总资产增长率和股东权益增长率等指标保持同步增长，并且不低于行业平均值，才可以判断这个企业具有良好的发展能力。

二、企业整体发展能力分析框架应用

对企业整体发展能力进行评价时，应该注意以下问题。

1. 对销售收入增长的分析

销售收入增长是企业价值增长的源泉。一个企业只有不断开拓市场，不断提高市场份额，才能不断扩大销售收入，增加利润，进而增加股东权益和资产总额。同时进一步扩大的市场份额又会促进企业开发新产品和进行技术改造，最终促进企业的进一步发展。

2. 对利润增长的分析

利润的增长首先源于净利润的增长，净利润的增长源于营业利润的增长，营业利润的增长源于营业收入的增长，发展前景较好的企业，利润增长速度往往快于或等于营业收入的增长速度。

3. 对股东权益增长的分析

股东权益的增长往往来源于净利润的增长或者股东投资的增加。在企业营运能力不变的情况下，要想实现利润和收入的增长必须依赖于资产的增长。股东权益的增长能否持续也依赖于企业盈利能力能否提高，某期股东权益的增长并不能说明投资者对企业发展前景做出了良好判断。

4. 对总资产增长的分析

企业资产是取得营业收入的保障，要实现营业收入的增长，在资产利用效率一定的情况下，就要扩大资产规模。而资产规模扩大所需要的资金源于负债和股东权益，在负债规模既定的情况下，总资产的增长更多依赖于股东权益的增长，股东权益的增长依赖于利润的增长，利润的增长速度取决于营业收入的增长速度。

格力电器2015—2020年整体发展能力及其变动趋势分析分别如表8-5和图8-5所示。

表 8-5 　　　　　　　　 格力电器2015—2020年整体发展能力分析

项目	2015 年	2016 年	2017 年	2018 年	2019 年	2020 年
股东权益增长率	7.61%	13.09%	21.69%	38.72%	20.85%	4.31%
净利润增长率	-11.43%	22.98%	44.99%	17.20%	-5.88%	-10.26%
营业收入增长率	-29.04%	10.80%	36.92%	33.61%	0.02%	-15.12%
总资产增长率	3.50%	12.78%	17.87%	16.87%	12.63%	-1.33%

图 8-5　格力电器 2015—2020 年整体发展能力变动趋势分析

根据表 8-5 与图 8-5，格力电器 2015—2020 年的发展能力指标波动较大。2015 年家电行业受到冲击后，格力电器立刻转变发展战略，一直到 2018 年整体发展状态良好，之后净利润增长率和营业收入增长率都不够稳定，与之相对应的总资产出现负增长。尽管 2020 年股东权益稍微有所增加，但是股东权益增长率的波动说明企业发展前景不明朗，未来市场竞争压力较大。

比较净利润增长率和营业收入增长率发现，格力电器 2018—2019 年净利润增长率低于营业收入增长率，说明企业成本费用的上升速度快于营业收入的增长速度。尤其是 2018 年家电行业原材料价格上涨，格力电器 2019 年净利润出现负增长，表明企业需要加强成本费用的管控。

从净利润增长率和股东权益增长率来看，自 2018 年开始，企业的净利润增长率均低于股东权益增长率。这说明企业股东权益的增长除依靠净利润的增长外，还依赖于股东对企业的投资，这也可以从净资产收益率的逐年下降看出。净利润的增长速度慢于股东权益的增长速度，企业资产增值能力需进一步提高，未来发展面临一定的挑战。

总体而言，格力电器的各方面发展能力处于行业领先地位，整体发展能力较强，但在市场竞争日益激烈以及外部环境影响下，未来需要进一步进行产品结构调整，才能使企业具有发展的持续动力。

三、可持续发展能力分析

发展能力通常是指企业未来生产经营活动的发展趋势和发展潜能。企业应该追求可持续发展。过快的发展可能会使企业遭遇资金困境，过慢的发展可能会使企业丧失市场先机。

（一）增长率与资金需求

企业的目的是生存、发展、获利。销售增长是企业价值增长的源泉。企业在销售增长的同时，往往需要补充发展所需资金，这是因为资产是销售收入的基础，资产的增长需要投入资金。销售增长速度越快，企业所需要的资金就越多。从企业的资金需求与发展速度来看，企业增长主要有以下几种方式。

1. 完全依靠内部资金增长

不管财务状况如何，有些企业不使用或者无法使用负债资金支持企业的发展，这些企业主要依靠自身积累实现稳定增长。但是，由于企业资金积累的速度较慢，仅仅依靠内部资金实现增长的速度往往较慢。

2. 主要依靠外部资金增长

企业发展所需要的资金主要源于负债和股东权益。负债资金的增加和股东净投入的增加，都可以为企业资产的增长提供资金来源，从而为收入的增长提供资产保证，进一步促进企业利润的增长。但是外部资金的使用成本会随着资金使用量的增加而提高，主要依靠外部资金增长不会持续太久。越来越高的负债比重，会使企业财务状况恶化，融资能力下降，削减企业价值。

3. 平衡增长

平衡增长就是企业维持目前的财务结构和与此有关的财务风险水平，按照股东权益的增长比率增加借款，实现股东权益与负债等比例增长的一种方式。这种方式一般不会耗尽企业的财务资源，是一种可持续的增长方式。

（二）内含增长率

所谓内含增长率（Internal Growth Rate），是指在企业完全不对外融资的情况下，预测增长率的最高水平。其计算公式如下：

$$内含增长率=\frac{销售净利率×（1-股利支付率）}{资产销售百分比-负债销售百分比-销售净利率×（1-股利支付率）}$$

由公式可以看出，内含增长率与销售净利率正相关，与股利支付率负相关。销售净利率越高，内含增长率就越高；股利支付率越高，内含增长率越低。内含增长率也可以使用下列公式计算：

$$内含增长率=ROA×留存收益率$$

其中，ROA 为总资产收益率或总资产净利率。

格力电器 2015—2020 年内含增长率分析如表 8-6 所示。

表 8-6　　　　　　　　　格力电器 2015—2020 年内含增长率分析

项目	2015 年	2016 年	2017 年	2018 年	2019 年	2020 年
总资产收益率	8.17%	7.95%	3.61%	13.01%	10.08%	8.67%
股利支付率	72.00%	70.22%	0.00%	48.21%	29.23%	78.91%
留存收益率	28.00%	29.78%	100.00%	51.79%	70.77%	21.09%
内含增长率	2.29%	2.37%	13.61%	6.74%	7.13%	1.83%

根据表 8-6，格力电器 2015—2020 年的内含增长率存在显著波动，这与其大量的股利分红密切相关，说明企业要想实现快速发展，应当借助于外部资金的供应，注意股利分配策略，同时要抓住市场机会，占领市场份额，实现长远发展。

（三）可持续增长率

罗伯特·C.希金斯（Robert C.Higgins，1977）首次提出可持续增长率的概念。可持续增长率（Sustainable Growth Rate），是指在不增发新股并保持目前经营效率和财务政策条件下企业销售可以实现的最高增长率。此处的经营效率指的是销售净利率和资产周转率，财务政策指的是股利支付率和资本结构。例如，假设 A 公司目前设定的理想资本结构为 60%，目前的股东权益总额为 400 万元，负债总额为 500 万元，则可持续增长率是在控制股东权益总额不变的情况下，增加负债到 600 万元，A 公司销售可以实现的最高增长率。

根据可持续增长率的含义，我们发现，在资本结构不变的情况下，随着股东权益的增长，负债以相同的速度增长，负债和股东权益的共同增长决定了企业的扩张速度，从根本上来说，销售增长速度主要受到股东权益增长速度的限制。因此，可持续增长率可以表示为股东权益的增长速度。其计算公式如下：

$$可持续增长率=股东权益增长率=\frac{本期股东权益增加额}{本期期初股东权益}\times100\%$$

如果企业既不发行新股也不回购股票，则：

$$股东权益增加额=净利润\times留存收益率$$

$$可持续增长率=\frac{净利润\times留存收益率}{本期期初股东权益}=净资产收益率\times留存收益率$$

根据前述相关数据，2020 年格力电器的可持续增长率为 4.1%。上述公式表明，在保持当前的财务政策和经营效率的条件下，企业的利润最大可能按照可持续增长率进行增长。企业未来的增长速度不能超过净资产收益率的增长速度，企业的最大增长速度为净资产收益率。可持续增长率越高，意味着企业未来利润增长速度越快，企业发展前景越好。

（四）可持续增长策略分析

可持续增长率反映企业当前经营效率和财务政策决定的内在增长能力，而实际增长率是本年营业收入相比上一年营业收入的增长百分比。在实践中，经常出现企业的可持续增长率与实际增长率不一致的情形。

当实际增长率高于可持续增长率时，企业由于发展过快将面临资金短缺问题，有些企业因为发展过快陷入资金危机，甚至破产。此时企业可以选择注入新的权益资本、调整财务杠杆增加负债比重、减少股利支付等手段，也可以提高经营效率，剥离非核心业务，通过加强内部成本管理，提高营业利润率，从而提高可持续增长率。

当实际增长率低于可持续增长率时，企业将面临资金多余的问题，增长速度太慢，可能遇到发展困难甚至被其他企业收购。企业管理者要综合分析企业内部和外部的因素，找出实际增长率低的原因所在，确认企业的增长速度是否可以合理提高，并充分利用闲置资金。企业可以寻找投资机会，寻求新的利润增长点，避免资源闲置；也可以提高股利支付率，适当加大分红比例，树立良好的社会形象，稳定股票价格，从而增强投资者对企业的信心。当产品进入衰退期，又找不到新的利润增长点或进行有效转型，剩余资金也无适当用途时，企业可通过股份回购减少企业股本，从而缩小可持续增长率与实际增长率的差距，推动企业可持续增长。

📋 **课后思考题**

1. 衡量企业发展能力的指标有哪些？
2. 对总资产增长率进行分析时应关注哪些问题？
3. 进行销售收入增长率分析时需要注意哪些问题？
4. 企业整体发展能力分析的思路是什么？
5. 如何评价企业发展前景？

拓展阅读

辽宁省高端装备制造
业发展能力分析

📋 **实战演练**

根据前述青岛啤酒资料，结合从网中网财务大数据平台获取的青岛啤酒发展能力指标（见表 8-7），完成以下要求。

表 8-7　　　　　　　　　　　青岛啤酒 2015—2021 年发展能力指标

项目	2015 年	2016 年	2017 年	2018 年	2019 年	2020 年	2021 年
股东权益增长率	5.75%	4.41%	5.30%	5.15%	6.55%	7.31%	11.54%
净利润增长率	-20.18%	-31.41%	25.01%	12.93%	23.58%	20.62%	43.34%
销售收入增长率	-4.87%	-5.53%	0.65%	1.13%	5.30%	-0.80%	8.67%
总资产增长率	5.54%	5.53%	2.98%	10.01%	9.50%	11.26%	12.16%
股利支付率	30.76%	45.31%	44.92%	45.58%	40.12%	46.04%	47.56%

要求：

（1）判断青岛啤酒 2015—2021 年各方面增长的效益性及增长指标之间的协调性。

（2）计算青岛啤酒 2015—2021 年的可持续增长率。

（3）评价青岛啤酒 2015—2021 年的发展能力。

第九章

企业综合财务分析

知识目标

1. 了解综合财务分析的含义及特点；
2. 明确综合财务分析及业绩评价的目的及内容；
3. 了解综合财务分析的方法。

能力目标

1. 掌握杜邦财务分析体系的基本原理和优缺点；
2. 能够运用杜邦财务分析体系对企业进行综合财务分析；
3. 掌握综合评分法的基本原理和步骤；
4. 掌握经济增加值的基本原理和优点。

素养目标

感悟个人发展如同企业发展，能够对自身进行综合分析，明确自身能力水平、未来发展目标和方向。

引导案例

格力电器投资回报为何不稳定？

格力电器和美的集团是如今家电行业中规模较大、竞争力较强的企业之一。从表 9-1 可以看出，美的集团 2019 年到 2021 年净资产收益率有所下降，但是下降幅度较小，降幅最大的是从 2019 年的 25.36% 下降到 2020 年的 23.69%，下降了 1.67 个百分点。总体而言，美的集团的净资产收益率较为稳定。而格力电器的净资产收益率从 2019 年到 2021 年先下降了 4.62 个百分点后又上升了 0.57 个百分点，变动幅度较大，相比于美的集团，格力电器的净资产收益率并不稳定。同样是家电行业的巨头，为何格力电器的投资回报不稳定？

表 9-1 　　　　　　　　　　格力电器和美的集团财务指标对比[①]

年份	净资产收益率/%		营业净利率/%		总资产周转率/次		权益乘数	
	格力电器	美的集团	格力电器	美的集团	格力电器	美的集团	格力电器	美的集团
2019	24.23	25.36	12.38	9.05	0.75	0.99	2.61	2.83
2020	19.61	23.69	13.07	9.63	0.61	0.86	2.46	2.86
2021	20.18	22.47	12.04	8.45	0.63	0.92	2.66	2.89

① 数据来源：根据新浪财经网格力电器和美的集团 2019—2021 年年度财务报告计算所得，与本书前述章节涉及数据（网中网财务大数据平台提供）略有差异，不影响对相关公司整体趋势的判断。

首先，观察营业净利率可以发现，格力电器的营业净利率先上升后下降，其变动方向与净资产收益率的变动方向相反，不是影响净资产收益率变动的原因。其次，观察总资产周转率可以发现，格力电器的总资产周转率先下降 0.14 后又上升 0.02，其变动方向与净资产收益率的变动方向相同，是影响净资产收益率变动的原因。最后，观察权益乘数可以发现，美的集团的权益乘数比较稳定，维持在 2.86 左右；而格力电器的权益乘数先下降 0.15 后又上升 0.20，变动幅度较大，变动方向与净资产收益率的变动方向一致，也是影响净资产收益率变动的原因。通过以上观察分析可知，格力电器总资产周转率和资本结构不稳定，导致其投资回报不稳定。格力电器要想稳定投资回报，就必须稳定总资产周转率和资本结构。

由此可以发现，各个财务指标之间并不是彼此独立、互不干扰的，而是相互联系的，财务人员需要进行综合分析和评价。

思考： 如何将财务指标有机地联系起来？

第一节 综合财务分析概述

从盈利能力、营运能力、偿债能力和发展能力角度对企业的经营活动、投资活动、筹资活动和发展情况进行深入、细致的分析，对企业投资者、债权人、经营者、政府等利益相关者了解企业的财务状况和经营业绩是十分有利的。但这些财务分析通常是从某一特定角度，就企业某一方面的活动做分析，不足以全面评价企业的总体财务状况和经营业绩，很难对企业总体财务状况和经营业绩的关联性得出综合结论。为了弥补这一不足，有必要在财务单项指标分析的基础上，结合有关指标的内在联系进行综合分析。

一、综合财务分析的概念

综合财务分析就是将企业各项财务指标的分析纳入一个有机的分析系统之中，使分散的信息内容集合成较全面地反映被分析对象特征的数据，以对企业财务状况、经营业绩进行全面的分析，从而对企业经济效益做出较为准确的评价与判断的过程。综合财务分析与前述的财务单项指标分析相比，具有以下特点。

（1）综合财务分析的基础是财务单项指标分析。

（2）综合财务分析是从整体层面上对企业的财务状况和经营业绩进行全面分析。

（3）综合财务分析采用特定方法将财务单项指标分析的内容整合，以发现更深层次的问题。

二、综合财务分析及业绩评价的目的

对企业进行综合财务分析后，还应在此基础上对企业进行业绩评价，这样才能对企业财务状况和经营业绩得出综合结论。所以，业绩评价以财务分析为前提，财务分析以业绩评价为结论，财务分析离开业绩评价就没有太大的意义了。前述财务分析中，都在分析的基础上做出了相应的评价，但这只是对单项财务能力做出的分析及评价，结论具有片面性，只有在综合财务分析的基础上进行业绩评价才能从整体上全面、系统地评价企业的财务状况和经营业绩。

综合财务分析及业绩评价的目的如下。

（1）通过综合财务分析及业绩评价明确企业经营活动、投资活动和筹资活动的关系，找出制约企业发展的瓶颈所在。

（2）通过综合分析评价企业财务状况和经营业绩，明确企业的经营水平、地位及发展方向。

（3）通过综合财务分析及业绩评价为企业利益相关者进行投资决策提供参考。

（4）通过综合财务分析及业绩评价为完善企业财务管理和经营管理提供依据。

三、综合财务分析及业绩评价的内容

根据上述综合财务分析及业绩评价的目的，综合财务分析及业绩评价至少包括以下两方面内容。

（1）财务目标与财务环节相互关联综合分析评价。企业的财务目标是资本增值最大化，资本增值的核心在于资本收益能力提高，而资本收益能力受企业各环节、各方面财务状况的影响。本部分分析以净资产收益率为核心，通过对净资产收益率的分解，找出企业各环节、各方面对其的影响及影响程度，从而综合评价企业各环节、各方面的经营业绩。杜邦财务分析体系是进行这一分析的基本方法。

（2）企业经营业绩综合分析评价。虽然财务目标与财务环节相互关联综合分析评价可以弥补财务单项指标分析或单方面分析的不足，但由于没能采用某种计量手段给相互关联的指标以综合评价，因此，往往难以准确得出企业经营业绩改善与否的定量结论。企业经营业绩综合分析评价从解决这一问题出发，利用不同业绩评价方法对企业经营业绩进行量化分析，最后得出企业经营业绩评价的唯一结论。

第二节　杜邦财务分析体系

一、杜邦财务分析体系的产生和含义

杜邦财务分析体系由美国杜邦公司最先采用，故称为杜邦财务分析体系，亦称为杜邦财务分析法或杜邦分析法。杜邦财务分析体系是指根据各主要财务指标之间的内在联系，建立财务分析指标体系，对企业财务状况、经营业绩进行综合分析的方法。

杜邦财务分析体系的特点是将若干反映企业盈利状况、财务状况和营运状况的指标按照其内在联系有机地结合起来，形成一个完整的指标体系，并最终通过净资产收益率（或资本收益率）这一核心指标来综合反映企业获利能力变化及其原因。

二、杜邦财务分析体系的基本内容

杜邦账务分析体系采用杜邦分析图，将有关分析指标按内在联系排列，它主要体现了以下关系：

$$净资产收益率=\frac{净利润}{平均净资产}$$

$$=\frac{净利润}{平均资产总额}\times\frac{平均资产总额}{平均净资产}$$

$$=总资产净利率\times权益乘数$$

$$=\frac{净利润}{营业收入}\times\frac{营业收入}{平均资产总额}\times权益乘数$$

$$=营业净利率\times总资产周转率\times权益乘数$$

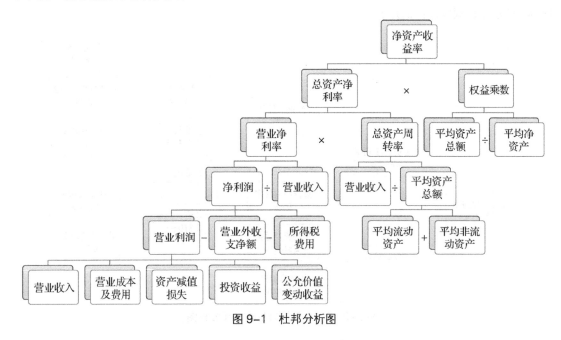

由上式可以看出，决定净资产收益率的因素是营业净利率、总资产周转率和权益乘数。这样分解后，可以更加清楚地揭示净资产收益率变化的主要原因。

杜邦财务分析体系中的指标关系如图9-1所示，该图能更准确地反映杜邦财务分析体系的本质。图9-1说明，杜邦财务分析体系是将若干反映企业盈利状况、财务状况和营运状况的比率按其内在联系有机地结合起来，形成一个完整的指标体系，并最终通过净资产收益率（或资本收益率）这一核心指标来综合反映。

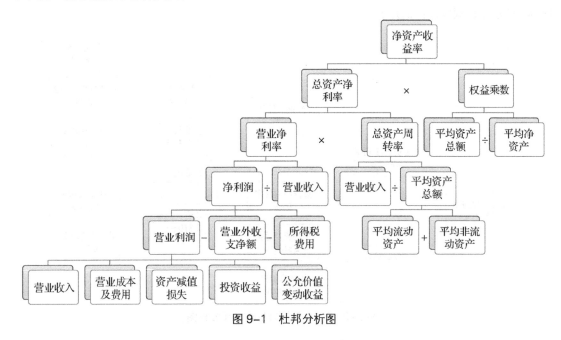

图9-1 杜邦分析图

杜邦分析图可以清晰地揭示以下信息。

（1）净资产收益率是综合性最强的财务指标，是企业综合财务分析的核心指标。这一指标反映了投资者投入资本获利能力的高低，体现了企业经营的目标。从企业经营活动与财务活动的相互关系来看，净资产收益率可以分解为总资产净利率与权益乘数两大指标，这说明净资产收益率的变动取决于企业的资产经营和资本经营，是企业经营活动效率和财务活动效率的综合体现。

（2）权益乘数反映了企业的融资状况，它主要受资产负债率的影响。资产负债率越高，权益乘数就越高，说明企业运用外部资金为所有者赚取利润的能力越强，同时财务风险也越高。所以权益乘数对提高净资产收益率起到杠杆作用。企业适度开展负债经营，合理安排企业资本结构，可以提高净资产收益率。

（3）总资产净利率由营业净利率与总资产周转率的乘积决定。营业净利率是反映企业盈利能力的指标，企业提高营业净利率的途径有：一是增加营业收入；二是降低成本费用。增加营业收入通过提高企业商品的竞争力实现，而成本费用则取决于企业内部的管理控制。成本费用是由一系列具体项目构成的，企业管理者通过分析成本费用的构成情况，可以了解企业税后净利润变动的原因，以加强企业的成本控制。

（4）总资产周转率是反映企业营运能力的重要指标，是企业资产经营的结果，是实现净资产收益率最大化的基础。企业总资产由流动资产和非流动资产组成，流动资产体现企业的偿债能力和变现能力，非流动资产体现企业的经营规模、发展潜力和盈利能力，所以流动资产与非流动资产之间应有一个合理的比例关系。企业可通过分析资产结构是否合理以及营运效率，发现企业资产管理中存在的问题和不足，为增加企业的经营业绩指明方向。

由此可见，杜邦分析图的主要作用是解释净资产收益率指标变动的原因，为企业进一步采取措施提高净资产收益率指明方向。

根据格力电器 2020 年和 2021 年的相关资料，计算相关指标并绘制杜邦分析图，如图 9-2 和图 9-3 所示（金额单位：亿元）。

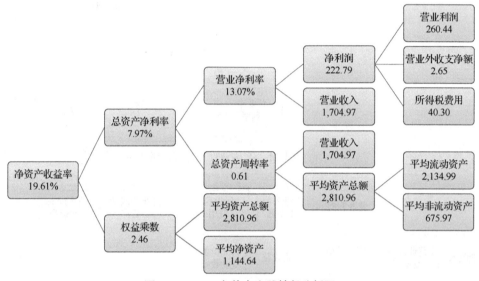

图 9-2　2020 年格力电器杜邦分析图

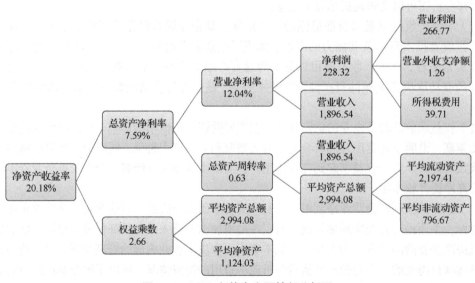

图 9-3　2021 年格力电器杜邦分析图

由图 9-2 和图 9-3 可知，格力电器 2020 年净资产收益率是 19.61%，2021 年净资产收益率是 20.18%，相比于 2020 年，格力电器 2021 年的净资产收益率有所上升，上升了 0.57 个百分点。根据格力电器的杜邦分析图，可以发现 2020 年总资产净利率是 7.97%，2021 年总资产净利率是 7.59%，总资产净利率数值下降，所以净资产收益率上升的原因是权益乘数上升。

总资产净利率由 2020 年的 7.97% 下降到 2021 年的 7.59%，产生变动的原因有两个。一是营业净利率由 2020 年的 13.07% 下降到 2021 年的 12.04%，格力电器 2020 年和 2021 年的净利润相差不大但是营业收入相差较大，营业净利率下降是因为净利润的增长速度低于营业收入的增长速度；二是总资产周转率由 2020 年的 0.61 上升到 2021 年的 0.63，总资产周转率上升是因为营业收入的增长速度高于总资产的增长速度。营业净利率和总资产周转率的变动，两者的影响最终引起总资产净利率下降。权益乘数由 2020 年的 2.46 上升到 2021 年的 2.66，是因为 2021 年资本结构发生变化，股权资本占比降低，债权资本占比提高。

三、杜邦财务分析体系的局限性

杜邦财务分析体系虽然有很多优点，能够用于发现影响净资产收益率的主要因素，但它仍然存在一些不足。

1. 无法清晰地显示资本结构对企业获利能力的影响

如在上述实例中，格力电器权益乘数与行业中其他企业相比较高，说明格力电器利用债务融资能力较强，充分发挥了财务杠杆效应，但同时由于格力电器的负债率较高，利息支出也相对较高，财务费用高，又对企业的获利能力起了一定的抑制作用。那么，格力电器的资产负债率较高对提高该企业的获利能力到底是有利还是有弊？杜邦财务分析体系对此不能给出答案。因为在杜邦财务分析体系的平衡式中，第一个比率营业净利率，其分子净利润由营业收入减去变动成本、固定成本与利息费用等得到，包含经营活动与融资活动的共同影响，没有对这两种活动的影响进行彻底的分离，从而导致了前述不足，即不能衡量负债对企业获利能力到底带来了正面的作用还是负面的作用。

2. 缺乏对企业未来的预期

杜邦财务分析体系主要运用连环替代等方法分析企业的营业净利率、总资产周转率和权益乘数的变动，以反映企业的盈利能力、营运能力和偿债能力，但没有涉及企业的发展能力。此外，企业进行杜邦财务分析采用的资料是基于过去情况产生的财务报表，局限于事后财务分析，不具有前瞻性，难以预测事前成本和控制事中成本，难以给利益相关者提供长期计划的决策依据。

3. 忽视对现金流量的分析

杜邦财务分析体系的数据主要源于资产负债表和利润表，过分强调资产的运营和利润水平，忽视了对现金流量表信息的研究。现实中，现金流量对企业正常开展生产经营活动起到至关重要的作用，杜邦财务分析体系忽视对现金流量表的研究，可能会出现不能洞悉在企业盈利情况下资金链断裂的情况。

四、改进的杜邦财务分析体系

为避免杜邦财务分析体系的不足，一些学者提出了改进的杜邦财务分析体系。比较有代表性的有以下两种思路。

（一）明晰资本结构对净资产收益率的影响

从净资产收益率的基本原理出发，引入息税前利润和税前利润，将企业的经营活动与融资活动进行彻底的分离，得到新的杜邦平衡式为：

$$净资产收益率 = \frac{税后净利润}{平均所有者权益}$$

$$= \frac{息税前利润}{营业收入} \times \frac{营业收入}{平均资产总额} \times \frac{税前利润}{息税前利润} \times$$

$$\frac{平均资产总额}{平均所有者权益} \times \frac{税后净利润}{税前利润}$$

在改进的杜邦平衡式中，前两个比率是息税前利润率和总资产周转率，综合反映了企业投资决策和经营管理水平对总体获利能力的影响。第三、第四个比率是财务费用比率和权益乘数，这两个比率相乘反映了企业融资决策对总体获利能力的影响。其中财务费用比率总是小于等于 1，即对企业总体获利能力总是起负面的作用，而权益乘数总是大于等于 1，反映了其对企业总体获利能力起正面的作用。财务费用和财务结构都取决于融资决策，那么到底融资决策对企业总体获利能力是起正面作用还是负面作用，就要看这两个比率的乘积。若两者乘积大于 1，说明正面的作用大于负面的作用，融资决策对企业有利；若两者乘积小于 1，说明对外借款赚取的经营利润小于相应的所要支付的利息，即融资决策的负面作用大于其正面作用，削弱了企业总体获利能力。第三与第四个比率的乘积能很好地评价融资决策带来的负债对整个公司获利能力的影响。第五个比率是税收效应比率，反映了缴纳所得税对企业总体获利能力所起的负面作用。所以，上述改进的杜邦财务分析体系将企业的经营活动和融资活动进行了彻底分离，通过财务费用比率与权益乘数的乘积就能够评价融资决策带来的负债对企业总体获利能力是起到了正面的作用还是负面的作用，从而弥补了传统杜邦财务分析体系的不足。

（二）从管理角度分析净资产收益率的影响因素

这种思路是将杜邦财务分析体系中的收益指标与管理会计提供的指标联系，即将净资产收益率进一步分解成如下形式：

净资产收益率 = 总资产净利率 × 权益乘数

= 营业净利率 × 总资产周转率 × 权益乘数

= 安全边际率 × 边际贡献率 × （1-所得税税率）× 总资产周转率 × 权益乘数

上式中，安全边际率可以反映企业的销售状况；边际贡献率可以反映企业的变动成本和盈利状况，变动成本越低，边际贡献率越高，净资产收益率越高；总资产周转率反映企业营运状况，权益乘数可以反映企业资本结构和偿债能力。所以，为了提高净资产收益率，企业应努力降低消耗，改善产品结构，不断扩大销售规模，加快资金周转。这种改进后的杜邦财务分析体系有如下优点。

（1）将营业净利率进一步分解为安全边际率、边际贡献率和所得税税率三个因素，不仅能分析税收对企业财务状况的影响，而且在对营业利润进行分析时，可以直接利用管理会计资料，以成本性态为基础进行分析，有助于短期决策、计划和控制，促进企业管理会计工作的进一步展开和管理会计资料的充分利用，弥补企业财务会计重核算轻分析的缺陷。

（2）突出了成本费用按性态分类的方法。在进行分析时，此体系采用变动成本法，将成本中的可控成本与不可控成本、相关成本与无关成本明确分开，从而便于事前预测和事中控制。

第三节　综合评分法

综合评分法是选择若干个财务指标确定其标准值和权重，然后将企业的实际值与标准值相比较，确定其实际应得分数，再根据总得分评价企业的综合财务状况和经营业绩。综合评分法一般程序或步骤包括选择业绩评价指标、确定各项指标的标准值及标准系数、确定各项指标的权重、计算各类指标得分、计算综合绩效评价得分、确定综合绩效评价等级这六个步骤。

下面根据 2006 年国务院国有资产监督管理委员会发布的《中央企业综合绩效评价实施细则》来说明综合评分法的程序、方法及其应用。综合评分法中使用的企业绩效评价标准值由国务院国资委考核分配局每年编制。为保证业绩评价指标计算口径一致，本节对业绩评价指标的计算均采用《企业绩效评价标准值·2021》（经济科学出版社，2021 年版）所附计算公式。

一、选择业绩评价指标

反映企业财务状况和经营业绩的财务指标很多，全部计算工作量大，且指标之间容易重复和重叠。因此，一般选择具有代表性的指标。在选择指标时应注意以下原则：一是具有代表性，指标要能反映财务状况的基本特征，要兼顾各类指标，如偿债能力指标、盈利能力指标、营运能力指标、发展能力指标等，而不能只集中在某类指标上；二是具有大众性，指标要方便理解和接受；三是具有便捷性，指标数量适中，方便检测、采集及评价；四是具有全面性，为了全面评价企业的综合状况，还应该选择一些非财务方面的指标。《企业绩效评价标准值·2021》选择的企业综合绩效评价指标包括 22 个财务绩效定量评价指标和 8 个管理绩效定性评价指标，具体见表 9-2。

表 9-2　　　　　　　　　　企业综合绩效评价指标体系

评价指标类别	财务绩效定量评价指标		管理绩效定性评价指标
	基本指标	修正指标	
盈利能力状况	净资产收益率 总资产报酬率	销售（营业）收入利润率	战略管理 发展创新 经营决策 风险控制 基础管理 人力资源 行业影响 社会贡献
		盈余现金保障倍数	
		成本费用利润率	
		资本收益率	
资产质量状况	总资产周转率 应收账款周转率	不良资产比率	
		流动资产周转率	
		资产现金回收率	
债务风险状况	资产负债率 已获利息倍数	速动比率	
		现金流动负债比率	
		带息负债比率	
		或有负债比率	
经营增长状况	销售（营业）收入增长率 资本保值增值率	销售（营业）利润增长率	
		总资产增长率	
		技术投入比率	

（一）财务绩效基本指标及其计算

（1）净资产收益率，反映企业运用投资者资本获得收益的能力。计算公式为：

$$净资产收益率=\frac{归属于母公司所有者的净利润}{平均归属于母公司的所有者权益}\times100\%$$

（2）总资产报酬率，用于衡量企业运用全部资产的获利能力，计算公式为：

$$总资产报酬率=\frac{利润总额+利息支出}{平均资产总额}\times100\%$$

$$平均资产总额=\frac{年初资产总额+年末资产总额}{2}$$

（3）总资产周转率，指企业在一定时期营业收入与平均资产总额的比值，是用于综合评价企业全部资产经营质量和利用效率的重要指标，计算公式为：

$$总资产周转率=\frac{营业收入}{平均资产总额}$$

（4）应收账款周转率，指企业在一定时期内营业收入与平均应收账款的比值，计算公式为：

$$应收账款周转率=\frac{营业收入}{平均应收账款}$$

（5）资产负债率，可用于衡量企业负债水平与偿债能力，计算公式为：

$$资产负债率=\frac{负债总额}{资产总额}\times100\%$$

（6）已获利息倍数，指息税前利润与利息支出的比值，可用于衡量企业的偿债能力，计算公式为：

$$已获利息倍数=\frac{利润总额+利息支出}{利息支出}$$

（7）销售（营业）收入增长率，是反映企业销售（营业）收入增长情况的指标，计算公式为：

$$销售（营业）收入增长率=\frac{本年销售（营业）收入-上年销售（营业）收入}{上年销售（营业）收入}\times100\%$$

（8）资本保值增值率，用于衡量企业所有者权益的保持和增长情况，计算公式为：

$$资本保值增值率=\frac{扣除客观因素后的年末所有者权益}{年初所有者权益}\times100\%$$

（二）财务绩效修正指标及其计算

（1）$销售（营业）利润率=\dfrac{销售（营业）利润}{销售（营业）收入}\times100\%$

销售（营业）利润=销售（营业）收入-销售（营业）成本-税金及附加-销售费用-管理费用-财务费用-资产减值损失+公允价值变动收益+投资收益+其他收益

（2）$盈余现金保障倍数=\dfrac{经营现金净流量}{净利润}$

（3）$成本费用利润率=\dfrac{利润总额}{成本费用总额}\times100\%$

成本费用总额=营业成本+税金及附加+销售费用+管理费用+财务费用

（4）资本收益率 $= \dfrac{\text{归属于母公司所有者的净利润}}{\text{平均资本}} \times 100\%$

平均资本 $= \dfrac{\text{（年初实收资本+年初资本公积）+（年末实收资本+年末资本公积）}}{2}$

（5）不良资产比率 $= \dfrac{\text{资产减值准备余额+应提未提和应摊未摊的潜亏挂账+未处理资产损失}}{\text{资产总额+资产减值准备余额}} \times 100\%$

（6）流动资产周转率 $= \dfrac{\text{营业收入}}{\text{平均流动资产}}$

平均流动资产 $= \dfrac{\text{年初流动资产总额+年末流动资产总额}}{2}$

（7）资产现金回收率 $= \dfrac{\text{经营现金净流量}}{\text{平均资产总额}} \times 100\%$

（8）速动比率 $= \dfrac{\text{速动资产}}{\text{流动负债}} \times 100\%$

速动资产 $=$ 流动资产 $-$ 存货

（9）现金流动负债比率 $= \dfrac{\text{经营现金净流量}}{\text{流动负债}} \times 100\%$

（10）带息负债比率 $= \dfrac{\text{带息负债}}{\text{负债总额}} \times 100\%$

带息负债 $=$ 短期借款 $+$ 一年内到期的非流动负债 $+$ 交易性金融负债 $+$ 其他带息流动负债 $+$ 长期借款 $+$ 应付债券 $+$ 其他带息非流动负债

（11）或有负债比率 $= \dfrac{\text{或有负债余额}}{\text{所有者权益}} \times 100\%$

或有负债余额 $=$ 已贴现承兑汇票 $+$ 担保余额 $+$ 贴现与担保外的被诉事项金额 $+$ 其他或有负债

（12）销售（营业）利润增长率 $= \dfrac{\text{本年销售（营业）利润}-\text{上年销售（营业）利润}}{\text{上年销售（营业）利润}} \times 100\%$

（13）总资产增长率 $= \dfrac{\text{年末资产总额}-\text{年初资产总额}}{\text{年初资产总额}} \times 100\%$

（14）技术投入比率 $= \dfrac{\text{年末科技支出合计}}{\text{营业收入}} \times 100\%$

二、确定各项指标的标准值及标准系数

为了准确评价企业经营业绩，对各项经济指标标准值的确定，应根据不同行业、不同规模及指标分类情况规定不同的标准。

（1）财务绩效基本指标标准值及标准系数。基本指标评价的参照水平即标准值由财政部定期颁布，分为五档。不同行业、不同规模的企业有不同的标准值。例如，根据《企业绩效评价标准值·2021》，家用电器制造业全行业财务绩效基本指标标准值见表9-3。

表 9-3 家用电器制造业全行业财务绩效基本指标标准值

项目	标准系数				
	优秀（1）	良好（0.8）	平均（0.6）	较低（0.4）	较差（0.2）
净资产收益率	11.3%	6.8%	3.5%	−6.7%	−13.3%
总资产报酬率	7.9%	5.7%	3.4%	−2.9%	−5.3%
总资产周转率/次	2.0	1.6	1.2	0.8	0.6
应收账款周转率/次	16.2	13.2	9.1	5.4	3.0
资产负债率	49.0%	54.0%	59.0%	69.0%	84.0%
已获利息倍数	7.8	6.1	3.2	0.3	−2.3
销售（营业）收入增长率	18.0%	9.6%	2.2%	−18.7%	−28.9%
资本保值增值率	112.4%	107.3%	104.9%	95.5%	89.0%

（2）财务绩效修正指标标准值及修正系数。基本指标有较强的概括性，但不够全面。为了更加全面地评价企业绩效，另外设置了 4 类 14 项修正指标，根据修正指标的高低计算修正系数，用得出的系数去修正基本指标得分。根据《企业绩效评价标准值·2021》，家用电器制造业全行业财务绩效修正指标标准值如表 9-4 所示。

表 9-4 家用电器制造业全行业财务绩效修正指标标准值

项目	标准系数				
	优秀（1）	良好（0.8）	平均（0.6）	较低（0.4）	较差（0.2）
1. 盈利能力状况					
销售（营业）利润率	16.8%	10.5%	5.2%	−3.6%	−13.2%
盈余现金保障倍数	7.4	3.6	1.0	−0.1	−1.8
成本费用利润率	9.4%	7.4%	4.7%	−3.4%	−9.1%
资本收益率	10.6%	5.2%	1.4%	−9.6%	−14.2%
2. 资产质量状况					
不良资产比率	0.3%	0.8%	1.9%	5.9%	8.5%
流动资产周转率/次	2.2	1.7	1.3	0.9	0.7
资产现金回收率	11.8%	5.4%	3.3%	−0.2%	−5.2%
3. 债务风险状况					
速动比率	121.1%	103.5%	79.5%	61.2%	31.3%
现金流动负债比率	14.0%	7.2%	5.2%	−2.8%	−9.3%
带息负债比率	7.0%	14.1%	27.9%	46.7%	63.2%
或有负债比率	34.5%	35.4%	39.8%	48.6%	57.6%
4. 经营增长状况					
销售（营业）利润增长率	14.9%	8.4%	2.9%	−18.2%	−28.9%
总资产增长率	11.8%	8.7%	3.8%	−1.4%	−9.9%
技术投入比率	3.1%	2.1%	1.8%	1.4%	1.1%

三、确定各项指标的权重

指标的权重根据评价目的和指标的重要程度确定，越重要的指标权重越大，越次要的指标权重越小。表 9-5 是企业综合绩效评价指标及权重。

表 9-5　　　　　　　　　　　　企业综合绩效评价指标及权重　　　　　　　　　　　单位：分

评价指标类别（100）	财务绩效定量评价指标（70%）		管理绩效定性评价指标（30%）
	基本指标（100）	修正指标（100）	评议指标（100）
盈利能力状况（34）	净资产收益率（20） 总资产报酬率（14）	销售（营业）利润率（10） 盈余现金保障倍数（9） 成本费用利润率（8） 资本收益率（7）	战略管理（18） 发展创新（15） 经营决策（16） 风险控制（13） 基础管理（14） 人力资源（8） 行业影响（8） 社会贡献（8）
资产质量状况（22）	总资产周转率（10） 应收账款周转率（12）	不良资产比率（9） 流动资产周转率（7） 资产现金回收率（6）	
财务风险状况（22）	资产负债率（12） 已获利息倍数（10）	速动比率（6） 现金流动负债比率（6） 带息负债比率（5） 或有负债比率（5）	
经营增长状况（22）	销售（营业）收入增长率（12） 资本保值增值率（10）	销售（营业）利润增长率（10） 总资产增长率（7） 技术投入比率（5）	

资料来源：《中央企业综合绩效评价实施细则》，国资发评价[2006]157 号。

四、计算各类指标得分

（一）财务绩效基本指标得分的计算

基本指标反映企业的基本情况，是对企业绩效的初步评价。基本指标的计分基于功效系数法计分原理，将评价指标实际值对照行业评价标准值，按照规定的计分公式计算各项基本指标得分。

1. 单项指标得分的计算

$$单项基本指标得分=本档基础分+调整分$$
$$本档基础分=指标权数×本档标准系数$$

指标实际值通常介于两档标准值之间，本档标准系数取其中较低等级一档的标准系数。

$$调整分=功效系数×（上档基础分-本档基础分）$$
$$上档基础分=指标权数×上档标准系数$$
$$功效系数=\frac{实际值-本档标准值}{上档标准值-本档标准值}$$

本档标准值取上下两档中居于较低等级一档的标准值。

【例 9-1】某家用电器制造业大型企业 2021 年净资产收益率为 8.4%，处于优秀档（11.3%）

和良好档（6.8%）之间，因此可得良好档基础分，同时调整。

本档基础分=指标权数×本档标准系数=20×0.8=16（分）

上档基础分=指标权数×上档标准系数=20×1=20（分）

$$功效系数=\frac{实际值-本档标准值}{上档标准值-本档标准值}=\frac{8.4\%-6.8\%}{11.3\%-6.8\%}=0.356$$

调整分=功效系数×（上档基础分-本档基础分）=0.356×（20-16）=1.424（分）

净资产收益率指标得分=本档基础分+调整分=16+1.424=17.424（分）

2. 财务绩效基本指标总分的计算

分类基本指标得分=∑同类各项基本指标得分

基本指标总分=∑各类基本指标得分

（二）财务绩效修正指标修正系数的计算

对基本指标得分的修正，是按指标类别得分进行的，需要计算"分类的综合修正系数"。分类的综合修正系数由"单项指标修正系数"加权平均求得，而单项指标修正系数的大小主要取决于基本指标评价分数和修正指标实际值两项因素。

1. 单项指标修正系数的计算

单项指标修正系数=1.0+（本档标准系数+功效系数×0.2-该类基本指标分析系数）

单项指标修正系数控制修正幅度为0.7～1.3。

通常指标实际值介于两档标准值之间，标准系数取其中较低等级一档的标准系数。

功效系数的计算与基本指标中功效系数的计算方法一样，某类基本指标分析系数的计算如下：

$$某类基本指标分析系数=\frac{该类基本指标得分}{该类基本指标权数}$$

在计算修正指标单项修正系数过程中，对于一些特殊情况做如下规定。

（1）如果修正指标实际值达到优秀值以上，其单项指标修正系数的计算公式如下：

单项指标修正系数=1.2+本档标准系数-该类基本指标分析系数

（2）如果修正指标实际值处于较差值以下，其单项指标修正系数的计算公式为：

单项指标修正系数=1.0-该类基本指标分析系数

（3）如果资产负债率≥100%，指标得0分；其他情况按照规定的公式计分。

（4）如果盈余现金保障倍数的分子为正数，分母为负数，单项指标修正系数确定为1.1；如果分子为负数，分母为正数，单项指标修正系数确定为0.9；如果分子分母同为负数，单项指标修正系数确定为0.8。

（5）如果不良资产比率≥100%或分母为负数，单项指标修正系数确定为0.8。

（6）对于销售（营业）利润增长率，如果上一年主营业务利润为负数，本年为正数，单项指标修正系数为1.1；如果上一年主营业务利润为0，本年为正数，或者上一年为负数，本年为0，单项指标修正系数确定为1.0。

【例9-2】某家用电器制造业大型企业2021年总资产增长率是10.2%，根据表9-4，该指标介于优秀档（11.8%）和良好档（8.7%）之间，其标准系数为0.8。

$$功效系数=\frac{实际值-本档标准值}{上档标准值-本档标准值}=\frac{10.2\%-8.7\%}{11.8\%-8.7\%}=0.484$$

如果该企业经营增长状况类基本指标得分为18分，其权重为22，则：

经营增长状况类基本指标分析系数=18÷22=0.818

根据以上结果，可以计算出总资产增长率指标的修正系数为：

总资产增长率指标的修正系数=1.0+（0.8+0.484×0.2-0.818）=1.079

2. 分类综合修正系数的计算

分类综合修正系数=∑该类单项指标的加权修正系数

其中，单项指标加权修正系数的计算公式为：

单项指标加权修正系数=单项指标修正系数×该项指标在本类指标中的权重

（三）修正后总分的计算

修正后总分=∑（分类综合修正系数×分类基本指标得分）

（四）管理绩效定性评价指标的计分方法

1. 管理绩效定性评价指标的内容

管理绩效定性评价指标的计分一般通过专家评议打分的形式完成,聘请的专家应不少于7人。评议专家应当在充分了解企业管理绩效状况的基础上，对照评价参考标准，采取综合分析判断法，对企业管理绩效定性评价指标做出分析评议，评判各项指标所处的等级，并直接给出评价分数。表9-6是一名评议专家给出的各项管理绩效定性评价指标等级。

表9-6　　　　　　　　　　　管理绩效定性评价指标等级

评议指标	权数	等级（参数）				
		优（1）	良（0.8）	中（0.6）	低（0.4）	差（0.2）
1. 战略管理	18		√			
2. 发展创新	15		√			
3. 经营决策	16	√				
4. 风险控制	13			√		
5. 基础管理	14	√				
6. 人力资源	8		√			
7. 行业影响	8				√	
8. 社会贡献	8		√			

2. 单项评议指标得分

单项评议指标得分=∑（单项评议指标权数×各评议专家给定等级参数）/评议专家人数

【例9-3】某企业为评价管理绩效，聘请7名专家进行评议，这7名专家中有3人对战略管理指标的评议结果为良，4人评议结果为中。

$$该企业战略管理指标得分=\frac{18×0.8+18×0.8+18×0.8+18×0.6+18×0.6+18×0.6+18×0.6}{7}$$

$$=12.34（分）$$

3. 评议指标总分的计算

评议指标总分=∑单项评议指标得分

五、计算综合绩效评价得分

在得出财务绩效定量评价得分和管理绩效定性评价得分后，应当按照规定的权重，加权形成企业综合绩效评价得分。其计算公式为：

企业综合绩效评价得分=财务绩效定量评价得分×70%+管理绩效定性评价得分×30%

六、确定综合绩效评价等级

企业综合绩效评价以 85 分、70 分、50 分、40 分作为评价类型判定的分数线。具体的企业综合绩效评价类型与评价等级如表 9-7 所示。

表 9-7　　　　　　　　　　企业综合绩效评价类型与评价等级

评价类型	评价等级	评价得分
优（A）	A++	A++≥95 分
	A+	95 分>A+≥90 分
	A	90 分>A≥85 分
良（B）	B+	85 分>B+≥80 分
	B	80 分>B≥75 分
	B-	75 分>B-≥70 分
中（C）	C	70 分>C≥60 分
	C-	60 分>C-≥50 分
低（D）	D	50 分>D≥40 分
差（E）	E	E<40 分

第四节　经济增加值法

一、经济增加值的含义

传统的以利润为基础的业绩评价指标存在诸多缺陷。利润指标容易被管理层操纵和粉饰，利润指标的计算遵循稳健原则导致无法反映企业的真实经济状况，利润指标由于没有扣减权益资本的成本无法反映股东财富，由此产生了经济增加值。

经济增加值（Economic Value Added，EVA）是由美国斯特恩·斯图尔特咨询公司于 1991 年首创的度量企业业绩的指标。EVA 是指企业税后净营业利润减去所有资本（股权资本和债务资本）成本后的差额。其核心思想是，企业获得的收入只有在补偿了经营的全部成本费用，以及补偿了投资者投入的全部资本成本后才能为企业创造价值，为股东创造财富。EVA 反映了信息时代财务业绩衡量的新要求，是一种可以综合评价企业业绩的指标。其计算公式为：

EVA=税后净营业利润-资本成本

　　=税后净营业利润-投入资本总额×加权平均资本成本

　　=NOPAT-TC×WACC

EVA 的另一种表现形式是：EVA=资本效率×投入资本总额

$$=（ROIC-WACC）×TC$$

其中：NOPAT=AP+KD×DC×（1-T）

WACC=KD×DC/TC×（1-T）+KE×EC/TC

TC=EC+DC

式中各指标含义如表 9-8 所示。

表 9-8   指标含义

指标名称	含义
NOPAT	税后净营业利润
WACC	加权平均资本成本
TC	投入资本总额
ROIC	投入资本收益率
AP	经过会计调整后的税后净利润
KD	债务资本成本
KE	股权资本成本
DC	债务资本
EC	股权资本
T	所得税税率

如果 EVA> 0，表示企业获得的收益高于为获得此项收益而投入的全部成本，即企业为股东创造了新价值；若 EVA<0，则表示股东的财富在减少；若 EVA=0，说明企业创造的收益仅能满足投资者预期获得的收益，即资本成本本身。因此，计算 EVA 不仅包括计算债务资本成本，而且计算股权（权益）资本成本，EVA 不同于当前使用的其他会计利润指标，实际反映的是企业一定时期的经济利润。

二、经济增加值的计算

由 EVA 计算公式可知，EVA 的计算结果取决于三个基本变量：税后净营业利润、投入资本总额和加权平均资本成本。

1. 税后净营业利润的确定

税后净营业利润等于税后净利润加上利息支出及其他调整项目。

传统的会计利润不能反映企业真实的经济状况，需要将会计利润调整为经济利润。调整的目的是消除稳健主义影响，消除盈余管理的机会，防止管理人员产生短期行为动机。斯特恩·斯图尔特咨询公司列出的会计调整项目达 160 多项。但是，从国内外企业应用 EVA 管理的实践来看，过多关注会计项目的调整不仅成本巨大，大规模的调整也无法保证把被扭曲的会计信息纠正过来，而且缺乏实际操作性，制约了 EVA 的应用。一般来说，进行 5~10 项的调整，EVA 就可达到相当高的精度。主要调整项目有未予资本化的费用、各项减值准备、营业外收支、在建工程、财务费用、公允价值变动收益、无息流动负债、递延税项等。

2. 投入资本总额的确定

投入资本总额是指所有投资者投入企业的全部资本的账面价值，包括债务资本和股权资本。

其中债务资本是指债权人提供的短期和长期贷款，不包括应付账款、应付票据、其他应付款等商业信用。股权资本不仅包括普通股股东权益，还包括少数股东权益。在实务中投入资本总额通常采用年初与年末投入资本总额的平均值。

特别需要提及的是，利息支出是计算 EVA 的一个重要参数，但是我国上市公司的利润表中仅披露财务费用项目，根据我国的会计制度，财务费用中除利息支出外还包含利息收入、汇兑损益等。因此不能将财务费用简单等同于利息支出，利息支出可以从上市公司的现金流量表中获得。

3. 加权平均资本成本的确定

加权平均资本成本是指债务的单位成本和权益的单位成本按债务和权益在资本结构中各自所占的比重计算而得的平均单位成本。其计算公式为：

$$加权平均资本成本 = \frac{债务资本}{投入资本总额} \times （1-所得税税率）+股权资本成本 \times \frac{股权资本}{投入资本总额}$$

三、经济增加值的优势

EVA 的流行标志着财务分析的立足点已经逐步从利润观念转向价值观念，EVA 强调企业资本成本，纠正了会计学将权益资本视为"免费午餐"的观念，把会计账面价值转化为经济价值，在一定程度上弥补了财务报表的内在缺陷。与传统的财务业绩评价指标相比，EVA 具有以下优势。

1. 考虑了全要素成本

企业的资本来源包括债务资本和股权资本，当前财务会计对债务资本成本与股权资本成本区别对待，前者作为费用处理，后者却作为股利支付或利润分配处理。这种会计处理方式使得企业可以通过调整资本结构人为地虚增利润。实际上，股权资本成本是一种机会成本，即便企业账面上出现巨额利润，企业也有可能亏本经营。EVA 是企业经营所得收益扣除全部要素成本之后的剩余价值，它考虑了所有要素成本，将机会成本与实际成本和谐地统一起来。因此，EVA 观念是一种全要素成本观念。

2. 有利于树立价值管理理念

以税后利润核算为中心的效益指标没有完整核算企业的资本成本，容易导致企业管理行为异化，追求短期利润。如不计成本地扩大股权融资规模，盲目筹资、投资去追求目标利润，但企业实际上资金使用效益低下，最后以较少的经营利润，掩盖实质上的经营亏损。以 EVA 为考核指标时，国有企业的经营者就不会一味地追求资产的规模和无限制的投入，上市公司的经营者也不会一味地追求扩大股本规模，增发股票。因为企业经营者明白增加价值只有三条基本途径：一是更有效地经营现有的业务和资本，同时考虑库存、应收账款和所使用资产的成本；二是投资回报超过资本成本的项目；三是出售对别人更有价值的资产或提高资本运用效率，比如加快流动资金的运转，加速资本回流，从而释放资本沉淀。因此，应用 EVA 指标能够鼓励经营者考虑能给企业带来长期利益的投资，如新产品的研制与开发、人力资源的开发等，有利于帮助其树立价值管理理念。

3. EVA 有利于协调经营者与所有者利益

EVA 是一种衡量经营者经营业绩的指标。采用 EVA 评价经营者的经营业绩，经营者的奖励是其为所有者创造的增量价值的一部分，这样经营者的利益便与所有者的利益挂钩，可以鼓励经营者采取符合企业价值最大化目标的行动，并在很大程度上降低因委托-代理关系而产生的道德风险和逆向选择风险，最终

拓展阅读

服务价值创造，构建一流财务管理体系

降低管理成本。对于经营者而言，若所有者采用以 EVA 为基础的红利激励计划，经营者必须在提高 EVA 的压力下想尽办法提高资本运营管理的能力。同时，EVA 使经营者认识到企业的所有资源都是有代价的，经营者必须更有效地使用股权资本，提高融资效率。建立以 EVA 为绩效指标的激励制度，其目的就是使经营者像所有者一样思考，使所有者和经营者的利益取向趋于一致。

课后思考题

1. 综合财务分析的特点及目的是什么？
2. 杜邦财务分析体系的基本原理是什么？
3. 杜邦财务分析体系中主要财务指标之间的关系是什么样的？
4. 杜邦财务分析体系的优点及局限性有哪些？
5. 综合评分法的含义及步骤是什么？
6. 计算 EVA 时为什么要对税后净营业利润进行调整？
7. EVA 与传统的会计利润指标相比有哪些优势？

实战演练

根据前述青岛啤酒资料，结合从网中网财务大数据平台获取的青岛啤酒杜邦分析图（见图 9-4），完成以下要求。

金额单位：亿元

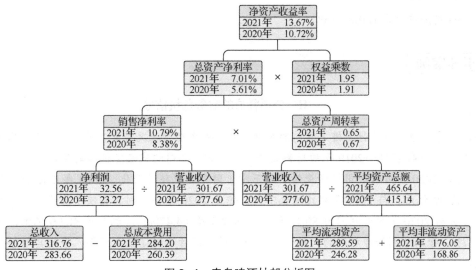

图 9-4　青岛啤酒杜邦分析图

要求：

（1）对比 2020 年的净资产收益率，分析青岛啤酒 2021 年净资产收益率的变动方向和大小。

（2）根据杜邦财务分析体系，对青岛啤酒净资产收益率的变动原因进行因素分析。

第十章

财务预警分析

知识目标

1. 了解财务预警分析的内容和功能；
2. 理解财务预警定性和定量分析的方法。

能力目标

1. 能够通过财务预警识别企业中潜在的财务危机；
2. 能够在企业分析中熟练使用财务预警分析的方法。

素养目标

始终保有居安思危的忧患意识。

引导案例

HX 公司释放的财务危机信号

HX 公司作为房地产行业排名靠前的企业，近几年来经营状况直线下降，资金链条越来越脆弱。结合 HX 公司 2018—2019 年的财务数据可以看出，公司的战略定位和财务运营整体效果良好，但是从 2020 年开始公司经营业绩不断下滑，财务状况持续恶化。2020 年 HX 公司营业收入为 1,012.09 亿元，与 2019 年相比增长不大；但是 2020 年公司利润相较于前几年下降幅度较大。HX 公司 2020 年营业利润为 80.12 亿元，同比下降 64.47%；净利润为 48.06 亿元，同比下降 67.27%。营业利润和净利润的大幅下降说明公司的经营出现了较大问题，导致其财务数据大幅缩水。

除了利润无法与收入匹配外，公司的经营活动现金流量情况也亮起了红灯。HX 公司从 2017 年到 2020 年，经营活动现金流量净额连续四年都为负值，2020 年甚至亏损 231.60 亿元，说明 HX 公司在近几年的运营中已经不能依靠其自身经营活动产生的资金来维持公司的运转，需要通过外部筹资的方式来维持现金流的稳定运行。但是外部资金相较于留存收益来讲，存在很多风险，借贷资金不够稳定，在偿还要求上也较为严格，公司很可能因为资金链断裂而陷入现金流短缺的困境，甚至走上破产重组的道路。

除了以上事项外，HX 公司在 2020 年度投资活动中表现也欠佳，长期股权投资总额同比增长了 25.03%，反观投资收益却下降了 57.43%，说明公司投资活动运转滞后。HX 公司 2020 年度存货周转能力和应收账款收回能力均低于房地产行业平均水平，这会阻碍公司资产的变现和资金的收回，影响公司的正常运营。

通过这个案例可以看出，企业需要进行财务预警分析，通过观察财务报表和经营数据，分析企业的经营情况和财务状况，及时根据财务预警信号反馈来采取防范措施，缓解财务风险和化解财务危机。

思考：HX 公司出现了哪些财务危机信号？如何发现财务危机信号？

第一节　财务危机与财务预警分析概述

一、财务危机与财务预警分析

（一）企业面临的财务危机

财务危机又称为财务困境，是指企业理财不善、资金链断裂等导致的企业生存危机。企业陷入财务危机，会影响正常生产运营，严重者甚至可使企业倒闭。财务危机的发生通常有以下征兆。

（1）企业长期亏损，面临清算重组的威胁。

（2）企业无力偿还大额逾期债务，造成债务诉讼连锁反应。

（3）企业经营现金净流量为负数，盈利模式动力不足。

（4）企业项目投资选择不合理，未能正向作用于投资收益。

（5）企业大量到期货款不能按时收回，大量采购款无法按时支付，合同履约和执行受阻。

（6）企业信誉和品牌形象受损，无法正常通过金融机构实现借贷。

（二）实施企业财务预警分析

财务预警，是通过挖掘企业的财务报表和会计资料等数据和财务风险之间的关系，对企业的经营行为和财务运营进行预测，得出企业发生财务危机的概率。财务预警行为贯穿企业生产经营全过程，事前通过预算分析检测风险行为，事中通过综合配比发掘风险行为，事后通过结果反馈评价风险行为。财务预警分析能够及时向企业管理者释放危机信号，督促管理者采取预防和补救措施，避免损失扩大；也能够帮助企业在财务运营决策或生产经营决策偏离路径的时候及时回归正轨，实现资源的合理配置。

二、财务预警分析的功能

实施财务预警分析，有助于企业在经营亮红灯时，及时采取措施顺利解除危机，也可以对管理层起到警示作用，帮助其做出正确的决策，提前预防可能发生的财务风险。财务预警分析主要有以下 3 种功能。

（一）信息收集功能

企业财务预警分析是建立在对企业财务数据的分类和对比上的，它通过财务数据之间的钩稽和配比关系，发现企业潜在的财务风险，从而降低企业的损失。进行财务预警分析，就是企业将外部税收政策、内部产业结构信息、战略定位和市场竞争情况、组织架构及自身财务经营数据等统一录入系统，并实时跟踪企业的生产运营情况，从而实现相应的预警工作。

（二）财务检测功能

企业财务预警不单是某一个方面的预警，而是贯穿整个产业链条的预警，从而使企业在财务风险产生初期，能够及时采取措施，规避风险。财务预警分析系统，能够记录企业生产运营全过程，全方位地动态检测企业的财务运营情况，管理者可以在该系统中随时截取记录的财务数据和智能化分析的经营结论，从而调整生产计划和经营方针，提高生产技术，使企业的运营风险始终处于较低的状态。

（三）风险规避功能

企业财务预警分析的目的是帮助企业及时识别运营不当等造成的风险，从而让企业通过采取放弃决策或替代决策的方式来规避风险，减轻风险对企业的威胁。企业建立财务预警分析系统，利用实时检测的数据信息与相应的生产工艺标准、经营目标策略进行比较研究，利用智能化运算的财务指标与标准惯例、行业均值进行比较研究，并将分析的异常情况及时反馈给管理层，管理层再分析异常原因，采取针对性措施防控财务风险。

拓展阅读

企业财务危机的案例分析

第二节　财务预警分析方法

一、定性财务预警分析法

（一）专家调查法

专家调查法又名德尔菲法（Delphi Method），于 1964 年由美国兰德公司的达尔基（Dalkey）和赫尔默（Helmer）共同提出。它是指对需要预测和处理的问题在征得各领域专家的意见后，进行整理、统计、归纳，再匿名反馈给专家，待专家做出二轮分析后再统一收集处理专家意见，经过多次循环，逐渐得出统一的意见，从而找出支撑企业持续经营和变化发展的基本规律。该方法本质上是一种反馈匿名函询法，用于对企业未来的发展趋势做出判断。

专家调查法需要不断执行收集反馈流程，需要耗费较大的财力和人力，所以在实际应用中受众面较小。企业在实施财务预警分析时，主要应用其中的标准化调查法，对企业潜在的共性风险问题向专业人员、咨询公司、相关协会寻求专业化指导，并由其提供报告文件供企业经营者参考。标准化调查法以实施成本小、处理速度快为主要优势，但该方法缺乏多次检验，容易出现主观判断失误的问题，得到的分析报告也缺乏对特定企业、特定问题的适用性。

（二）四阶段症状分析法

四阶段症状分析法是通过分析不同阶段财务风险的症状，判别企业所处的财务风险时期，及时采取有效手段，避免企业财务风险进一步恶化的过程。财务危机不是突然出现的，它是一个逐渐显现、逐步恶化的过程，从时间的维度，可以分为以下 4 个层次。

1. 财务危机潜伏期

潜伏期为财务危机发生的初期，危机主要由外部环境风险和内部失控风险的综合作用形成。外部环境风险指行业竞争和市场竞争造成的风险，内部失控风险指企业生产运营不当造成的内部控制风险。危机表现为：企业无视外部环境的变化盲目进行扩张，营销方案与发展战略错配，内部控制存在缺陷，无法识别和预警风险。

2. 财务危机发作期

发作期为财务危机的推进期，危机主要由财务经营问题和业务运营问题交互作用形成。财务经营问题多爆发于企业经营、投资和筹资等环节，业务运营问题为市场不景气、人员大量流失等。危机表现为：企业负债比例大幅攀升，自有资金清偿力不足，对外部贷款较为依赖，利息费用高，还款压力大，企业拖欠逾期债务，无法及时解决暴露的风险。

3. 财务危机恶化期

恶化期为财务危机的上升期，危机在经历发作期后并未及时得到控制，反而进一步恶化。危机表现为：企业无心经营、业绩大幅下滑，现金流出现赤字，无法及时回款，信誉和品牌形象受损，基本放弃抵抗暴露的风险。

4. 财务危机实现期

实现期为财务危机的收官期，该阶段财务危机已经对企业的正常运营产生了不可逆的影响。危机表现为：企业丧失偿债能力，逐步走上破产重组的道路，现金流持续为负，无法继续经营，接受扩大化的外溢风险对企业经营造成的一切损失。

（三）三个月资金周转表分析法

三个月资金周转表分析法是在企业项目生产运作前，对即将发生的资金周转制定预算，以三个月为周期，判断资金周转的安全性和企业持续经营的能力。如果企业无法预测未来三个月的资金周转情况，说明企业在未来资金使用上没有计划，容易出现风险，威胁企业的运营。该方法能够检测企业结转额与收入额之间的比率、企业票据支付额与销售额之间的比率是否合理合规，判断企业资金安排是否满足生产经营的需求。

（四）管理评分法

管理评分法又名 A 计分法，是在定性分析的基础上进行定量分析的财务预警分析方法。美国的仁翰·阿吉蒂调查了企业经营管理特性和诱发企业破产的缺陷，认为企业经营失败主要归因于高级管理层，所以从管理层角度出发，按照经营缺点因素、经营错误因素和破产征兆因素将财务风险分为 3 类，对每类风险问题根据严重程度赋予一定的分数，最终通过加权合计得到企业风险分数。其总分设定为 100 分。

第一类经营缺点因素包含 10 个打分项，共计 43 分，具体为：管理活动不深入；管理技能不全面；被动进行管理；财务经理能力不够强；无过程预算控制；无现金开支计划；无成本监管系统；董事长兼任总经理；总经理独断专行；应变能力差。

第二类经营错误因素包含 3 个打分项，共计 45 分，具体为：高杠杆负债经营；过度分散经营；项目风险过大。

第三类破产征兆因素包含 4 个打分项，共计 12 分，具体为：发出财务危机信号；被迫编造假账；经营秩序混乱；管理停顿。

在打分时，不允许打中间性分数，对每一打分项只能打 0 分或者打满分。企业 A 分值较低，说明财务预警能力较强，风险较小；反之，如果 A 分值较高，说明财务预警未能充分发挥效用，风险较高。A 分值在 18 分以下的，企业经营处于安全区域，风险较低；A 分值在 18~25 分的，企业处于正常风险区，需要及时预警财务风险；A 分值在 25 分以上的，企业财务风险较高，已经威胁企业的运营，需要采取措施应对风险；如果 A 分值超过 35 分，表明企业面临经营失败的境况。管理评分法的优势在于操作相对简单、容易理解，但该方法需要管理层对企业建立全面的了解。

二、定量财务预警分析法

（一）单变量财务预警分析法

单变量财务预警分析法以一个或一组财务变量作为研究基础，对变量进行描述和统计，进而分析选取的变量对财务风险的预警效果。该方法是由威廉·比弗（William Beaver）在分析了 79 家经营失败的企业和 79 家经营成功的企业后提出的，他认为现金总负债比率[①]对风险预警的效果最好，资产收益率的效果次之。在他之后，单变量指标预警体系不断丰富和完善，逐渐成为能够衡量企业偿债能力风险、营运能力风险、盈利能力风险和发展能力风险的指标体系。以资产负债率为例，一般在 40%~60%较为合理，超过 60%就要及时预警并引起管理层的重视。

拓展阅读

恒大集团财务危机
成因探究

（二）多变量财务预警分析法

单变量财务预警分析法主要研究一个或一组财务指标对财务风险的预警效果，不能全面反映企业综合财务情况，所以学者开始思考如何用多个指标综合配比实现协同分析，从而建立企业全面的财务预警体系。多变量财务预警分析法在此基础上应运而生。

1. 多元线性函数模型

（1）Z 计分模型。

20 世纪 60 年代美国学者爱德华·阿尔特曼（Edward Altman）提出了 Z 计分模型，这也是最早将多变量融入财务预警分析的方法。阿尔特曼选取了 33 家破产企业和同数量的非破产企业作为样本，研究 22 个财务比率对企业破产信贷风险的影响，进行数理统计后最终得出 5 个财务比率对破产信贷风险有直接作用，以 Z 值作为总判别分数，得到破产预测模型。

Z 计分模型的总判别分数计算如下：

$$Z=1.2X_1+1.4X_2+3.3X_3+0.6X_4+0.999X_5$$

式中，自变量 X_1、X_2、X_3、X_4、X_5 的含义（我国会计准则未全面趋同国际会计准则，所以对自变量含义做了相应调整）如下：

$$X_1=\frac{营运资金}{总资产}$$

---

① 现金总负债比率$=\dfrac{企业经营活动现金净流量}{负债总额}\times100\%$

$$X_2 = \frac{留存收益}{总资产}$$

$$X_3 = \frac{息税前利润}{总资产}$$

$$X_4 = \frac{股本市价}{总资产}$$

$$X_5 = \frac{销售收入}{总资产}$$

在模型分析中，X_1 的值大，说明企业资产的流动性强、资金分布面广；X_2 的值大，说明总资产的盈余能力强，企业发展凭借盈余资金已足够，对外部借款依赖少；X_3 的值大，说明企业基本获利能力强，该指标反映了企业资产不受税收和财务杠杆影响的原始购买力；X_4 的值大，说明企业发展前景乐观，投资价值较高；X_5 的值大，说明总资产的周转次数较多，企业资产管理效率较强。Z 计分模型提出：总判别分数 Z 值小于 1.81，企业存在很大的破产信贷风险，Z 值在 1.81～2.99 属于灰色地带，Z 值在 2.99 以上，企业破产信贷风险可能性较小。Z 值分布与破产信贷风险如表 10-1 所示。

表 10-1　　　　　　　　　　　　　Z 值分布与破产信贷风险

Z 值分布		风险状况
<1.81		财务状况恶化，破产信贷风险极大
灰色地带	1.81～2.675	财务状况不稳定，破产信贷风险较大
	2.676～2.99	财务状况不稳定，存在破产信贷风险
>2.99		财务状况良好，破产信贷风险较小

（2）F 分数模型。

Z 计分模型因容易理解、成本较低，得到很多学者的青睐。但是该模型在实际使用中，忽视了现金流量对破产信贷风险的作用，存在局限性。基于此，我国学者对该模型进行了改造，创建了新的财务危机预测模型——F 分数模型。

F 分数模型除了在原模型的基础上考虑了现金流量的影响，还考虑了企业发展战略和标准的更新。

$$F = -0.1774 + 1.1091W_1 + 0.1074W_2 + 1.9271W_3 + 0.0302W_4 + 0.4961W_5$$

式中，自变量 W_1、W_2、W_3、W_4、W_5 的含义如下：

$$W_1 = \frac{营运资金}{总资产}$$

$$W_2 = \frac{留存收益}{总资产}$$

$$W_3 = \frac{净利润+折旧}{平均总负债}$$

$$W_4 = \frac{股本市价}{总负债}$$

$$W_5 = \frac{净利润+利息+折旧}{平均总资产}$$

在模型分析中，W_1 反映企业资产的折现能力和规模特征；W_2 反映企业的获利能力；W_3 反映企业现金流量对债务偿还的保障程度，是衡量财务危机的重要指标；W_4 反映企业的财务结构和资本的保障程度；W_5 反映企业总资产对现金流量的创造能力。F 分数模型的临界值为 0.0274，若 F 值小于 0.0274，则企业财务状况恶化，被预测为破产企业；如果 F 值大于或等于 0.0274，则企业财务状况良好，被预测为可以继续生存的企业。

2. 逻辑回归模型

奥尔森（Ohlson）采用逻辑回归方法构建了财务预警模型，他选取数量不对等的破产企业和非破产企业进行样本研究，得出企业规模、资本结构、变现能力和经营绩效对财务危机的预警准确度较高，进而分析出企业破产概率的分布情况。

逻辑回归模型相较于多元线性函数模型来说，克服了数据区间的严格要求，适用性更强。逻辑回归模型可以处理多类关系，属于分类变量的应用，因此不要求选用连续变量，也不要求变量之间成线性关系。另外，逻辑回归模型不要求数据结果为正态分布，所以在参数估计上更加稳健。但它对精度的要求较高，相应数据处理有一定的复杂性和难度。

逻辑回归模型基本公式如下：

$$\sigma(x) = \frac{1}{1+e^{-x}}$$

$$x=-0.1661-0.0730MR+10.1481OAR/TA+10.1148STL/TA-4.5669H$$

公式中：MR 为企业毛利率；OAR/TA 为其他应收款在资产中的比重；STL/TA 为近一年借款在资产中的比重，H 是股权集中系数，表示前三大股东持股比例的平方和。公式中的系数为选取的变量经统计分析后得出的参数估计值。

第三节　财务预警分析方法应用案例

一、单变量财务预警分析法应用

企业通过将当年的财务指标与行业指标进行横向对比，可以对存在风险的财务指标及时采取预警措施，防止财务危机扩大。下面对 2020 年贵州茅台酒股份有限公司（以下简称"贵州茅台"）的偿债能力风险、盈利能力风险、营运能力风险和发展能力风险进行剖析。

（一）偿债能力风险预警

根据 2020 年贵州茅台的各项财务数据，其偿债能力成绩单如图 10-1 所示。

由图 10-1 可知，贵州茅台的现金比率、流动比率、现金债务总额比率和速动比率优于行业平均值；已获利息倍数、资产负债率和产权比率劣于行业平均值。通常认为，现金比率和现金债务总额比率越高，企业用现金偿还债务越有保障，贵州茅台这两项指标均优于行业平均值，所以偿债能力较强。通常认为，速动比率接近 1、流动比率接近 2 时，企业资产负债结构较为合理，贵州茅台的速动比率和流动比率均高于行业平均值，且高于标准值，比率过高说明企业可能存在资金运用效率低的风险。资产负债率和产权比率越低，说明企业偿债能力越强，贵州茅台这两项指标均低于行业平均值，说明偿债的安全性和保证力较足。已获利息倍数越高，企业偿债能力越强，而贵州茅台该指标远低于行业平均值,说明企业息税前利润支付债务的能力存在较大的风险敞口。贵州茅台在制定 2021 年战略规划和预算管理时要充分考虑 2020 年财务预警的结果,减少企业财务危机发生的可能性。

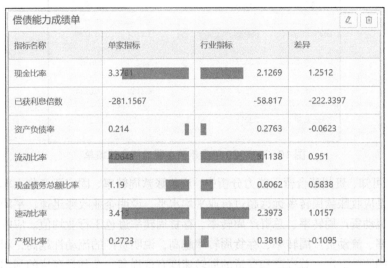

图 10-1 2020 年贵州茅台偿债能力成绩单

(二)盈利能力风险预警

根据 2020 年贵州茅台的各项财务数据,其盈利能力成绩单如图 10-2 所示。

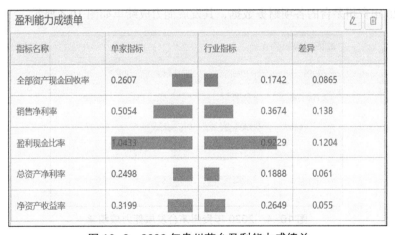

图 10-2 2020 年贵州茅台盈利能力成绩单

图 10-2 显示,贵州茅台的全部资产现金回收率、销售净利率、总资产净利率、净资产收益率、盈利现金比率均高于行业标准,盈利质量较高。通常来讲,全部资产现金回收率、销售净利率、总资产净利率、净资产收益率、盈利现金比率越高,企业的盈利能力越强,经营态势越好,所以贵州茅台在盈利能力成绩单中,成绩优异,有较高的收益质量和较强的竞争优势。

(三)营运能力风险预警

根据 2020 年贵州茅台的各项财务数据,其营运能力成绩单如图 10-3 所示。

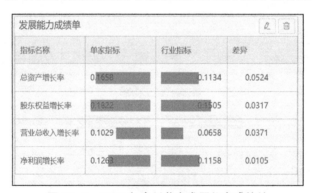

营运能力成绩单			
指标名称	单家指标	行业指标	差异
流动资产周转率	0.5686	0.6361	-0.0675
应收账款周转率	65.422	11.9471	53.4749
固定资产收入率	6.2477	5.3278	0.9199
总资产周转率	0.4944	0.5138	-0.0194
存货周转率	0.3011	0.6191	-0.318

图 10-3　2020 年贵州茅台营运能力成绩单

由图 10-3 可知，贵州茅台营运能力分析中，应收账款周转率、固定资产收入率领先于行业平均水平，尤其是应收账款周转率远远超过行业平均水平，说明企业收账迅速、平均账期较短、坏账损失较少；流动资产周转率、总资产周转率、存货周转率逊色于行业均值。应收账款周转率、固定资产收入率、流动资产周转率、存货周转率越高，说明资产的流动性越高，利用效率越强，因此贵州茅台的流动资产、总资产和存货的周转速度有待提高，尤其是存货的利用效率与同行业平均水平相比仍有一定的差距，周转速度仍有较大的提升空间，企业需要关注流动资产、总资产和存货的使用效率和变现能力，加强财务风险预警管理。

（四）发展能力风险预警

根据 2020 年贵州茅台的各项财务数据，其发展能力成绩单如图 10-4 所示。

发展能力成绩单			
指标名称	单家指标	行业指标	差异
总资产增长率	0.1658	0.1134	0.0524
股东权益增长率	0.1822	0.1505	0.0317
营业总收入增长率	0.1029	0.0658	0.0371
净利润增长率	0.1263	0.1158	0.0105

图 10-4　2020 年贵州茅台发展能力成绩单

图 10-4 显示，贵州茅台总资产增长率、股东权益增长率、营业总收入增长率和净利润增长率均高于行业平均水平，说明该企业 2020 年发展能力较强，仍有空间继续成长。贵州茅台作为一个成熟的企业，有着非常优秀的业绩，同时企业又能不断提高发展潜能，业绩态势较好，整体实力较强，规模和利润可以进一步扩大。

基于前述分析，可以对贵州茅台 2020 年运营业绩和财务状况有较为清晰的认识。但是单个年度的财务分析有一定的局限性，考虑到企业可能在当年实施了某项战略调整，影响了当年财务数据和财务指标，所以企业管理层在运用财务预警分析时，应该观测企业近几年各项能力指标的变化，综合判断财务风险，调整企业的战略布局和发展规划，避免产生财务风险。

二、多变量财务预警分析法应用

根据贵州茅台年报数据，可得出 2015—2020 年企业运营的基本数据。以图 10-5 所示的股东权益构成为例，计算得出留存收益的金额。根据相关财务数据整理得出主要财务数据如表 10-2 所示。

股东权益构成表（亿元）												
报告期	20151231		20161231		20171231		20181231		20191231		20201231	
属性	值	百分比	值	百分比	值	百分比	值	百分比	值	百分比	值	百分比
未分配利润	548.7896	82.86%	627.1781	82.63%	800.1131	83.33%	959.8194	81.75%	1158.9234	81.69%	1375.944	82.04%
资本公积	13.7496	2.08%	13.7496	1.81%	13.7496	1.43%	13.7496	1.17%	13.7496	0.97%	13.7496	0.82%
实收资本(或股本)	12.562	1.90%	12.562	1.66%	12.562	1.31%	12.562	1.07%	12.562	0.89%	12.562	0.75%
股东权益其他	25.1352	3.79%	34.1392	4.50%	51.6156	5.38%	53.5116	4.56%	67.5718	4.76%	73.2019	4.36%
盈余公积	62.1052	9.38%	71.3565	9.40%	82.156	8.56%	134.4422	11.45%	165.957	11.70%	201.7492	12.03%
总计	662.3417	100%	758.9854	100%	960.1963	100%	1174.0849	100%	1418.7638	100%	1677.2068	100%

图 10-5 贵州茅台 2015—2020 年股东权益构成

表 10-2　　　　　　　贵州茅台 2015—2020 年主要财务数据　　　　　单位：万元

项目	2015 年	2016 年	2017 年	2018 年	2019 年	2020 年
营运资金	4,495,279	5,316,012	7,367,427	9,542,365	11,793,117	13,997,849
总资产	8,630,146	11,293,454	13,461,012	15,984,667	18,304,237	21,339,581
留存收益	6,108,949	6,985,346	8,822,690	10,942,617	13,248,804	15,776,933
股本市价①	27,408,980	41,975,849	87,618,540	74,116,926	148,608,200	250,988,320
总负债	2,006,729	3,703,600	3,859,049	4,243,819	4,116,599	4,567,513
息税前利润	2,193,445	2,392,471	3,868,435	5,082,408	5,879,001	6,596,233
销售收入	3,265,958	3,886,219	5,821,786	7,363,887	8,542,957	9,491,538
折旧②	75,648	83,968	103,245	107,750	114,050	119,461
利息	−71,239	−116,976	−270,912	−342,332	−327,872	−296,673
净利润	1,645,500	1,793,064	2,900,642	3,782,962	4,397,000	4,952,333
平均总负债	1,531,445	2,855,164	3,781,324	4,051,434	4,180,209	4,342,056
平均总资产	7,608,731	9,961,800	12,377,233	14,722,840	17,144,452	19,821,909

数据来源：国泰安数据库。

注：①股本市价=期末每股市价×流通股数+期末每股净资产×非流通股数，其中，每股净资产=$\dfrac{股东权益}{总股数}$。

②折旧金额来源于年报中固定资产情况。

（一）Z 计分模型应用

基于以上数据和 Z 计分模型的公式，计算得出贵州茅台 2015—2020 年总判别分数 Z 值，整理后如表 10-3 所示。

表 10-3　　　　　　　　　　贵州茅台 2015—2020 年 Z 计分模型

项目	2015 年	2016 年	2017 年	2018 年	2019 年	2020 年
X_1	0.5209	0.4707	0.5473	0.5970	0.6443	0.6560
X_2	0.7079	0.6185	0.6554	0.6846	0.7238	0.7393
X_3	0.2542	0.2118	0.2874	0.3180	0.3212	0.3091
X_4	13.6585	11.3338	22.7047	17.4647	36.0997	54.9508
X_5	0.4793	0.3784	0.3441	0.4325	0.4607	0.4667
Z	11.1287	9.3082	16.4893	13.6349	24.9665	36.2790

从表 10-3 可知，贵州茅台 2015—2020 年的 Z 值总体呈上升趋势，Z 值均远超 2.99，财务质量较高，信贷风险很小。横向比较 Z 值的自变量得出，X_1、X_4 的值总体呈上升趋势，说明企业 2015—2020 年资产的流动性和被投资实力都有不同程度的提升，尤其在投资价值上增速较大，也说明了企业在行业中具有不可撼动的地位和发展潜力；X_5 的值总体变化不大，说明资产的周转速度有待进一步提升；X_2 的值表现出波动上升趋势，X_3 的值缓慢上升，在 2020 年有小幅下降，说明资产的盈余能力和总获利能力发展不够稳定，需要关注。管理层要针对 Z 计分模型的财务预警结果，及时对企业的战略发展和生产运营做出调整。

（二）F 分数模型应用

表 10-4 所示为贵州茅台 2015—2020 年的 F 分数模型。

表 10-4　　　　　　　　　　贵州茅台 2015—2020 年 F 分数模型

项目	2015 年	2016 年	2017 年	2018 年	2019 年	2020 年
W_1	0.5209	0.4707	0.5473	0.5970	0.6443	0.6560
W_2	0.7079	0.6185	0.6554	0.6846	0.7238	0.7393
W_3	1.1239	0.6574	0.7944	0.9603	1.0791	1.1681
W_4	13.6585	11.3338	22.7047	17.4647	36.0997	54.9508
W_5	0.2168	0.1767	0.2208	0.2410	0.2440	0.2409
F	3.1623	2.1079	2.8261	3.0558	3.9057	4.6596

对表 10-4 分析可知，F 值呈波动上升趋势，且远高于标准值 0.0274，说明企业财务状况很好，可以继续运营。自变量的分析中，F 分数模型中的 W_1、W_2、W_4 计算公式与 Z 计分模型中的 X_1、X_2、X_4 一致，故不做相同分析，W_3 是衡量财务危机的重要指标，企业的 W_3 值整体走势先大幅下降又缓慢上升，说明现金流量对偿还债务的保障不稳定，需要管理层整合内外资源应对财务风险，W_5 的走势与 W_3 相差不大，说明企业总资产对现金流量的正向作用有待加强。企业管理层要对财务预警结果提高重视，维持稳健的现金流，从而为企业扩大化发展提速增效。

F 分数模型相较于 Z 计分模型来说，在财务预警阶段的划分上相对粗糙，但在分析中考虑了现金流量的作用，且二者的最终分析结果趋同，在实际运用中，可以使用两种模型协同分析财务风险，建立财务预警机制。

（三）逻辑回归模型应用

根据 2020 年度贵州茅台年报，可得企业毛利率为 91.41%（见图 10-6），其他应收款占总资产的比重为 0.02%，当年借款总额占总资产的比重为 0，前三大股东的持股比例分别为 54.00%、8.31%、4.68%。通过逻辑回归模型得出贵州茅台 2020 年财务预警的系数为 5.9732。

图 10-6　2020 年贵州茅台毛利率（与行业比）

计算公式如下：

$H=0.5400^2+0.0831^2+0.0468^2=0.3007$

$x=-0.1661-0.0730×91.41\%+10.148×0.02\%-4.5669×0.3007=-1.6041$

$\sigma(x)=5.9732$

课后思考题

1. 如何理解财务预警的实施可以规避财务风险这一说法？
2. 企业是如何通过单变量指标预警分析法来防范财务风险的？
3. 简述 Z 计分模型的基本原理和计算过程。
4. 说明 Z 计分模型和 F 分数模型的优劣。

实战演练

根据前述青岛啤酒资料，结合从网中网财务大数据平台获取的青岛啤酒 2021 年度四项能力的成绩单（见图 10-7）和主要财务数据（见表 10-5），完成以下要求。

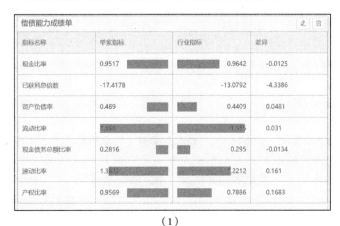

（1）

图 10-7　青岛啤酒 2021 年度四项能力的成绩单

盈利能力成绩单			✎ 🗑
指标名称	单家指标	行业指标	差异
全部资产现金回收率	0.1372	0.1297	0.0075
销售净利率	0.1079	0.1087	-0.0008
盈利现金比率	1.8559	1.7638	0.0921
总资产净利率	0.0739	0.0735	0.0004
净资产收益率	0.1442	0.1312	0.013

（2）

营运能力成绩单			✎ 🗑
指标名称	单家指标	行业指标	差异
流动资产周转率	1.1259	1.2003	-0.0744
应收账款周转率	241.2526	127.6429	113.6097
固定资产收入率	2.9501	2.3628	0.5873
总资产周转率	0.685	0.6762	0.0088
存货周转率	5.6366	3.282	2.3546

（3）

发展能力成绩单			✎ 🗑
指标名称	单家指标	行业指标	差异
总资产增长率	0.1216	0.0984	0.0232
股东权益增长率	0.1135	0.0929	0.0206
营业总收入增长率	0.0867	0.1062	-0.0195
净利润增长率	0.3994	0.3353	0.0641

（4）

图 10-7 青岛啤酒 2021 年度四项能力的成绩单（续）

表 10-5			青岛啤酒2021年度主要财务数据			单位：亿元
营运资金	总资产	留存收益	股本市价	总负债	息税前利润	销售收入
107.00	465.43	177.19	1,337.47	227.69	42.36	301.67

要求：

（1）利用单变量财务预警分析法，说明青岛啤酒2021年度可能存在的财务风险。

（2）利用多变量财务预警分析法中的Z计分模型，对青岛啤酒2021年度进行财务预警分析。

参考文献

［1］袁天荣. 企业财务分析[M]. 4版. 北京：机械工业出版社，2022.

［2］姜毅，张桂杰. 财务分析[M]. 北京：中国财政经济出版社，2016.

［3］杜晓光，郑晶晶，李迎盈. 企业财务分析[M]. 5版. 大连：东北财经大学出版社，2021.

［4］王心宁. 大数据时代企业财务分析及管理路径研究[J]. 中小企业管理与科技，2022（10）：194-196.

［5］汪刚. 财务大数据分析与可视化：基于Power BI案例应用（微课版）[M]. 北京：人民邮电出版社，2021.

［6］张先治. 财务分析：数智版[M]. 大连：东北财经大学出版社，2021.

［7］陈静. 对格力电器多元化战略的分析与建议[J]. 产业经济，2021.

［8］高冬梅. 基于SWOT分析的格力电器投资战略分析[J]. 经营者，2020（20）.

［9］郭浩等. 企业环境分析与战略选择[J]. 对策与建议，2022.

［10］郭静. 国际会计准则利润表结构的重构及案例应用[J]. 商业会计，2022（16）：52-55.

［11］徐峥. 现金流量表列报的常见问题和处理[J]. 财务与会计，2022（10）.

［12］刘树海，张俊民，唐婧清，等. 融资约束、现金持有行为与存货管理效率：来自我国制造业上市公司的经验证据[J]. 财会月刊（下），2018（9）.

［13］张赟豪. 乳品行业盈利能力分析：以燕塘乳业为例[J]. 粮食科技与经济，2022，47（2）：4.

［14］钱爱民. 财务报表分析案例分析与学习指导[M]. 5版. 北京：中国人民大学出版社，2019.

［15］王治燕. 国有企业资金管理效率问题及对策研究[J]. 纳税，2017（26）：1.

［16］张桂杰. 企业现金持有量对存货管理效率的影响：以青岛啤酒为例[J]. 商业会计，2019（3）：3.

［17］杨义能. 泸州老窖销售收入增长57%[N]. 泸州日报，2011-01-22（001）.

［18］娄清青，范舒悦，郝卫，等. 辽宁省高端装备制造业发展能力分析[J]. 企业科技与发展，2018（3）：2.

［19］张先治，陈友邦. 财务分析[M]. 9版. 大连：东北财经大学出版社，2019.

［20］谢志华. 财务分析[M]. 2版. 北京：高等教育出版社，2009.

［21］赵燕. 基于可持续增长率的杜邦财务分析体系重构[J]. 会计之友，2018（6）：5.